中国县域（市辖区）高质量发展研究报告

壹城经济咨询中心　著

中国社会科学出版社

图书在版编目（CIP）数据

中国县域（市辖区）高质量发展研究报告 .2023/壹城经济咨询中心著 .—北京：中国社会科学出版社,2023.12
ISBN 978-7-5227-3147-6

Ⅰ.①中… Ⅱ.①壹… Ⅲ.①县级经济—区域经济发展—研究—中国—2023 Ⅳ.①F127

中国国家版本馆 CIP 数据核字（2024）第 036768 号

出 版 人	赵剑英	
责任编辑	李庆红	
责任校对	闫　萃	
责任印制	王　超	
出　　版	中国社会科学出版社	
社　　址	北京鼓楼西大街甲 158 号	
邮　　编	100720	
网　　址	http://www.csspw.cn	
发 行 部	010-84083685	
门 市 部	010-84029450	
经　　销	新华书店及其他书店	
印　　刷	北京君升印刷有限公司	
装　　订	廊坊市广阳区广增装订厂	
版　　次	2023 年 12 月第 1 版	
印　　次	2023 年 12 月第 1 次印刷	
开　　本	710×1000　1/16	
印　　张	19	
字　　数	332 千字	
定　　价	99.00 元	

凡购买中国社会科学出版社图书，如有质量问题请与本社营销中心联系调换
电话：010-84083683
版权所有　侵权必究

目　　录

总报告

中国县域高质量发展研究报告2023 …………………………… 3

中国市辖区高质量发展研究报告2023 …………………………… 22

中国镇域高质量发展研究报告2023 …………………………… 41

中国省级开发区高质量发展研究报告2023 …………………… 56

中国县域（市辖区）生态系统生产总值研究报告2023 ………… 73

专项报告

高质量发展篇

高质量发展视角下的国内生产总值（GDP）核算 …………… 106

中国县域经济进入新时代 ………………………………………… 122

县域崛起推动共同富裕实现的动力机制与路径选择 …………… 134

生态建设篇

中国县域生态文明建设述评 ……………………………………… 150

构筑"绿""金"联动发展新格局 ……………………………… 162

林业碳汇及其影响因素分析——以广东省为例 ………………… 176

碳交易市场建设现状与发展趋势 ………………………………… 190

发展案例

广东省佛山市顺德区　以水兴城筑未来　水韵凤城展魅力 …………… 203

江苏省常州市武进区　实干争先　砥砺奋进　全力打造高质量"创智"武进标杆 …………… 208

江苏张家港市　从"张家港精神"看县域高质量发展的力量源泉 …… 214

江苏省无锡市新吴区　实施产业强区战略　打造长三角先进制造核心城区 …………… 222

江苏省扬州市邗江区　高质量发展当示范　现代化建设谱新篇 ……… 232

江苏省苏州市吴中区　践行"两山"理论　打造"绿金双高"吴中样板 …………… 241

山东省青岛市即墨区　推动城市能级提升　建设胶东经济圈一体化新引擎 …………… 253

福建省闽侯县　加快"三城"建设　推进闽侯高质量发展 ………… 259

浙江省嵊州市　高水平建设"五个嵊州"　打造共同富裕县域样板 …… 266

福建省安溪县　稳中求进　谱写安溪高质量发展新篇章 …………… 276

浙江省淳安县　创新"两山"绿色发展模式　探索生态产品价值实现机制 …………… 285

重庆市涪陵区　奋力推进高质量发展　创造高品质生活 …………… 289

江西省婺源县　生态产品价值转化　擦亮中国最美乡村品牌 ……… 299

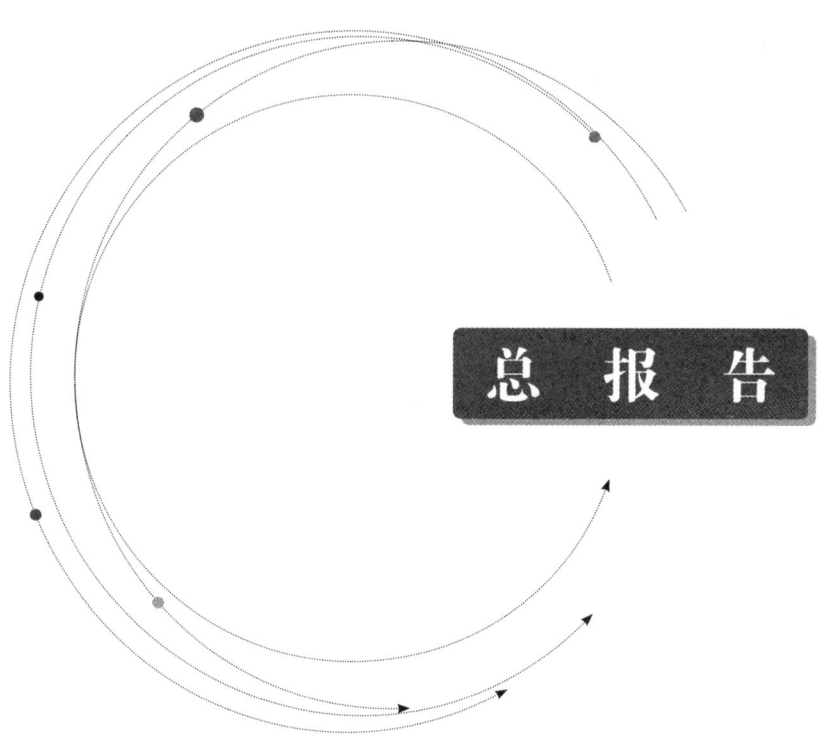

中国县域高质量发展研究报告 2023

中国县域高质量发展研究课题组

县域就是县和县级市,也就是尚未撤县(市)设区的县级行政区划所划定的空间单元。截至 2022 年年底,中国共有县域 1866 个(其中包括 394 个县级市、1301 个县、117 个自治县、52 个旗和自治旗、1 个林区、1 个特区)如表 1 所示。

表 1　　　　　　中国县级行政区划和县域数量

行政区划	2000 年	2005 年	2010 年	2015 年	2020 年	2022 年
县级区划（个）	2861	2862	2856	2850	2844	2843
县级市（个）	400	374	370	361	388	394
县（个）	1503	1464	1461	1397	1312	1301
自治县（个）	116	117	117	117	117	117
旗、自治旗（个）	52	52	52	52	52	52
林区、特区（个）	3	3	3	2	2	2
县域（个）	2074	2010	2003	1929	1871	1866

注：考虑数据的可获得性和可比性,本研究相关数据截止日期为 2022 年底。2023 年 4 月,党中央、国务院批准设立县级白杨市。至此,全国共有县级行政区划 2844 个,其中县级市 395 个,县域 1867 个。

县域数量众多,发展路径和发展特色各不相同。推动县域高质量发展,就是要顺应全国人口流动变化趋势,立足资源环境承载能力、国土空间开发适宜性和产业发展基础,统筹生产、生活、生态、安全需要,更好地发挥县域在中国式现代化中的作用。

一　县域在中国式现代化中的地位和作用

1866个县域，占全国国土面积的90%左右，占中国大陆人口和GDP比重分别为52.5%和37.8%。从客观上看，县域总体发展水平还比较低，按常住人口计算的人均GDP仅为全国平均水平的72.0%。一个时期以来，县域在创造物质财富和推动经济增长中的作用可能是下降的，大多数县域人口也在持续外流。但是，县域在全面建设社会主义现代化国家新征程中的战略地位仍然重要。

县域是构建新发展格局的重要环节。高质量发展是全面建设社会主义现代化国家的首要任务。加快构建以国内大循环为主体、国内国际双循环相互促进的新发展格局是推动高质量发展的必然要求，是把握未来发展主动权的战略性布局。县域所拥有的众多人口构成了巨大的内需市场。这意味着县域在国内循环中具有强大的内需潜力，能够促进各类消费需求的释放，推动产业的繁荣发展。随着城乡居民收入水平的提高，县域市场将更为活跃，成为国内循环的重要引擎之一。县域在基础设施和公共服务方面存在短板，这为投资增长提供了巨大的空间。加强基础设施建设，弥补公共服务不足，不仅能够提高县域的生产效率，还能够刺激投资的增长。投资的不断注入将推动产业链的延伸和优化，进一步加速了县域的发展步伐。县域的资源禀赋和地理分布多样性，为国内循环提供了丰富的供应来源。各地区的特色产业和资源优势可以通过加强合作与协调，实现优势互补和资源共享。这将有助于形成更加高效的生产体系，推动国内市场供给的优化和完善。总而言之，县域作为新发展格局中的重要组成部分，承载着推动高质量发展的重要使命。通过挖掘内需潜力、弥补基础设施不足、优化资源配置，县域有望成为国内循环的关键环节。这不仅有助于实现国内外双循环的有机衔接，还将为中国的现代化建设提供有力支撑，促使经济稳健增长，实现更高水平的发展。同时，县域的发展也将为全球经济注入新的活力，进一步提升中国在国际舞台上的影响力和竞争力。

县域是都市圈和城市群高水平一体化的重要支点。加快一体化发展，提高一体化水平，是都市圈建设和城市群发展的核心要义。近年来，大都市周边的县域快速发展，发展水平与大都市的差距逐步缩小，城乡建设、公共服务、社会治理等方面与大都市日渐接轨，在都市圈交通和公共服务一体化、城市群生态环境共防共治等方面发挥了重要支点作用。以昆山、太仓等城市为例，它们在都市圈和城市群一体化中主动作为，通过多种举措积极融入大上海的发展，为长三角一体化进程提供了重要示范。一方面，跨市域轨道交通的建设和发展，使人员流动更加便捷，推动区域内外的紧密联系。另一方面，产学研协作的加强，促进了创新资源的互补与共享，进一步推动了整个地区的经济创新升级。此外，公共服务的同城化也为居民提供了更加便利和高质量的生活体验。县域的快速发展不仅促使其与大都市之间的差距逐渐缩小，也推动了整个都市圈或城市群的协同发展。县域的经济增长、城市建设和公共服务水平的提升，为整个区域的繁荣创造了有利条件。

县域是乡村全面振兴的重要载体。民族要复兴，乡村必振兴。习近平总书记指出，从世界百年未有之大变局看，稳住农业基本盘、守好"三农"基础是应变局、开新局的"压舱石"。县域是乡村的主要承载空间，乡村主要分布在县域。县域作为城乡融合的主要空间，承载了城市与乡村间人口、资源、产业等多方面的互动。通过加强县域内城乡一体化规划和发展，可以促进农村经济的发展，提升农村基础设施和公共服务水平，改善农民生活质量。为了推动乡村振兴，充分赋予县级政府资源整合和决策自主权显得尤为重要。县级政府了解本地情况，可以更准确地制定发展战略，协调资源配置，推动产业升级和农村改革。通过适度的权力下放，县域有机会更好地适应乡村振兴的需要，更有效地推动发展。因此，党中央明确要求"县委书记要把主要精力放在'三农'工作上，当好乡村振兴的'一线总指挥'"。增强县城综合服务能力是实现乡村振兴的关键一步。县城作为县域的核心，不仅是政治、经济、文化的中心，也是农村发展的窗口。加强县城的基础设施建设、公共服务提升，有助于提供更好的发展环境，吸引人才和资金流入，推动乡村的全面振兴。太仓、长沙、南昌等县域之所以能在乡村振兴方面走在全国前列，一个重要原因就是县域经济实力较强，为乡村全面振兴提供了重要的物质基础。

县域是边疆安全和民族融合的重要支撑。维护边疆安全，不但要靠国防和军事力量，更要依托边境地区县域的持续发展。加快少数民族和民族地区发展，不断满足各族群众对美好生活的向往，才能推动民族地区长治久安。因此，必须不断改善边境地区县域和民族地区县域的基础设施和公共服务，提升县域可持续发展能力。在边境地区、民族地区扶持建设一批中心城镇、抵边城镇，引导边境地区县域和民族地区县域人口适度聚集，进一步提升引产聚人能力。通过促进少数民族地区的经济发展和文化交流，可以减少不同民族之间的误解和矛盾，从而维护边疆地区的稳定和和谐。新疆维吾尔自治区的喀什市通过发展特色农产品，如红枣、葡萄等，吸引了多个民族参与农业合作，增进了不同民族之间的交流和理解，推动了民族融合。西藏自治区的日喀则市作为重要的县城，通过发展旅游业，吸引了来自不同民族的游客，促进了不同民族之间的文化交流和理解。

县域是资源和能源供应的重要基地。县域涉及的国土面积广袤，储藏着丰富的能源和资源。部分县域已经通过资源和能源开采，在为国民经济发展作出了巨大贡献的同时，也壮大了自身县域经济，如内蒙古的伊金霍洛旗、准格尔旗等。在全面建设社会主义现代化国家的征程中，不同类型的资源和能源价值可能会有一个重新发现和定义的过程，但县域总体上作为资源和能源重要供应基地的地位和作用不会发生根本变化。新疆的克拉玛依市作为重要的县域，以石油资源为支撑，带动了当地经济的蓬勃发展，为边疆地区的繁荣做出了贡献。青海省的玉树市、称多县、囊谦县、杂多县等则依托丰富的太阳能资源，大力发展太阳能产业，成为我国重要的太阳能发电基地，为能源供应做出了重要贡献。

县域是生态安全和粮食安全的重要保障。县域生态资源丰富，是生态建设的重要战场。大山大河等生态敏感地带所在的县域是国家重要生态安全屏障。县域生态建设和污染防治，有利于防风、固沙、固碳、净水。在全面建设社会主义现代化国家的征程中，中国人要把饭碗牢牢端在自己手里，就必须重视农业生产条件改善，提升防灾抗灾减灾能力，尤其要重视粮食主产区和产粮大县的农田水利和重大水利工程建设。黑龙江省佳木斯市的桦南县、桦川县通过改良农田水利设施，提高灌溉效率，为当地粮食生产创造了更好的生产条件，保障了粮食供应。四川省的阿坝藏族羌族自治州的小金县、金川县、松潘县、黑水县积极开展生态恢复工程，推动退耕还林还草，修复草原生态，有效减少了土壤侵蚀和生态恶化。青海省海东市通过推动可持续农业发展，保护湿地生态，实现了生态保护与县域经济的协同发展。实践证明，县域生态保护不仅可以维护当地生态平衡，还有助于提升城市形象，吸引更多资源流入，从而实现可持续发展。

总之，县域发展空间广阔，人力资源丰富；县城是我国城镇体系的重要组成部分，是城乡融合发展的关键支撑，对促进新型城镇化建设、构建新型工农城乡关系具有重要意义。《中华人民共和国国民经济和社会发展第十四个五年规划和二〇三五年远景目标纲要》明确提出"强化县城综合服务能力""推进以县城为重要载体的城镇化建设"。中办和国办《关于推进以县城为重要载体的城镇化建设的意见》要求"因地制宜补齐县城短板弱项，促进县城产业配套设施提质增效、市政公用设施提档升级、公共服务设施提标扩面、环境基础设施提级扩能，增强县城综合承载能力，提升县城发展质量"。《国家新型城镇化规划（2021—2035）》和《"十四五"新型城镇化实施方案》要求"完善以城市群为主体形态、大中小城市和小城镇协调发展的城镇化格局"。这些与县域发展和县城建设直接相关的重磅文件，既表明了县域在现代化建设全局中的重要地位，又为县域高质量发展指明了方向。

二 中国式现代化进程中的县域人口流动

人口是经济社会发展的重要因素。人口自由迁徙，是现代经济发展和空间布局优化的必然要求。人口流动和聚集，既是区域经济布局优化的内在动力，又是城镇化进程的必然趋势。人口大规模流动和快速城镇化，则是中国现代化进程中特定阶段的典型特征。改革开放以来，波澜壮阔的人口迁移和人口城镇化进程，既为工业化提供了劳动力支撑，又推动了城市和城市群的快速发展，重塑了中国经济版图。中国城镇化率迈过60%的门槛之后，尤其是中国行将迈进高收入国家行列的关口，人口流动和聚集出现了一些新趋势，城镇化减速对城市发展将产生深远影响。2017年，中国城镇化率超过60%以后，中国城镇化速度明显放缓，由此前年均提升1.4个百分点左右降至年均提升1个百分点左右。2022年，城镇化水平更是只提升了0.5个百分点，在2021年下降0.83个百分点的基础上继续下降。这表明，中国城镇化已经进入转型发展的新阶段，即由追求城镇化速度、城市规模的高速发展阶段，转向更加重视以人为核心、更加强调城市发展内涵的高质量发展阶段。根据壹城智库专家预测，在这一阶段，人口城镇化将保持在中高速度（年均提升0.5%—1%）。到2035年，在中国基本实现现代化、人均国内生产总值达到中等发达国家水平之际，中国城镇化率将达到75%左右。这一阶段，也将是中国城市全面开启高质量发展的新阶段，创新引领作用更加明显，高技术产业产值持续提升；城市绿色发展水平快速提升，"低碳""零碳"经济成为城市经济新的增长点；农业转移人口市民化取得明显进展，城市中等收入群体日益壮大，市民美好生活需要得到更好的满足；城市品位稳步提升，城镇化布局更加合理。

改革开放以来，中国县域人口也处于快速变化过程中。根据第七次全国人口普查数据，中国1866个县域常住人口约7.4亿，占中国大陆人口的52.5%。平均每个县域39.7万人。而第六次全国人口普查，对应的县域常住人口约为7.8亿，占全国人口比重为58.6%，平均每个县域41.8万人。换言之，2010—2020年的10年时间里，1866个县域人口减少了约4000万，占全国人口比重降低了6.1个百分点，县域平均人口规模减小2.1万人。这表明，中国县域人口总体上处于逐步减少状态。

从分县域来看，在1866个县域中，常住人口超过100万的县域92个，常住人口在50万—100万的县域416个。人口最多的江苏省昆山市和福建省晋江市，常住人口超过了200万。而昆山、义乌、晋江和慈溪的城区人口已经突破100万，正式迈入大城市的行列。[①] 常住人口少于5万的县域106个，西藏札达县和新疆阿拉山口市常住人口甚至少于1万。除了2010年及之后设立的3县12市缺乏"六普"数据，以及福建省金门县无法获取数据之外，610个县域实现了常住人口增长，1240个县域的常住人口减少。从人口增长比例来看，2010—2020年，8个县域人口实现了超过50%的增长；2个县域常住人口减少超过50%。

进一步考查人口增长较快的几个县域。首先，行政区划调整是部分县域人口快速增长的首要原因。如新疆阿拉尔市、图木舒克市，黑龙江大箐山县，浙江龙港市，之所以能实现50%以上的常住人口增长，或者是因为合并了其他县域，或者是由于划归其他县域的部分乡镇。其次，超大城市周边县域，以及省会（自治区首府）下辖的部分县域人口增长较快。如河北的三河市、大厂县的常住人口增长均超过了40%，河北固安县人口增长超过了35%；河南省新郑市，宁夏贺兰县，福建闽侯县，云南嵩明县和安宁市，江西南昌县、安义县，湖南长沙县，常住人口增长均超过了40%。再次，部分区域性中心城市的常住人口规模也获得了较快增长。如贵州凯里市是贵州省主要中心城市之一，黔东南首府；云南蒙自市则是红河哈尼族彝族自治州首府、滇南中心城市。二者的常住人口增长均超过了40%。复次，部分边境县域人口增长较快。西藏噶尔县、广西东兴市、云南瑞丽市的常住人口增长也超过了40%。这些县域常住人口快速增长，主要是由

[①] 按照国务院于2014年印发的《关于调整城市规模划分标准的通知》，城区人口50万以下的为小型城市，50万—100万的为中等城市，100万—500万的为大城市，500万—1000万的为特大城市，10000万以上为超大城市。

于口岸建设带动跨境贸易发展，也可能是戍边需要加强了县域建设从而吸引了部分人口。最后，部分具有发展特色的县域，人口快速增长。如浙江义乌市是商贸发达的全球小商品贸易之都，常住人口增长超过50%；浙江青田县和文成县作为全国闻名的侨乡，常住人口分别增长了50%和35%。

从人口减少最快的县域来看，陕西泾阳县常住人口减少了50%以上，主要原因在于行政区划调整。此外，内蒙古阿尔山市、察哈尔右翼中旗，广西苍梧县，辽宁抚顺县，黑龙江拜泉县、克东县和塔河县，吉林安图县、通化县，陕西佳县、安徽枞阳县11个县域，人口也减少了40%。

中国县域人口在流动过程中总体上呈现出集聚的趋势。一是只有少数县域人口显现出人口集聚优势。如果与全国平均人口增速相比，2010—2020年，人口增速超过全国平均水平的县域有354个。如果结合人口净流入（常住人口减去户籍人口）这一指标进行考查，可以发现，人口增速超过全国平均水平且人口净流入的县域仅有121个，人口增速超过全国平均水平且人口净流入超过1万人的县域仅有92个。其中，昆山市和义乌市净流入人口超过百万，浙江义乌的净流入人口更是超过了本地户籍人口。15个净流入人口超过30万的县域，地区生产总值全部超过千亿元，也是中国发展水平和发展质量最高的县域。二是县域内人口在向县城集中。依据表2，县域7.4亿人口中，33.8%集中在县城或县级市城区。2014年以来，随着农村16—19岁年龄人口达到峰值之后逐年下降，就业驱动的城镇化和人口流动趋缓，进城就学、进城生活成为城镇化的重要动力。进城就学、进城生活等需求更多地应该就地就近满足。因此，加快以县城为重要载体的城镇化，既是完善城镇体系的要求，也是适应新阶段城镇化的要求。壹城智库预计，随着《关于推进以县城为重要载体的城镇化建设的意见》和《"十四五"新型城镇化实施方案》的深入实施，县城的综合承载力和发展质量将得到持续提升，更好满足农民到县城就业安家需求和县城居民生产生活需要，为实施扩大内需战略、协同推进新型城镇化和乡村振兴提供有力支撑（见表3）。

表2　　县域和县城的人口规模（2020）

	县域（含县和县级市）	县城	县级市城区
数量（个）	1866	1472	394
人口规模（亿人）	7.4	1.6	0.9
平均人口规模（万人）	39.7	10.9	22.8

续表

	县域（含县和县级市）	县城	县级市城区
占全国百分比（%）	65.6*	19.2**	10.8**

注：*指的是占全国县级行政区划的比重；

**指的是占全国城镇人口的比重。

资料来源：壹城智库依据国家发改委、国家民政部和国家统计局相关数据整理。

表3　　　　依据净流入人口规模和比重分组的部分县域

分组	县域	分组	县域
净流入人口超100万的县域	江苏昆山、浙江义乌	净流入人口占常住人口比重超过50%的县域	浙江义乌
净流入人口50万—100万的县域	浙江慈溪、江苏常熟、湖南长沙、河南新郑、江西南昌、江苏江阴、江苏张家港	净流入人口占常住人口比重在40%—50%的县域	江苏昆山、福建石狮、内蒙古额济纳、云南瑞丽、河南新郑、内蒙古锡林浩特、浙江慈溪、云南安宁
净流入人口30万—50万的县域	浙江余姚、浙江海宁、浙江永康、福建石狮、浙江桐乡、江苏太仓	净流入人口占常住人口比重在30%—40%的县域	湖南长沙、内蒙古鄂托克、内蒙古霍林郭勒、江苏太仓、云南景洪、浙江嘉善、江苏常熟、浙江永康、江西南昌、江苏张家港、浙江海宁、浙江余姚、浙江桐乡、西藏普兰

资料来源：壹城智库依据相关数据整理。

三　中国式现代化进程中的县域发展分化

中国县域发展差距巨大。从行政区域面积看，最小的甘肃省临夏市和浙江省嵊泗县只有数十平方千米，最大的若羌县却超过了20万平方千米；从人口规模看，人口最少的新疆阿拉山口市和西藏札达县只有数千人，人口最多的昆山市、晋江市超过了200万人；从地方一般公共预算看，西藏的双湖县徘徊在千万元左右，昆山市已经突破400亿元。江苏省昆山市的地区生产总值突破5000亿元大关，江苏省江阴市的地区生产总值也接近5000亿元，已经超过了西藏、青海和宁夏三个省区，成为县域经济发展的"巨无霸"。江苏省张家港市和福建省晋江市地区生产总值超过3000亿元，江苏省常熟市、浙江省慈溪市、江苏省宜兴市、陕西神木市和湖南省长沙县的地区生产总值处于2000亿—3000亿元。此外，还有45个县域的经济规模在1000亿—2000亿元。与此同时，1471个县域（占比接近80%）的经济规模低于300亿元，还存在70个左右经济规模低于10亿元的"微型"县域。

从总体上看，中国县域平均面积从东向西逐步增加，经济发展水平则由东向西逐步下降。东中部地区的县域，一般面积较小，人口密度和开发强度比较大。经济总量超过2000亿元的9个县域（除了中部的长沙和西部的神木之外，其他均位于东部），GDP总额2.8万亿元，总人口1420万，总面积仅为1.8万平方千米（面积最小的晋江仅为649平方千米）。GDP强度超过全国平均水平的12倍，人口密度接近全国平均水平的10倍。行政区域面积超过1万平方千米的155个县域，除黑龙江的6个县域外，其余均位于西部，主要位于新疆、青海和西藏，四川和云南也有分布。这155个县域，总面积达435.5万平方千米，占全国国土面积的45.4%，总人口却不足2000万，仅占全国总人口的1.4%，人口密度仅为每平方千米4.6人，真可谓地广人稀；GDP仅为1万亿元左右，仅占全国经济总量的0.9%。

进一步分析GDP超千亿元县域的情况。2022年，全国GDP超过千亿元的县域共计52个。其中，伊金霍洛旗、东台市、高邮市、仙桃市、沛县、闽侯县、邹城市、仪征市、寿光市9个县市旗为"千亿俱乐部"新成员。52个千亿县域，国土总面积9.95万平方千米，GDP总数为8.43万亿元，总人口约0.59亿。52个千亿县域的平均人口密度589.82人每平方千米，人均GDP14.36万元，相当于全国平均水平的4倍和1.7倍。人口密度超过每平方千米2000人的县域包括福建的石狮和晋江，以及江苏昆山。人均GDP超过20万元的县域有7个，分别是内蒙古的伊金霍洛旗和准格尔旗，陕西的神木市，江苏的江阴市、昆山市和张家港市，贵州的仁怀市（见表4）。

表4　　　　按地区生产总值分组的部分县域（2022）

地区生产总值分组（元）	县域
4000亿以上	江苏昆山、江苏江阴
3000亿—4000（含）亿	江苏张家港、福建晋江
2000亿—3000（含）亿	江苏常熟、浙江慈溪、江苏宜兴、湖南长沙、陕西神木

续表

地区生产总值分组（元）	县域
1000亿—2000（含）亿	浙江义乌、湖南浏阳、贵州仁怀、浙江诸暨、江苏太仓、福建南安、福建福清、山东胶州、浙江余姚、浙江乐清、江苏如皋、江苏溧阳、江苏丹阳、江苏启东、山东龙口、江苏海安、江苏泰兴、江苏如东、江苏沭阳、浙江温岭、内蒙古准格尔、河北迁安、江西南昌、浙江海宁、湖南宁乡、江苏靖江、福建惠安、内蒙古伊金霍洛、浙江桐乡、浙江瑞安、福建石狮、江苏邳州、江苏兴化、安徽肥西、江苏东台、山东荣成、江苏高邮、湖北仙桃、江苏沛县、福建闽侯、山东邹城、江苏仪征、山东寿光

注：河南省统计局、辽宁省统计局和国家统计局依据属地统计原则提供的数据表明，河南新郑市和中牟县、辽宁葫芦岛市地区生产总值均已超过千亿元规模。但根据河南新郑市、中牟县，辽宁省葫芦岛市的统计公报及政府工作报告，2022年其地区生产总值均未达到千亿元。为保持数据的连续性，本研究与地方政府发布口径保持一致。

资料来源：壹城智库依据相关数据整理。

从空间分布来看，除苏北的四个县市（江苏省沭阳县、邳州市、东台市和沛县）外，其余48个千亿县域均位于"十四五"时期国家重点发展的城市群。经济规模2000亿元以上的9个县域，6个位于长江三角洲城市群（江苏省昆山市、江阴市、张家港市、常熟市、宜兴市，浙江省慈溪市），另外3个分别位于粤闽浙沿海城市群（福建晋江市），长江中游城市群（湖南省长沙县）和呼包鄂榆城市群（陕西省神木市）。经济规模1000亿—2000亿元的39个县域中，19个位于长三角城市群（包括江苏省12个县市，即太仓市，如皋市，溧阳市、丹阳市、启东市、海安市、泰兴市、如东县、靖江市、兴化市、高邮市、仪征市；浙江省6个县市，即义乌市、诸暨市、余姚市、温岭市、海宁市、桐乡市；安徽省1个县，即肥西县），7个位于粤闽浙沿海城市群（浙江省2个，即乐清市和瑞安市；福建省5个，即南安市、福清市、惠安县、石狮市、闽侯县），5个位于山东半岛城市群（山东省胶州市、龙口市、荣成市、邹城市、寿光市），4个位于长江中游城市群（湖南省2个，即浏阳市和宁乡市；湖北省1个，即仙桃市；江西省1个，即南昌县），2个位于呼包鄂榆城市群（内蒙古准格尔旗和伊金霍洛旗），此外，京津冀城市群和黔中城市群各1个（河北省迁安市和贵州仁怀市）。值得一提的是，国家重点发展的城市群中，优化提升类城市群，珠三角和成渝没有千亿级别的县域；发展壮大类城市群，关中平原、北部湾2个城市群没有千亿级别的县域；培育发展类城市群，哈长、辽中南、山西中部、滇中、兰州—西宁、宁夏沿黄、天山北坡7个城市群没有千亿级别的县域（见表5）。

表5　中国地区生产总值超千亿元县域空间分布情况（2022）

按城市群划分			按省域划分		
城市群类别	城市群名称	数量（个）	所属区域	省域	数量（个）
优化提升	长三角城市群	25	东部	江苏省	21
	长江中游城市群	5		浙江	9
	京津冀城市群	1		福建	6
发展壮大	粤闽浙沿海城市群	8		山东	5
	山东半岛城市群	5		河北	1
培育发展	呼包鄂榆城市群	3	中部	安徽	1
				湖北	1
	黔中城市群	1		湖南	3
				江西	1
其他*		4	西部	陕西	1
				贵州	1
				内蒙古	2
合计		52	合计		52

注：*江苏省沭阳县、邳州市、东台市和沛县位于苏北，不在国家"十四五"重点发展的城市群空间范围内。

资料来源：壹城智库依据相关数据整理。

四　县域高质量发展的新要求

推动县域高质量发展，必须从县域发展实际出发，坚持问题导向和目标导向。一是坚持实体经济发展方向，坚持制造业立县、制造业立市。分产业来看，县域对全国一、二、三产业增加值的贡献分别为75.9%、40.0%和31.3%。县域在全国农业发展大局中仍然居于主导地位。县域在经济发展和财富创造中的地位下降，主要是因为县域第二产业支撑性不足、第三产业严重滞后。从发展基础和发展趋势来看，绝大多数县域不具备加快服务业发展、大幅提升服务业比重的条件。县域经济的未来，取决于能否在第二产业，尤其是制造业上形成竞争优势。实践表明，过去一段时期以来，相当一部分县域主要依托政府基建项目和房地产项目拉动经济，短期内对经济增长、城市建设发挥了重要推动作用。但这种模式不具备可持续性。随着人口发展新趋势的出现，房价下行压力日渐显现，地方政府债务压力与日俱增。与此同时，部分县域已经在制造业集群培育方面闯出了一条新路，在创新型产业集群、中小企业特色产业集群和先进制造业集群培育方面取得了明显成效。二是顺应县域经济发展趋势，破除"唯GDP论英雄"，旗帜鲜明地反对所谓的"实力"排名，对县域发展实行分类考核。从县域发展情况来看，除了个别县域之外，绝大多数县域的财政自给水平普遍偏低。2021年，1866个县域的地方一般公共预算收入仅为2.55万亿元，一般公共预算支出却高达7.42万亿元，平均的财政自给率仅为34.4%。即使在GDP超千亿元的县域中，也仅有江苏昆山、陕西神木、湖南长沙、福福建清、内蒙古准格尔和山东邹城的财政自给率超过了100%（一般公共预算收入大于当年的一般公共预算支出）。在房地产相关收入大幅下降的形势下，多数县域的财政严重依赖转移支付才能正常运转。因此，推动县域高质量发展，必须顺应人口流动和经济发展新趋势，在人口流出速度较快的县域，坚持量入为出，积极推进县域机构编制改革，减少财政压力，杜绝各类形象工程，将县域发展重心聚焦到产业培育和基本公共服务均等化上来。

展望未来，中国县域发展将会进一步分化。着眼于高质量发展，不能要求所有县域都朝着做强做大的方向前进。相反地，国家应当分类施策，鼓励区位条件、发展基础、功能定位各不相同的县域走出特色化的县域现代化之路。中办、国办印发的《关于推进以县城为重要载体的城镇化建设的意见》提出了"科学把握功能定位，分类引导县城发展方向"的要求，并明确了5类县城的发展方向。壹城智库在充分分析中国县域发展状况、县域发展与县城发展关系的基础上，对其中的4类县城、4类县域的发展策略进行了分析。

大城市周边的县城对应为城市群内的县域，这类县域总共1274个；农产品主产区的县城对应的是粮食生产大县、棉花生产大县和牧区半牧区的县域，分别涉及258个、125个和264个县域；重点生态功能区的县城对应国家重点生态功能区范围内的县域，总共776个；人口流失的县城，由于缺乏系统的县城人口统计资料，壹城智库将之对应为"六普"至"七普"之间常住人口减少超过15%的县域。不同类型的县域的基本发展策略如表6所示。由于划分标准不同，不同类型县域之间不可避免地存在交叉。因此，具体县域的发展策略，仍然需要根据具体情况作深入分析。

表6　4类不同县城、县域及其发展策略

县城类别	对应县域	县域个数	发展策略
大城市周边的县城	城市群内的县域	1274	对接融入中心城市，发展水平较高的县域应主动承接都市圈核心功能，着力建设都市圈先进制造业基地、高端休闲游乐中心，增强都市圈节点服务功能；其他县域应主动承接人口、产业、功能，强化快速交通连接，推动产城融合发展，壮大县域实力
农产品主产区的县城	粮食生产大县	372*	切实承担粮食安全责任，牢牢守住耕地红线，不断增强农业综合生产能力，确保粮食等重要农产品稳产增产；培育发展农村二三产业，延长农业产业链条，做优做强农产品加工业和农业生产性服务业，实现产业发展和居民增收的统一
	棉花生产大县	120*	
	牧区半牧区县域	262*	
重点生态功能区的县城	重点生态功能区县域	637**	坚守生态红线，加速生态修复，筑牢生态屏障；创新生态补偿机制，完善城乡基础设施，增强公共服务供给能力，确保重点生态功能区群众与全国人民同步迈向现代化
人口流失的县城	常住人口减少超过15%的县域	274***	科学把握人口变动趋势，加快土地整治，严控用地扩张，积极培育特色产业，合理配置基础设施和公共服务，加强民生保障和救助扶助

注：* 依据国家统计局2011年公布的粮食生产大县、棉花生产大县和牧区半牧区县域名单，根据2021年的最新行政区划，壹城智库统计了仍然保留旗县、县级市建制的县域数量。

** 依据国家发改委公布以及增补的国家重点生态功能区名单，壹城智库统计了其中的旗县、县级市数量（重点生态功能区676个，市辖区39个，县域637个）。

*** 由于新疆尚未公布县域"七普"数据，本研究假定新疆全部县域常住人口与户籍人口相等。

资料来源：壹城智库依据相关数据整理。

五　2023年中国县域高质量发展评价体系

为客观评价县域高质量发展水平，引导县域增强对标意识、赶超意识、引领意识，结合指标设置科学性和数据可得性，本研究构建了县域高质量发展评价体系。指标体系包含七个方面的指标，即综合指标，反映新发展理念的指标（创新发展、协调发展、绿色发展、开放发展、共享发展、安全发展），以及反映安全发展的相关指标。

（一）评价体系

县域高质量发展评价体系见表7。

表7　　　　　　　　　县域高质量发展评价体系

目标层	准则层	指标层	单位
综合指标		地区生产总值	万元
		2020—2022年地区生产总值年均增速	%
		人均地区生产总值	元/人
		社会消费品零售总额	万元
		地方一般公共预算收入	万元
创新发展	创新投入	全社会研发经费占GDP的比重	%
	创新创业活动	每万人口发明专利拥有量	件
		每千人口开办企业数（含个体工商户）	家
	新经济发展水平	高新技术企业数	家
协调发展	投入产出	全员劳动生产率	万元/人
	城乡关系	城乡居民收入比	—
	产业结构	常住人口城镇化率	%
		房地产投资与GDP比值	—
绿色发展	污染治理	工业废水达标排放率	%
		工业废气达标排放率	%
		一般工业固体废弃物处置利用率	%
		城乡生活垃圾分类覆盖率	%
		生活污水达标排放率	%
	生态环境质量	森林覆盖率	%
		（国考、省考）断面水质达标率	%
		城镇人均公共绿地面积	平方米
		空气质量优良率	%
开放发展	对外贸易	一般贸易出口额占出口总额比重	%
	外资引进	当年实际利用外资	万美元
共享发展	生活水平	城镇调查失业率	%
		城乡居民人均可支配收入	元

续表

目标层	准则层	指标层	单位
共享发展	公共服务	人均财政民生支出	元
		城镇最低生活保障标准	元/年
		社会保障综合覆盖率	%
	民生设施	人均公共文体设施面积	平方米
		每千人口拥有执业（助理）医师数	人
安全发展	生产安全	重大和特别重大安全事故	起
		亿元GDP生产安全事故死亡人数	人
	环境安全	重大和特别重大环境事件	起
	社会安全	群体性事件	起
		非正常死亡率	人/十万人
		刑事案件发案率	起/万人

资料来源：壹城智库制作。

综合指标。主要包括地区生产总值、2020—2022年地区生产总值年均增速、人均地区生产总值、社会消费品零售总额、地方一般公共预算收入五个指标，反映县域经济总量、经济发展水平和市场规模。

创新发展。主要从创新投入、创新创业活动和新经济发展水平三个方面进行评价。衡量创新投入的指标是研发经费占GDP的比重。衡量创新创业活动的主要指标是万人发明专利拥有量、千人企业数。衡量新经济发展水平的主要指标是高新技术企业数。

协调发展。主要从投入产出、城乡关系、产业结构三个方面进行评价。衡量投入产出的指标是全员劳动生产率这一指标。城乡协调发展方面，本研究采用了城乡居民收入比、常住人口城镇化率两个指标。考虑县域发展实际，本研究使用房地产投资与GDP比值这一指标来衡量产业结构协调程度。特定规模的GDP上，房地产投资越多，对房地产依赖程度越高，表明县域的产业协调程度越弱。考虑县域发展实际，为鼓励和支持县域发展特色产业，本研究不再考查县域的一、二、三产业比重。

绿色发展。主要从污染治理和生态环境质量两个方面进行评价。衡量污染治理水平的指标主要包括工业废水达标排放率、工业废气达标排放率、一般工业固体废弃物处置利用率、城乡生活垃圾分类覆盖率、生活污水达标排放率等。衡量生态环境质量的指标主要包括森林覆盖率、断面水质达标率、城镇人均公共绿地面积、空气质量优良率等。

开放发展。主要从对外贸易和外资引进两个方面进行评价。对外贸易主要用一般贸易出口额占出口总额比重来衡量。外资引进主要用当年实际利用外资这一指标来衡量。需要说明的是，考虑构建新发展格局的要求，本研究不再将外贸依存度作为开放发展的指标加以衡量。

共享发展。主要从生活水平、公共服务和民生设施三个方面进行评价。衡量生活水平的指标主要包括城镇调查失业率、城乡居民人均可支配收入。衡量公共服务的指标主要包括人均财政民生支出、城镇最低生活保障标准、社会保障综合覆盖率。衡量民生设施的指标主要包括人均公共文体设施面积、每千人口拥有执业（助理）医师数。

安全发展。主要从生产安全、环境安全和社会安全三个方面进行评价。衡量生产安全的指标主要包括重大和特别重大安全事故、亿元GDP生产安全事故死亡人数。环境安全主要用重大和特别重大环境事件来衡量。社会安全则主要用群体性事件、非正常死亡率和刑事案件发案率3个指标来衡量。

（二）评价方法

1. 单项指标得分计算

本研究使用min-max标准化方法对原始数据进行标准化。

$$a_{ij} = \frac{x_{ij} - \min(x_{1j}, x_{2j}, \cdots, x_{nj})}{\max(x_{1j}, x_{2j}, \cdots, x_{nj}) - \min(x_{1j}, x_{2j}, \cdots, x_{nj})} \quad (1)$$

式（1）中，x_{ij}为第i个城市j指标的原始数值，a_{ij}为标准化后的数值，即i城市在j指标上的得分。

2. 综合得分计算

本研究依据德尔菲法对评价体系各项指标进行分层赋权，各城市的综合得分等于分项指标乘以各自权重之和。需要强调的是，部分指标属于逆向指标，如房地产投资与GDP比值，城镇调查失业率，以及安全发展中的相关衡量指标。对这部分指标，本研究赋予的权重为负，但各项指标的权重值累计值仍保持为100%。

$$A_i = \sum a_{ij} * p_j \quad (2)$$

式（2）中，a_{ij}是i城市在j指标上的得分，P_j为指标j的权重，A_i为i城市的综合得分。

3. 综合排序

本研究依据各城市的综合得分，从高到低进行排序。

六 2023年中国县域高质量发展评价结果及其分析

依据上述指标体系，壹城智库对1866个县域进行了总体评价。数据来源包括：2020年《中国人口普查年鉴》、2022年《国民经济和社会发展统计公报》、2022年县市旗统计公报，以及2022年《中国县域统计年鉴》、2021年《中国城市建设统计年鉴》。排名前100的县域如表8所示。

表8　　　　2023年中国县域高质量发展百强

位次	省份	县域	位次	省份	县域	位次	省份	县域	位次	省份	县域
1	江苏	昆山市	26	贵州	仁怀市	51	福建	安溪县	76	江苏	高邮市
2	江苏	江阴市	27	福建	南安市	52	浙江	东阳市	77	浙江	海盐县
3	江苏	张家港市	28	江苏	泰兴市	53	浙江	永康市	78	山东	滕州市
4	江苏	常熟市	29	江苏	靖江市	54	河南	新郑市	79	湖南	醴陵市
5	浙江	慈溪市	30	江苏	启东市	55	江苏	沭阳县	80	浙江	象山县
6	江苏	太仓市	31	浙江	平湖市	56	江苏	东台市	81	山东	莱西市
7	浙江	义乌市	32	陕西	神木市	57	山东	广饶县	82	山东	青州市
8	江苏	宜兴市	33	湖南	宁乡市	58	河南	永城市	83	贵州	盘州市
9	福建	晋江市	34	江苏	如东县	59	江苏	邳州市	84	山东	肥城市
10	湖南	长沙县	35	江西	南昌县	60	江苏	新沂市	85	河北	三河市
11	浙江	诸暨市	36	浙江	嘉善县	61	安徽	肥西县	86	四川	西昌市
12	浙江	余姚市	37	浙江	玉环市	62	辽宁	瓦房店市	87	安徽	天长市
13	山东	胶州市	38	河北	迁安市	63	山东	邹城市	88	广东	博罗县
14	山东	龙口市	39	浙江	长兴县	64	安徽	肥东县	89	河北	武安市
15	湖南	浏阳市	40	浙江	宁海县	65	河南	巩义市	90	湖北	仙桃市
16	福建	福清市	41	福建	石狮市	66	浙江	嵊州市	91	河北	辛集市
17	浙江	海宁市	42	山东	寿光市	67	内蒙古	伊金霍洛旗	92	福建	连江县
18	浙江	乐清市	43	山东	荣成市	68	山东	莱州市	93	山东	高密市
19	浙江	桐乡市	44	江苏	仪征市	69	山东	招远市	94	四川	彭州市
20	浙江	温岭市	45	福建	闽侯县	70	江苏	兴化市	95	江苏	东海县
21	江苏	溧阳市	46	江苏	扬中市	71	浙江	德清县	96	四川	仁寿县
22	江苏	如皋市	47	江苏	句容市	72	江西	贵溪市	97	湖北	枣阳市
23	浙江	瑞安市	48	福建	惠安县	73	安徽	长丰县	98	广东	鹤山市
24	江苏	丹阳市	49	内蒙古	准格尔旗	74	山东	平度市	99	福建	罗源县
25	江苏	海安市	50	浙江	临海市	75	云南	安宁市	100	广东	普宁市

高质量发展百强县市中,包括76个县级市、22个县、2个旗。入选县市最多的省份仍然是江苏和浙江,各有24个和21个县域位列百强。这意味着,江苏全部40个县市中,60%入选百强;浙江全部53个县市中,40%入选百强。此外,山东有14个县域、福建有9个县域入选百强。榜单上的其他县域包括:河北、湖南、安徽三省各4个,广东、河南和四川各3个,内蒙古、湖北、江西、贵州四省各2个,辽宁、陕西和云南各1个。

按照传统的南北方划分,南方占75席,北方占25席。按照四大板块划分,东部、中部、西部和东北各占75席、15席、9席和1席。按照重点城市群划分,长三角城市群38席,京津冀城市群4席,长江中游城市群8席,粤闽浙沿海城市群11席,成渝城市群3席,珠三角城市群2席。

从人口流动来看,尽管高质量发展百强县是县域发展的佼佼者,但是仍然有相当一部分县域存在人口流失现象。江苏如皋、启东等20个县域,不但存在常住人口少于户籍人口的现象,而且过去10年,常住人口处于减少的过程中(2020年常住人口少于2010年常住人口)。人口流向是由发展机会、城市品质决定的,但归根结底是由经济运行效率决定的。人口的普遍外流表明,尽管百强县域经济发展水平相对较高,公共服务供给能力相对较强,但与中心城市、大城市相比,差距还是非常明显。由于外流人口往往是素质较高的年轻人口,因此,人口流失一方面会加快本地人口老龄化进程,另一方面也会降低县域经济活力,损害县域长期经济增长。

高质量发展10强县域,国土总面积约1.2万平方千米,生活着1640万人,创造了将近2.9万亿元GDP总值,人均GDP接近18万元。10强县域均呈现人口净流入和人口持续增长状态。除江苏太仓外,其他县域常住人口均突破了100万,江苏昆山和福建晋江常住人口更是突破了200万。其中,江苏昆山、浙江义乌、福建晋江和浙江慈溪已经迈入大城市行列(城区常住人口突破100万)。2010—2020年,10个县域人口增长了262万,义乌、昆山、慈溪、太仓、江阴和常熟的人口增长率均超过10%。10强县域产业发展呈现出较为明显的创新驱动特征,昆山、太仓和长沙的高新技术企业超过了1000家,常熟、张家港超过900家,江阴也超过了800家。10强县域居民收入较高,居民获得感较强。义乌的城乡居民人均可支配收入高达78215元,从与全国主要城市的对比来看,仅略低于上海,高于北京、深圳和广州。而昆山、江阴、张家港、常熟、太仓和慈溪的城乡居民人均可支配收入也在7万元左右。

参考文献

习近平：《为实现党的二十大确定的目标任务而团结奋斗》，《求是》2023年第1期。

习近平：《新时代党和人民奋进的必由之路》，《求是》2023年第5期。

黄小勇：《泛县域视角下产城融合共生路径研究》，中国社会科学出版社2021年版。

［美］帕拉格·康纳：《新迁移：人口与资源的全球流动浪潮》，中译出版社2023年版。

阮金泉、谷建全等：《加快推动县域经济高质量发展》，经济管理出版社2020年版。

占张明：《新时代浙江省全面深化改革与县域发展实践研究》，浙江工商大学出版社2020年版。

中国市辖区高质量发展研究报告 2023

中国市辖区高质量发展研究课题组

城区，即城市区域。依据《关于统计上划分城乡的规定》，城区的范围应当包括：设区市的市辖区、不设区市的市区。具体而言，设区市的市区是指区辖全部行政区域，或者市辖区人民政府驻地和区辖其他街道办事处地域①；不设区市的市区，是指市人民政府驻地和市辖其他街道办事处地域②。中国现行法规允许直辖市和地级市设立市辖区。③ 不设区市的市区主要是指县级市的市区。但是，我国还存在不设区的"直筒子"地级市，即广东省的东莞市和中山市、甘肃省的嘉峪关市④、海南省的儋州市这4个地级市。

市辖区是我国经济社会发展水平最高、人口最密集的空间单元。截至2022年年底，977个市辖区国土面积约100万平方千米，常住人口超过6.7亿，地区生产总值超过75.1万亿元。也就是说，市辖区以全国10%左右的国土面积，承载了48%的人口和62%的经济总量。⑤

---

① 市辖区人口密度在1500人/平方千米及以上的，市区为区辖全部行政区域；市辖区人口密度不足1500人/平方千米的，市区为市辖区人民政府驻地和区辖其他街道办事处地域；市辖区人民政府驻地的城区建设已延伸到周边建制镇（乡）的部分地域，其市区还应包括该建制镇（乡）的全部行政区域。

② 区、市人民政府驻地的城区建设已延伸到周边建制镇（乡）的部分地域，其市区还应包括该建制镇（乡）的全部行政区域。

③ 2014年民政部起草的《市辖区设置标准（征求意见稿）》明确，允许直辖市和地级市设立市辖区，其中市区总人口在300万以上的城市，平均每60万人可设立1个市辖区。最小的市辖区人口不得少于25万，其中非农业人口不得少于10万。

④ 嘉峪关市下辖雄关区、长城区、镜铁区3个管理区，但不属于在国务院批准、民政部在册的作为地方人民政府的市辖区。

⑤ 除非特别说明，本报告涉及的全国性指标均未包括香港特别行政区、澳门特别行政区和台湾地区数据。

一　城镇化新阶段与城市发展新趋势

城镇化开启高质量发展新阶段。2017年中国城镇化率超过60%以后，中国城镇化速度明显放缓，由此前年均提升1.4个百分点左右降至年均提升1个百分点左右。2021年，城镇化水平仅提升了0.83个百分点，自2000年以来城镇化速度首次降至1%以内；2022年，城镇化水平提升速度进一步下降至0.5%。这表明，中国城镇化已经进入转型发展的新阶段，即由追求城镇化速度、城市规模的高速发展阶段，转向更加重视以人为核心、更加强调城市发展内涵的高质量发展阶段。根据壹城智库专家预测，在这一阶段，人口城镇化将保持在中高速度（年均提升0.5%—1%）。到2035年，中国基本实现现代化、人均国内生产总值达到中等发达国家水平之际，中国城镇化率将达到75%左右。这一阶段，也将是中国城市全面开启高质量发展的新阶段，创新引领作用更加明显，高技术产业产值持续提升；城市绿色发展水平快速提升，"低碳""零碳"经济成为城市经济新的增长点；农业转移人口市民化取得明显进展，城市中等收入群体日益壮大，市民美好生活需要得到更好的满足；城市品位稳步提升，城镇化布局更加合理。

中心城市和城市群的承载力持续增强。从短期看，人口流动受就业机会、收入水平和生活品质指引；从长期看，人口流动归根结底是由生产效率决定的。人类经济活动自农业时代开始，呈现出集聚发展的趋势。工业化时代，集聚经济得到了充分体现，城市得到了极大发展，中心城市和城市群成为空间集聚的重心。基础设施和劳动力共享，市场规模扩大和运输费用降低，以及学习网络构建，是集聚经济的主要来源。后工业化时代，服务业发展同样要依托规模化市场，高端服务业对人际交往和相互学习提出了更高要求，这不会随着互联网和人工智能的出现而改变，超大城市、特大城市和城市群仍然是吸引产业和人口的优势区域，将继续在空间经济中发挥支配作用。

在中国，中心城市和城市群是发展优势区域，是增长动力源的主体形态。中心城市的就业机会、收入水平远远高于周边的中小城市和乡村。从生活品质来看，一般来说，中心城市和城市群地区能够更好满足多样化的美好生活需要。随着城市规划建设理念更新、交通技术创新和城市治理能力提升，"城市病"将得到有效缓解。在现代化都市圈中，人们可以兼顾都市繁华和乡村静谧。《中华人民共和国国民经济和社会发展第十四个五年规划和2035年远景目标纲要》明确了19个城市群（优化提升5个城市群，发展壮大5个城市群，培育发展9个城市群），覆盖了225个地级以上城市，占全国人口比重为82%，创造了全国90%的经济总量。截至2021年年底，24个万亿城市全部位于城市群中。其中，长三角8个，珠三角4个，京津冀、成渝、长江中游、山东半岛、粤闽浙沿海各2个，中原和关中平原各1个。京津冀、长三角、珠三角等城市群吸纳流动人口和劳动力的波动，是由于受到了其他中心城市和城市群的竞争和挑战。流动人口就近就地转移，是以成渝、长江中游等内地城市群快速发展为前提的。

根据国家统计局公布的数据，当前中国城区人口超过1000万的7个超大城市约占全国总人口的10.6%，城区人口超过500万的特大城市和超大城市约占全国总人口的20.7%。与迈入城市化成熟阶段的西方国家相比，中国超大城市和特大城市的人口比重还偏低，超大城市的规模和数量均将进一步提升。壹城智库预计，到2035年，超大城市将达到13个左右，超大城市占全国人口比重将超过15%。武汉和东莞预计在2025年前后迈进超大城市行列，西安和杭州预计在2030年前后成为超大城市，佛山和南京也将在2035年之前成为超大城市。

二 市辖区在中国式现代化中的地位和作用

建设富强民主文明和谐美丽的社会主义现代化国家，实现中华民族伟大复兴，是鸦片战争以来中国人民最伟大的梦想，是中华民族的最高利益和根本利益。统筹中华民族伟大复兴战略全局和世界百年未有之大变局，推进中国式现代化，必须坚持高质量发展。高质量发展是全面建设社会主义现代化国家的首要任务。作为城市的基本空间单元，市辖区是发展要素的重要集聚地，创新驱动、发展转型的核心引擎和参与国际竞争的主体力量。在中国式现代化推进过程中，市辖区在国民经济和社会发展中的地位愈加凸显，日益成为高质量发展的主要空间载体。

第一，市辖区是创新的重要策源地。城市是高素质创新型人才的集中地，是人流、物流和信息流、资金流交汇处，为创新活动提供着生生不息的动力。城市的创新能力和创新水平，决定着整个国家的创新驱动力，决定着我们能否实现科技自立自强。

第二,市辖区是推动协调发展的关键。在城市与乡村的关系中,城市是主导;在中心城市和城市群与其他区域的关系中,中心城市和城市群是主导;在市辖区与城市周边区域的关系中,市辖区是主导。城乡协调、区域协调的关键在于,城市对乡村的支持力度有多大,中心城市和市辖区的承载力有多强。

第三,市辖区是构筑新发展格局的枢纽。城市是建设强大的统一国内市场的重心所在,国内市场潜力主要集中在城市。城市也是对外开放的主要支点。只有不断提升城市能级,增强市辖区功能,才能提升中国城市在全球城市网络中的地位,不断强化全球资源配置能力,加快构筑以国内大循环为主、国际国内双循环相互促进的新发展格局。

第四,市辖区是生态文明建设的重点。建设生态文明,关键是要推动产业生态化和生态产业化,推动人们生活方式的生态化转型。城市是产业生态化的主战场,只有城市才能为生态产业化提供必要市场条件。同时,由于我国大部分人口生活在城市的市辖区,城市生活方式对乡村生活方式具有引领和示范作用,因此城市也是生活方式转型的重点。

三 中国市辖区的规模与密度

市辖区,就是设区城市的市区,是城市核心的功能单元和空间单元。与县和县级市相比,市辖区具有三个方面的特征:一是从产业形态上看,主要以二、三产业为主。我国对设置市辖区有明确规定,如就业人口中非农人口不低于70%,二、三产业比重不低于75%等。实践过程中,处于城市核心的部分市区,已经实现了100%"非农化",成为"纯城区"。二是从治理结构上看,区级政府的部分行政权力必须让渡给城市政府。尽管各个城市在市辖区事权、财权划分上有所不同,但总体上说,区政府相比县政府而言,独立性相对较小。三是从空间形态上看,一般要求与中心城市连片发展,并具有更为紧凑的空间结构。市辖区是城市型空间,城市经济的本质是集聚。高度集聚、高速流动,是市辖区塑造高效率发展空间的基本要求。因此,较小的地域空间、较高的人口密度和产出强度,更符合市辖区发展的要求。

然而,从实际情况来看,我国的市辖区无论是从辖区面积来看,还是从人口规模、经济规模等方面来看，均有着巨大差异。

中国市辖区空间规模差异非常大。面积最小的市辖区是鹤岗市向阳区，辖区面积只有8平方千米。此外，天津市和平区的辖区面积也不足10平方千米。但是，面积最大的市辖区，哈密市伊州区的面积超过了8万平方千米，比东中部地区很多城市的面积要大很多。与此相对应，中国台湾地区的市辖区则要小得多，台中市中区面积0.88平方千米，高雄市盐埕区1.42平方千米、高雄市旗津区1.46平方千米。与日本和韩国的市辖区相比，中国市辖区的面积也是遥遥领先的。[①] 中国市辖区规模过大。一方面是由于中西部地区"单区市"设立过程中缺乏科学论证；另一方面则是"撤市设区"贪大图快，将原本不具备城市特征的区域简单划为市辖区，实际上并不具备城市功能，造成"假性城市化"。依据住建部对建制市（含县级市）的统计数据，中国市区面积达232万平方千米，但城区面积只有18.7万平方千米，[②] 建成区更是只有6万平方千米。以此推算，城区面积占市区面积的比例不足8%，建成区面积占市区面积的比例不足3%。其中，地级以上城市市区面积达100.8万平方千米，城区面积为14.3万平方千米，建成区面积为4.88万平方千米，城区面积占辖区面积的比重为14.2%，建成区面积占市辖区面积的比重为4.8%。这表明，市辖区存在大量"非城市化"区域。这种情况的普遍存在，一方面使市辖区治理难度加大，运行效率降低；另一方面也表明，高质量发展阶段对城镇化空间的大部分需求，完全可以通过市辖区内部的空间优化来满足。

中国市辖区的经济规模同样差异巨大。与市辖区空间面积的分布规律相反，市辖区的经济规模自东向西、由南向北逐渐趋小。这表明，尽管东部和南方的市辖区的空间资源相对匮乏，但能凭借良好的区位条件获取规模经济和集聚经济效益。浦东新区已经成为GDP规模超万亿元的巨无霸，GDP规模在5000亿—10000亿元的市辖区有7个，GDP规模在3000亿—5000亿元的市辖区有8个，GDP规模在1000亿—3000亿元的市辖区有156个。同时，还存在120个左右经济规模不足百亿元的市辖区。部分发展困难的市辖区，经济规模甚至徘徊在10亿元以下。需要指出的是，GDP

---

① 市辖区并非一个全球普遍的行政区划单元。除中国外，日本和韩国也在都市区或城市下设有"行政区"或"自治区"。欧美国家则基本上没有类似的行政区划设置。与中国相比，日韩的城市面积更小，市辖区却更多。

② 需要说明的是，这里所指的市区（城区），既包括市辖区（城区），也包括"直筒子市"的市区（城区），县级城市的市区（城区）。

排名靠后的30个市辖区中，90%来自东北。此外，河北张家口的下花园区、河北承德的鹰手营子矿区也位列其中。经济规模过小的市辖区，要么是资源日渐枯竭的工矿区，要么是由计划经济时代遗留的特殊类型区域转化而来，如林区、厂区、农垦等。这些市辖区中，除了个别在民族融合、边疆安全方面具有重要意义的市辖区，大部分将逐渐被整合、撤并。

市辖区人口规模差异较大。从人口规模来看，人口规模最大的是上海市浦东新区，常住人口超过了500万。深圳市宝安区人口超过了400万，深圳市龙岗区人口则接近400万。除了三沙市西沙区和南沙区之外，人口最少的市辖区是鸡西市麻山区，其常住人口不足2万。从人口净流入来看，市辖区是人口流入的主要目的地，全国有超过七成以上的流动人口进入市辖区。数据分析发现，有6个市辖区的人口净流入规模超过了200万，分别是深圳市宝安区、深圳市龙岗区、广州市白云区、上海市浦东新区、深圳市龙华区和佛山市南海区。部分市辖区的非户籍人口规模甚至超过户籍人口规模，深圳光明区、宝安区、龙华区、平山区、龙岗区以及北京市昌平区、广州市白云区超过2/3的常住人口户籍在本区以外。与此同时，部分市辖区也面临着人口流出的压力，鞍山市千山区人口流出比重较高，超过50%的户籍人口外流。放眼未来，在"抢人时代"来临之后，尽管就地就近城镇化受到了更多重视，但是人口仍然将持续向发展优势区域聚集，要素配置能力和综合承载力强、运行效率高、就业机会多、生活品质优的中心城市和城市群的市辖区，仍将吸引更多人口。

四　撤县设区：从稳慎到严控

市辖区是城市的重要组成部分，是城市发展的空间载体。设立市辖区的目的在于更好地推动辖区城市建设和经济发展，加强辖区治理，更好地为辖区居民提供公共服务。中国的市辖区，大致可以分为以下四类：一是较大规模城市中直接划分的市辖区，如新中国成立初期在上海、北京等城市设立的市辖区。这类市辖区历经撤并、调整之后，相当一部分保留至今。二是"因市设区"而成立的市辖区。我国规定"直辖市和较大的市，可以设区"，但在实践中，直辖市和地级市都可以设区。因此，改革开放以来，为了适应"市管县"体制，大量推行了"地改市"，而市政府所在地顺势而为，设立市辖区。"单区市"（只有一个市辖区的地级市）及部分

"双区市"（只有两个市辖区的地级市），均属于这种情况。截至 2021 年年底，中国共有 57 个"单区市"、86 个"双区市"。三是适应城市化发展需要，"撤县设区""撤市设区"而成立的市辖区。这是过去十年市辖区数量增长的主要原因。四是矿区或特定功能区，改设市辖区。典型的矿区，如石家庄市井陉矿区、承德市的鹰手营子矿区、阳泉市的矿区、包头市的白云鄂博矿区等；其他功能区演化而来的市辖区包括乐山市的金口河区、齐齐哈尔的碾子山区等（见图 1）。

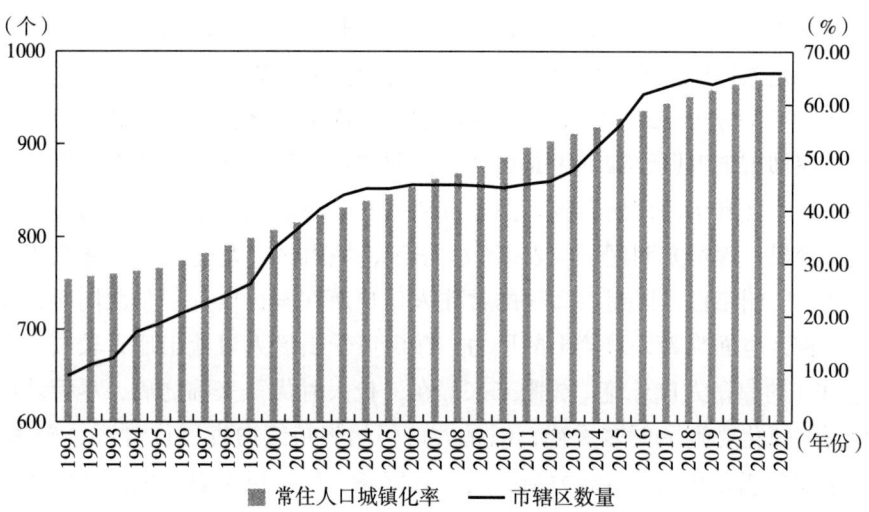

图 1　中国市辖区数量变化与常住人口城镇化率（1991—2022）

资料来源：壹城智库课题组依据国家民政部行政区划数据和国家统计局相关数据制作。

中国市辖区数量变化，与中国城镇化进程基本一致。改革开放以来，市辖区数量随着城镇化进程而快速增长。依据增长速度快慢，大致又可以分为四个阶段：第一阶段是 1978—2002 年之前的快速增长阶段。这一阶段，市辖区数量从 408 个增长到 830 个，实现了翻番。第二阶段是 2003—2012 年的速度放慢阶段，10 年时间里，市辖区数量仅增加了 30 个，年均仅增加 3 个。原因主要有两个：一是国家将中小城市作为城镇化的主战场和重点方向，大城市的市辖区增设受到严格限制，部分大城市还对已有的市辖区进行了撤并。二是"撤县设区""撤市设区"在实践中导致了土地城镇化速度过快，影响了耕地等资源保护，迫使国家进一步收紧了相关政策。第三阶段为 2013—2021 年的恢复发展阶段。这一阶段，国家有序放宽了"撤县设区""撤市设区"，8年间市辖区数量增加了117个，年均增长接近15个。第四阶段为2022年以来，严控"撤县设区""撤市设区"，2022年市辖区数量"零增长"。

截至2022年年底，全国有977个市辖区。除东莞、中山、嘉峪关和儋州四个"直筒子市"外，其他293个地级以上城市均设有市辖区。其中，重庆拥有26个市辖区，是市辖区最多的城市。北京、上海、天津、武汉、成都、广州、南京、西安、杭州、济南、沈阳11个城市，均拥有10个以上的市辖区。随着城镇化的发展和行政区划的调整，已经有20个城市[①]实现了"无县化"（没有建制县，也没有县级市），下辖行政区划均已经成为市辖区。

自2021年以来，相关部委明确提出要"慎重推进撤县设区"。李克强同志在2022年政府工作报告中更是明确提出"严控撤县建市设区"。对"撤县建市设区"，为什么从此前的"总体稳慎有序"推进，转变为"慎重"和"严控"呢？根本上是因为中国城镇化进入转型发展的新阶段，即由追求城镇化速度、城市规模的高速发展阶段，转向更加重视以人为核心、更加强调城市发展内涵的高质量发展阶段。一方面，工业化和城镇化进程，不能以资源粗放利用和环境破坏为代价，更不能以损害乡村功能和价值为代价。传统的粗放式城镇化，已经造成了"不能承受之重"，资源环境倒逼着城镇化方式转型。简单的"撤县建市设区"，造成了县治功能异化，压缩了乡村生存空间。另一方面，城市的高质量发展和精细化治理，将进一步提升城市品质，挖掘城市发展潜力。当前，全国市区还有将近1.3亿暂住人口，加快农业转移人口市民化，并为未来十余年新进城的1亿多人口提供充分就业机会、创造高品质生活空间，就必须推动市辖区高质量发展，加快以创新驱动、产业升级、绿色发展、共建共享等为基本内容的城市转型。

五 市辖区高质量发展的新要求

所谓高质量发展，是以满足人民日益增长的美好生活需要为目标的高

---

① 16个"全区市"：北京市、上海市、天津市、乌海市、鄂州市、克拉玛依市、深圳市、厦门市、武汉市、珠海市、海口市、佛山市、南京市、广州市、三亚市、三沙市；4个"直筒子市"：东莞、儋州、中山、嘉峪关。

效率、公平和绿色可持续的发展。推动市辖区走高质量发展之路，就要坚持以人民为中心的发展思想，坚持创新、协调、绿色、开放、共享、安全发展。市辖区的资源禀赋和文化传承、发展水平和发展模式千差万别，因此必须在坚持目标导向、问题导向和结果导向相统一的基础上，鼓励不同市辖区结合实际情况，因地制宜、扬长补短，走出符合本地区实际的高质量发展之路。

坚持目标导向。推动市辖区高质量发展，必须站在"开启全面建设社会主义现代化国家新征程、迈向第二个百年奋斗目标"的新的历史起点，瞄准基本建成现代化城区的战略目标，按照系统思维要求，把握城区发展的阶段性特征和内在性联系，坚持"五位一体""四个全面"，统筹谋划空间格局优化、创新驱动、产业发展、改革开放、生态建设、城乡融合、民生保障、社会治理等领域的工作。

坚持问题导向。正如习近平总书记所指出的，"发展起来以后的问题不比不发展时少"。当今世界正经历百年未有之大变局，新冠疫情全球大流行使这个大变局加速演进，世界进入动荡变革期。今后一个时期，我们将面对更多逆风逆水的外部环境。我国实现高质量发展还有许多短板弱项，市辖区发展也面临着一些困难和挑战，发展不平衡、不充分问题仍然突出，创新能力不适应高质量发展要求，城乡区域发展和收入分配差距较大，生态环保任重道远，民生保障存在短板，社会治理还有弱项。因此，必须坚持新发展理念，拿出更大的勇气、更多的举措破除深层次体制机制障碍，守正创新、开拓创新，探索适合市辖区未来发展之路。

坚持结果导向。要站在全国和省市发展大格局的高度审视自身，顺应区域经济的发展趋势，增强全局性、趋势性和前瞻性，以更宽视野、更高标准、更实举措来推进市辖区高质量发展。增强对标意识、赶超意识、引领意识，在体制机制、公共服务等方面与发达地区对标，努力打造国际一流发展环境和国内一流城市品质。

在构建高质量发展动力系统过程中，推动要素合理流动和高效聚集、加快空间一体和功能分异，将成为我国城乡区域政策的主要着力点。市辖区在经济发展和人口承载能力等方面的重要作用将得到进一步增强。站在新的历史起点谋划市辖区高质量发展，必须顺应区域经济的发展趋势，增强全局性、趋势性和前瞻性，牢牢抓住效率提升这一根本，坚持创新、协调、开放、宜居、共富理念，推动市辖区更好地发挥现代化引擎作用。

创新。创新是发展的第一动力，创新的集聚地往往也是发展的动力源。通过创新，将新技术、新工艺应用于生产，才能不断提高劳动生产率。通过创新，引入新产品、新企业，才能让城市保持更强的发展韧性，应对未来变化。城市是创新的主要策源地。只有不断创新，推动产业持续升级，市辖区才能提高资源和要素聚集能力，才能提升竞争力。市辖区一方面应结合自身实际，着力培育和发展"新技术、新产业、新业态、新模式"；另一方面应当承担基础研究重任，持续创造"知识资本"，为国家进步、经济繁荣和人民健康开创"无尽的前沿"。

协调。市辖区不是一个"独立王国"。市辖区作为城市的有机组成部分，与城市的其他辖区之间紧密相关。必须与城市其他辖区之间形成良性竞争关系，按照目标协同、规则一致、功能互补、要素互通的要求加强区际关系协调，共同提升要素配置能力和综合承载力。在市辖区内部，还应关注三个方面的协调：一是投入与产出之间的协调。主要是劳动力、土地、水、能源等的投入与产出之间的协调，实际上就是要求不断提高要素产出水平，降低资源和能源的消耗强度。二是产业发展之间的协调。经济发展的过程，不但是规模扩张的过程，更是结构优化和动能转换的过程。因此，在经济发展过程中，必须动态调整和优化产业结构。三是城乡的协调。一般而言，中国的建制市，并非完全意义的城市化地区，在空间上还存在城乡差异。因此，协调发展还应当包括城乡融合发展的内容。

开放。东部地区发达城市、中心城市的市辖区，要更好发挥开放门户作用，在自贸区建设、"引进来""走出去"等方面发挥引领作用。要着力推动规则、规制、管理、标准等制度型开放，提供高水平制度供给、高质量产品供给、高效率资金供给，更好参与国际合作和竞争，成为国内大循环的中心节点和国内国际双循环的战略链接。内地城市的市辖区，要发挥好"承上启下"的作用，积极承接发达地区的产业转移，并辐射带动周边县域共同发展。

宜居。市辖区作为城市功能的主要承载空间，不可避免地产生各种形式的"城市病"。必须深刻认识保护生态环境就是保护生产力、改善生态环境就是发展生产力，让良好生态环境成为人民生活改善的增长点、成为经济社会持续健康发展的支撑点、成为展现城市良好形象的发力点。因此，市辖区应积极应对和缓解各种形式的"城市病"，通过污染治理和绿色发展实现经济发展和环境保护双赢；引入前沿规划理念，优化城市空间结构，改造提升老旧街区，开发地下空间，减少职住分离，建设有机城市；不断完善交通体系，提高公共交通分担率，加快运用智慧交通技术，缓解城市交通压力。

共富。收入差距过大，会影响社会稳定，从而必然动摇经济发展和城市建设的根基。必须关注影响居民收入和生活品质的关键环节，加大改革力度，加快迈向共同富裕。一是要关注资本所得增长过快问题。资本所得增长过快，劳动所得比重过低，就会影响高素质人才留在区内的意愿。必须着力实现资本所得和劳动所得协同，努力使劳动所得增长更快。二是要关注劳动所得差距问题。劳动所得差距过大，已经成为影响当代贫富差距的重要因素。必须关注垄断行业收入过高问题，并切实加强对高收入行业的所得税征管。必须关注低收入阶层，确保低收入阶层在公共服务可获得性上不被歧视。必须完善困难群众补贴机制，从制度层面增强低收入阶层风险抵御能力。三是要关注房价等影响居民获得感的敏感问题。房价是容易引发社会冲突的敏感问题，过高的房价也会严重影响居民获得感。必须坚持"房住不炒"，努力将房价涨幅和房租增幅控制在低于经济增速和居民收入增速的水平，将人们的居住成本控制在合理水平上。

六 市辖区高质量发展评价体系

按照目标导向、问题导向和结果导向相统一的原则，为客观评价市辖区高质量发展水平，引导市辖区实现更高质量发展，结合指标设置的科学性和数据可获得性，本研究构建了市辖区高质量发展评价体系。

（一）评价体系

市辖区高质量发展评价体系见表1。

表1　　　　　　　　市辖区高质量发展评价体系

目标层	准则层	指标层	单位
综合指标		地区生产总值	万元
		2020—2022年地区生产总值年均增速	%
		人均地区生产总值	元
		社会消费品零售总额	万元
		地方一般公共预算收入	万元

续表

目标层	准则层	指标层	单位
创新发展	创新投入	全社会研发经费占 GDP 的比重	%
	创新创业活动	每万人发明专利拥有量	件
		每千人开办企业数（含个体工商户）	家
	新经济发展水平	高新技术企业数	家
		高技术产业主营业务收入占规上工业主营业务收入比重	%
		数字经济核心产业增加值占 GDP 比重	%
协调发展	投入产出	全员劳动生产率	万元/人
		万元 GDP 能耗下降幅度	%
		万元 GDP 水耗下降幅度	%
	城乡关系	城乡居民收入比	—
		常住人口城镇化率	%
	产业结构	第三产业比重	%
		房地产投资与 GDP 的比值	—
绿色发展	污染治理	工业废水达标排放率	%
		工业废气达标排放率	%
		一般工业固体废弃物处置利用率	%
		城乡生活垃圾分类覆盖率	%
		生活污水达标排放率	%
		城市黑臭水体消除率	%
	生态环境质量	森林覆盖率	%
		（国考、省考）断面水质达标率	%
		城镇人均公共绿地面积	平方米
		PM2.5 年均浓度	毫克/立方米
		空气质量优良率	%
开放发展	对外贸易	一般贸易出口额占出口总额比重	%
	外资引进	当年实际利用外资	万美元
		累计利用外资额	万美元
	对外交往	每万人常住外国人数量	人
		境外游客人数	人
共享发展	生活水平	城镇调查失业率	%
		城乡居民人均可支配收入	元

续表

目标层	准则层	指标层	单位
共享发展	公共服务	人均财政民生支出	元
		城镇最低生活保障标准	元/年
		社会保障综合覆盖率	%
	民生设施	人均公共文体设施面积	平方米
		每千人口拥有执业（助理）医师数	人
安全发展	生产安全	重大和特别重大安全事故	起
		亿元 GDP 生产安全事故死亡人数	人
	环境安全	重大和特别重大环境事件	起
	社会安全	群体性事件	起
		非正常死亡率	人/十万人
		刑事案件发案率	起/万人

资料来源：壹城智库课题组制作。

综合指标。主要包括地区生产总值、2020—2022 年地区生产总值年均增速、人均地区生产总值、社会消费品零售总额、地方一般公共预算收入五个指标，反映市辖区经济总量、经济发展水平和市场规模。

创新发展。主要从创新投入、创新创业活动和新经济发展水平三个方面进行评价。衡量创新投入的指标是研发经费占 GDP 的比重。衡量创新创业活动的主要指标是万人发明专利拥有量、千人企业数。衡量新经济发展水平的主要指标是高新技术企业数、高技术产业主营业务收入占规上工业主营业务收入比重、数字经济核心产业增加值与 GDP 比重。

协调发展。主要从投入产出、城乡关系、产业结构三个方面进行评价。衡量投入产出的指标是全员劳动生产率、万元 GDP 能耗、万元 GDP 水耗三个指标。同时，考虑到相当一部分城市不直接公布能耗和水耗指标，本研究将这两个指标修订为万元 GDP 能耗下降幅度、万元 GDP 水耗下降幅度。城乡关系方面，本研究采用了城乡居民收入比、常住人口城镇化率两个指标。考虑城市发展实际，本研究使用第三产业比重、房地产投资与 GDP 的比值两个指标来衡量产业结构协调程度。第三产业比重越高，协调程度越高；在特定规模的 GDP 上，房地产投资越多，对房地产依赖程度越高，表明市辖区的产业协调程度越弱。

绿色发展。主要从污染治理和生态环境质量两个方面进行评价。衡量污染治理水平的指标主要包括工业废水达标排放率、工业废气达标排放率、一般工业固体废弃物处置利用率、城乡生活垃圾分类覆盖率、生活污水达标排放率、城市黑臭水体消除率等。衡量生态环境质量的指标主要包括森林覆盖率、断面水质达标率、城镇人均公共绿地面积、PM2.5年均浓度、空气质量优良率等。

开放发展。主要从对外贸易、外资引进和对外交往三个方面进行评价。对外贸易主要用一般贸易出口额占出口总额比重来衡量。外资引进主要包括当年实际利用外资、累计利用外资额两个指标。对外交往主要包括每万人常住外国人数量、境外游客人数两个指标。需要说明的是，考虑构建新发展格局的要求，本报告不再将外贸依存度作为开放发展的指标加以衡量。

共享发展。主要从生活水平、公共服务和民生设施三个方面进行评价。衡量生活水平的指标主要包括城镇调查失业率、城乡居民人均可支配收入。衡量公共服务的指标主要包括人均财政民生支出、城镇最低生活保障标准、社会保障综合覆盖率。衡量民生设施的指标主要包括人均公共文体设施面积、每千人口拥有执业（助理）医师数。

安全发展。主要从生产安全、环境安全和社会安全三个方面进行评价。衡量生产安全的指标主要包括重大和特别重大安全事故、亿元GDP生产安全事故死亡人数。环境安全主要用重大和特别重大环境事件来衡量。社会安全则主要用群体性事件、非正常死亡率和刑事案件发案率三个指标来衡量。

（二）评价方法

1. 单项指标得分计算

本报告使用min-max标准化方法对原始数据进行标准化。

$$a_{ij} = \frac{x_{ij} - \min(x_{1j}, x_{2j}, \cdots, x_{nj})}{\max(x_{1j}, x_{2j}, \cdots, x_{nj}) - \min(x_{1j}, x_{2j}, \cdots, x_{nj})} \quad (1)$$

式（1）中，x_{ij}为第i个市辖区j指标的原始数值，a_{ij}为标准化后的数值，即i市辖区在j指标上的得分。

2. 综合得分计算

本报告依据德尔菲法对评价体系各项指标进行分层赋权，各市辖区的综合得分等于分项指标乘以各自权重之和。需要强调的是，部分指标属于逆向指标，如房地产投资与GDP比值，城镇调查失业率、PM2.5年均浓度以及安全发展中的相关衡量指标。对这部分指标，本报告赋予的权重为负，但各项指标的权重值累计值仍保持为 100%。

$$A_i = \sum a_{ij} * p_j \tag{2}$$

式（2）中，a_{ij} 是 i 市辖区在 j 指标上的得分，P_j 为指标 j 的权重，A_i 为 i 市辖区的综合得分。

3. 综合排序

本报告依据各市辖区的综合得分，从高到低进行排序。

七　市辖区高质量发展评价结果及分析

依据上述评价体系，本报告对市辖区高质量发展状况进行了评价。本研究的数据来源包括：中华人民共和国 2022 年国民经济和社会发展统计公报，各省市统计年鉴 2022，各市辖区 2022 年国民经济和社会发展统计公报。

报告对内地城市的市辖区进行研究（不含港澳台），并对市辖区进行分类评价。考虑中国行政区划和行政架构的特殊性，15 个副省级城市的市辖区在行政级别上与直辖市的市辖区更为接近。行政级别不同对市辖区的资源配置能力和要素承载力产生重要影响。因此，对城市市辖区分两类进行评价：一是直辖市以及行政级别为副省级城市的市辖区，共计 213 个市辖区；二是地级市的市辖区，共计 764 个市辖区。两类城市市辖区高质量发展评价排名前 100 位的城市如表 2 和表 3 所示。

表 2　2023 年中国市辖区高质量发展百强（直辖市和副省级城市市辖区）

位次	城市	市辖区	位次	城市	市辖区
1	上海市	浦东新区	10	广东广州市	黄埔区
2	北京市	西城区	11	广东广州市	越秀区
3	北京市	海淀区	12	广东深圳市	龙岗区
4	北京市	朝阳区	13	上海市	黄浦区
5	广东深圳市	南山区	14	山东青岛市	黄岛区
6	广东广州市	天河区	15	浙江杭州市	余杭区
7	广东深圳市	福田区	16	上海市	静安区
8	北京市	东城区	17	浙江杭州市	滨江区
9	天津市	滨海新区	18	浙江杭州市	上城区

续表

位次	城市	市辖区	位次	城市	市辖区
19	广东深圳市	罗湖区	51	重庆市	渝中区
20	广东深圳市	宝安区	52	四川成都市	龙泉驿区
21	上海市	徐汇区	53	浙江杭州市	拱墅区
22	江苏南京市	江宁区	54	浙江宁波市	江北区
23	上海市	闵行区	55	福建厦门市	湖里区
24	浙江宁波市	北仑区	56	湖北武汉市	江岸区
25	山东济南市	历城区	57	江苏南京市	秦淮区
26	辽宁大连市	金州区	58	广东广州市	花都区
27	浙江宁波市	鄞州区	59	山东青岛市	城阳区
28	山东济南市	历下区	60	浙江宁波市	海曙区
29	上海市	嘉定区	61	上海市	虹口区
30	广东深圳市	龙华区	62	四川成都市	武侯区
31	上海市	杨浦区	63	陕西西安市	未央区
32	福建厦门市	思明区	64	上海市	松江区
33	浙江杭州市	萧山区	65	山东济南市	市中区
34	湖北武汉市	汉南区	66	广东深圳市	光明区
35	上海市	长宁区	67	四川成都市	青羊区
36	广东广州市	南沙区	68	江苏南京市	建邺区
37	江苏南京市	鼓楼区	69	四川成都市	锦江区
38	广东广州市	番禺区	70	上海市	奉贤区
39	广东广州市	海珠区	71	广东广州市	荔湾区
40	江苏南京市	栖霞区	72	上海市	青浦区
41	上海市	宝山区	73	江苏南京市	雨花台区
42	北京市	顺义区	74	陕西西安市	碑林区
43	山东青岛市	市南区	75	四川成都市	金牛区
44	湖北武汉市	江汉区	76	浙江宁波市	镇海区
45	广东广州市	白云区	77	天津市	和平区
46	浙江杭州市	西湖区	78	山东青岛市	崂山区
47	陕西西安市	雁塔区	79	上海市	金山区
48	江苏南京市	玄武区	80	四川成都市	双流区
49	湖北武汉市	武昌区	81	广东广州市	增城区
50	北京市	丰台区	82	福建厦门市	海沧区

续表

位次	城市	市辖区	位次	城市	市辖区
83	山东青岛市	即墨区	92	重庆市	江津区
84	北京市	昌平区	93	陕西西安市	长安区
85	四川成都市	成华区	94	辽宁沈阳市	沈河区
86	江苏南京市	六合区	95	湖北武汉市	江夏区
87	天津市	河西区	96	四川成都市	郫都区
88	山东济南市	章丘区	97	四川成都市	青白江区
89	湖北武汉市	东西湖区	98	江苏南京市	浦口区
90	重庆市	九龙坡区	99	江苏南京市	溧水区
91	重庆市	涪陵区	100	浙江杭州市	钱塘区

表3　2023年中国市辖区高质量发展百强（地级城市市辖区）

位次	城市	市辖区	位次	城市	市辖区
1	广东佛山市	顺德区	21	江苏无锡市	梁溪区
2	广东佛山市	南海区	22	江苏南通市	通州区
3	江苏常州市	武进区	23	湖南长沙市	开福区
4	江苏无锡市	新吴区	24	广东佛山市	三水区
5	湖南长沙市	雨花区	25	湖南长沙市	芙蓉区
6	江苏苏州市	吴江区	26	新疆乌鲁木齐市	新市区
7	江苏苏州市	吴中区	27	江苏扬州市	江都区
8	江苏常州市	新北区	28	广东佛山市	高明区
9	广东佛山市	禅城区	29	浙江绍兴市	上虞区
10	浙江绍兴市	柯桥区	30	湖南长沙市	天心区
11	江苏苏州市	虎丘区	31	云南昆明市	官渡区
12	江苏南通市	崇川区	32	安徽合肥市	包河区
13	江苏无锡市	惠山区	33	江苏常州市	金坛区
14	江苏南通市	海门区	34	江苏徐州市	铜山区
15	江苏无锡市	锡山区	35	江苏泰州市	高港区
16	江苏苏州市	相城区	36	江苏无锡市	滨湖区
17	福建福州市	鼓楼区	37	福建福州市	长乐区
18	江苏扬州市	邗江区	38	浙江绍兴市	越城区
19	河南郑州市	金水区	39	江苏常州市	天宁区
20	广东珠海市	香洲区	40	广东江门市	新会区

续表

位次	城市	市辖区	位次	城市	市辖区
41	湖南长沙市	岳麓区	71	山西太原市	迎泽区
42	云南昆明市	五华区	72	浙江湖州市	吴兴区
43	安徽合肥市	蜀山区	73	云南昆明市	盘龙区
44	山东临沂市	兰山区	74	云南昆明市	西山区
45	安徽合肥市	庐阳区	75	贵州贵阳市	云岩区
46	江苏苏州市	姑苏区	76	内蒙古呼和浩特市	赛罕区
47	江苏常州市	钟楼区	77	四川绵阳市	涪城区
48	山东烟台市	芝罘区	78	福建宁德市	蕉城区
49	甘肃兰州市	城关区	79	广东珠海市	金湾区
50	湖南长沙市	望城区	80	河北唐山市	丰南区
51	山东淄博市	临淄区	81	浙江嘉兴市	南湖区
52	陕西榆林市	榆阳区	82	广东惠州市	惠城区
53	河北石家庄市	桥西区	83	广东茂名市	茂南区
54	浙江温州市	鹿城区	84	云南玉溪市	红塔区
55	福建福州市	马尾区	85	福建漳州市	芗城区
56	内蒙古鄂尔多斯市	东胜区	86	山西太原市	小店区
57	河北唐山市	丰润区	87	安徽宣城市	宣州区
58	山东淄博市	张店区	88	湖北襄阳市	襄州区
59	河北唐山市	曹妃甸区	89	福建福州市	晋安区
60	福建漳州市	龙海区	90	山东聊城市	茌平区
61	山东日照市	岚山区	91	江西南昌市	青山湖区
62	江苏扬州市	广陵区	92	河南郑州市	二七区
63	福建龙岩市	新罗区	93	安徽宿州市	埇桥区
64	四川宜宾市	翠屏区	94	江苏淮安市	清江浦区
65	山东济宁市	兖州区	95	四川德阳市	旌阳区
66	广西南宁市	青秀区	96	江苏淮安市	淮阴区
67	贵州贵阳市	南明区	97	四川泸州市	江阳区
68	福建福州市	仓山区	98	四川眉山市	东坡区
69	浙江温州市	龙湾区	99	湖南湘潭市	雨湖区
70	山东济宁市	任城区	100	湖北宜昌市	夷陵区

参考文献

习近平：《为实现党的二十大确定的目标任务而团结奋斗》，《求是》2023年第1期。

习近平：《新时代党和人民奋进的必由之路》，《求是》2023年第5期。

陆铭：《大国大城》，上海人民出版社2016年版。

陆铭：《向心城市：迈向未来的活力、宜居与和谐》，上海人民出版社202年版。

［法］迈克尔·斯托珀尔：《城市发展的逻辑》，中信出版集团股份有限公司2020年版。

［美］威廉·H.怀特：《城市：重新发现市中心》，上海译文出版社2020年版。

中国镇域高质量发展研究报告 2023

中国镇域高质量发展研究课题组

  镇域是以建制镇行政区划为载体的空间单元。镇域经济是区域经济的重要组成部分。建制镇一头连着农村，一头连着城市，是特定农业农村空间中的政治经济中心和生产生活服务中心。没有镇域的现代化，就没有农业农村的现代化；没有镇域的高质量发展，就没有农业农村的高质量发展。

一　乡镇管理体制改革与镇域高质量发展

  截至 2022 年年底，中国乡镇级行政区划数为 3.9 万个，其中建制镇 2.1 万个。建制镇在国家发展大局中具有特殊地位。第一，建制镇是人口的重要承载地。在住建部统计的 1.9 万个建制镇中，建成区面积约 4.3 万平方千米，户籍人口 1.7 亿，常住人口约 1.8 亿。户籍人口超过 10 万的建制镇有 661 个。部分建制镇，如广东省佛山市南海区狮山镇、东莞市长安镇等镇域的常住人口规模甚至已经超过 50 万。第二，建制镇在城镇体系中承担重要功能。在珠三角，数量众多的建制镇是重要制造业基地，部分专业镇的产业集群甚至已经具备全球影响力。在京津冀，河北省三河市燕郊镇成为北京大都市圈的"卧城"，河北省高碑店市白沟镇则承担着专业化的流通和集散功能。《"十四五"新型城镇化实施方案》继续强调，要"持续促进农业转移人口市民化，完善以城市群为主体形态、大中小城市和小城镇协调发展的城镇化格局"。都市圈、城市群内的建制镇，应积极融入都市圈一体化进程，在对接融入中心城市、积极承接中心城区功能转移的基础上，推动转型发展，提升要素配置能力和综合承载力，建设宜居宜业宜游的新型城镇。第三，建制镇是乡村振兴的桥头堡。作为镇域范围内资源调控中心和行政中心，建制镇按照区位条件、资源禀赋和发展基础，持续提升镇区承载力，提升乡镇服务农民功能。此外，建制镇还积极发挥城市基础设施和公共服务向乡村延伸的桥梁作用。第四，部分建制镇积极探索多元化发展的新路子，成为供给侧结构性改革和践行新发展理念的先行者，如浙江省乐清市柳市镇（见表1）。

表 1　　　　　　中国乡镇级行政区划数与建制镇个数

年份	乡镇级行政区划数（个）	镇（个）	乡（个）	街道（个）
2000	49668	20312	23199	5902
2005	41636	19522	15951	6152
2010	40906	19410	14571	6923
2015	39789	20515	11315	7957
2020	38741	21157	8809	8773
2022	38602	21389	8227	8984

注：1. 乡镇级行政区划数中，包括镇、乡和街道，还包括县辖区。截至2022年底，中国仅存两个县辖区，即河北省涿鹿县南山区、新疆维吾尔自治区泽普县奎依巴格区。2. 乡，包括民族乡，以及苏木和民族苏木。

2015年以来，乡镇级行政区划数量仍然持续减少，建制镇和街道的数量略有增加。但总体上说，乡镇行政区划改革，已经从单向的"撤乡设镇"和"撤镇（乡）设街"向"撤乡设镇""撤镇（乡）设街"和"撤街设镇"并存的格局转变。2022年，顺应人口流动和城镇化新趋势，黑龙江撤销8个街道，改设6个建制镇。

近年来，乡镇行政管理体制改革的重点，已经从"撤乡并镇"向"扩权强镇"的逻辑转变。早在2000年，为应对经济发达镇基础设施落后、公共服务供给能力偏低等挑战，广东省发布《中共广东省委、广东省人民政府关于推进小城镇健康发展的意见》，率先开展了扩权强镇改革，推动向中心镇、经济强镇下放了部分审批权和财政权力。2010年，中央下发《关于开展经济发达镇行政管理体制改革试点工作的通知》，提出了"加强基层政权建设、统筹城乡协调发展"的要求，明确了"解放思想、实事求是、因地制宜、分类指导、权责一致、事财匹配、积极稳妥、有序推进"的基本原则，以及"加快推进体制创新、下放经济社会管理权限、创新机构编制管理"三方面的具体改革内容，并在全国13个省份选择25个经济发达镇进行行政管理体制改革。[①]

2016年，为贯彻落实党的十八届三中全会精神，"对吸纳人口多、经济实力强的镇，可赋予同人口和经济规模相适应的管理权"，在总结上一轮改革试点经验的基础上，中办和国办印发了《关于深入推进经济发达镇行政管理体制改革的指导意见》，明确了扩权强镇的核心（加强基层政权建设、巩固党的执政基础）、重点（以加强基层政权建设、巩固党的执政基础为核心，扩大经济社会管理权限、完善基层政府功能）和保障（探索建立简约精干的组织架构、务实高效的用编用人制度和适应经济发达镇实际的财政管理模式），提出了扩大经济社会权力权限、构建简约精干的组织架构、推进集中审批服务和综合行政执法、建立务实高效的用编用人制度、探索适应经济发达镇实际的财政管理模式和创新基层服务管理方式等六项改革任务。

在此基础上，各地深入推进扩权强镇，对经济发达镇审批权限、机构设置、财政管理体制、要素保障机制等进行全方位改革，部分省份甚至开展了"镇级市"的有关探索。如，浙江省出台《关于小城市培育试点的通知》，重点对中心镇和特大小城镇进行培育；山东省印发《设立新的中小城市试点方案》，要求设立新的中小城市试点。2019年，浙江省温州市龙港市，成为本轮改革以来首个成功实现"镇改市"的试点。

中央对作为扩权对象的经济强镇，有着明确界定，即"东部地区经济发达镇建成区常住人口一般在10万人左右，中部和东北地区一般在5万人左右，西部地区一般在3万人左右；常住人口城镇化率、公共财政收入等指标连续两年位居本省（自治区、直辖市）所辖乡镇前10%以内"。但在实践上，扩权强镇改革的范围出现了泛化和扩大。部分经济欠发达的县市，为了激活基层发展动力、推动乡村振兴，也接续推进扩权强镇相关改革，如四川省巴中市平昌县按照"四个统一"（统一签订委托协议、统一规范操作流程、统一组织业务培训、统一授牌授印）的要求，在全县所有乡镇下放事权、扩大财权、赋予人事权。

从总体上说，扩权强镇改革有效增强了镇域公共服务供给能力和社会

[①] 25个改革试点分别为：河北省高碑店市白沟镇；山西省介休市义安镇；吉林省磐石市明城镇；江苏省昆山市张浦镇、江阴市徐霞客镇、兴化市戴南镇、吴江市盛泽镇；浙江省义乌市佛堂镇、余姚市泗门镇；安徽省无为县高沟镇、天长市秦栏镇；福建省晋江市陈埭镇、南安市水头镇；山东省广饶县大王镇；河南省安阳县水冶镇、信阳市平桥区明港镇；湖北省钟祥市胡集镇、谷城县石花镇；广东省增城市新塘镇、佛山市南海区狮山镇、东莞市长安镇；四川省大竹县庙坝镇、新津县花源镇；陕西省岐山县蔡家坡镇、南郑县大河坎镇。

治理能力，有利于推动经济发达镇持续健康发展、打造县域经济新增长点和城乡统筹发展新平台。

推动规划全覆盖，是推动镇域高质量发展的另一项重要举措。截至2022年年底，大约1.7万个建制镇已经完成了总体规划编制。总体规划的编制，一方面，为镇域发展制定了清晰的发展方向和目标，为未来的发展提供了明确的战略引导，有助于确保城镇化进程与国家发展战略相一致，避免了无序和盲目的城市扩张；另一方面，可以推动建制镇更有效地利用有限的土地和资源，协同推进城镇基础设施建设、环境保护和经济发展，持续提升城镇品质，改善居民的生活环境，提供更好的公共服务，吸引更多的人才和投资，推动镇域现代化进程。

二 推进镇域高质量发展的路径选择

推进镇域高质量发展，主要任务包括三个方面：一是持续增强镇域经济实力，发挥中心镇、特色镇辐射带动作用，着力提升建制镇在区域经济发展中的支点地位；二是完善镇域基础设施，推进建制镇美化、绿化、亮化，保护传承镇域历史文化和民族文化；三是增强建制镇综合服务功能，推动镇域政务服务、医疗教育文化服务和其他生活服务协同发展、高水平均衡，着力发展镇域特色商贸服务。

增强镇域经济实力，是提升镇域品质和提升建制镇服务功能的前提。推进镇域高质量发展的首要任务，是结合建制镇区位优势和发展基础，培育发展镇域特色产业，增强镇域综合承载力，稳步提升居民的幸福感、获得感和安全感。从总体上说，加快推动产业兴镇，建设农业强镇、文旅名镇和商贸重镇，是推动镇域高质量发展的主要路径。

产业兴镇。产业兴镇，就是着力培育镇域主导产业，按照产业链、产业集群思维推动镇域产业上规模、强素质。在都市圈、城市群中的产业强镇，可以充分发挥区位优势，为中心城市的主导产业提供配套，并在此基础上培育产业链和产业集群。比如，佛山市南海区狮山镇，2022年的规上工业企业突破1800家、规上工业产值突破4000亿元、GDP突破1200亿元；江苏省太仓市沙溪镇，通过生物医药园区建设，成功迈入了高质量发展百强镇的行列。区位条件不占优势的镇域，则可以通过做大做强特色产业实现规模跃升和影响力提升。比如，贵州省仁怀市茅台镇，通过做大做强白酒产业，迈入了千亿镇的行列。部分镇域充分利用高水平发展平台实现产业集聚，如江苏省昆山市玉山镇、张家港市杨舍镇，均实行"镇区合一"，即玉山镇与国家级昆山高新技术产业区合一、杨舍镇与国家级张家港经济技术开发区和省级张家港高新技术产业开发区合一。部分镇域利用"城关镇"的特殊地位，不断增强综合承载力，发挥在县域范围内的要素集聚作用。如江苏省太仓市城厢镇，充分发挥中德合作优势，推动二、三产业融合发展，持续提升创新能力，拥有有效高新技术企业超100家。

农业强镇。依托原有农业基础，聚焦主导产业，加快主导产业链培育，推动基地建设、精深加工和农文旅结合，形成具有区域影响力的镇域农业品牌。建设农业强镇，关键在于：一是用工业化思维发展农业，毫不动摇做大做强主导产业；二是在国家粮食安全、周边区域和城市"菜篮子"工程中占据重要地位，能做出重要贡献；三是持续完善农业产业链，提升农产品附加值；四是推动农业产业发展与乡村振兴紧密结合，为本地农民就业和增收创造条件。2018年以来，农业农村部和财政部启动农业产业强镇创办工作，2023年公布了首批770个农业产业强镇名单。

文旅名镇。依托镇域旅游资源，在传承历史文化和保护生态资源的基础上，创新性推动旅游资源开发，建设具有一定影响力的文化旅游名镇。江苏省昆山市周庄镇依托古镇文化，从古镇游拓展为全域旅游，厚植绿色生态优势，充分利用现代数字技术推动遗存活化，加快推进周庄数字梦工厂项目建设，着力打造"精致古镇，最美水乡"，推动文化旅游和感知物联两大产业协同发展。浙江省桐乡市乌镇镇充分利用江浙沪"金三角"之地、杭嘉湖平原腹地的区位优势，坐拥7000多年文明史、1300年建镇史和"鱼米之乡、丝绸之府"的美誉，成功打造了中国历史文化名镇、中国十大魅力名镇、全国环境优美乡镇，并凭借世界互联网大会永久会址为全球所瞩目。

商贸重镇。依托良好的区位优势、发达的流通体系，在传统商贸基础上，充分利用现代化物流技术和立体交通体系，激活现代商贸物流，持续提升镇域商贸物流的区域影响力。广东省东莞市石龙镇是广东省内传统的交通枢纽和著名商埠，在发挥商贸流通作用的同时，更加注重吸引外来资本和技术进入，并成功推动了外资企业的本土化。江西省南昌县向塘镇利用京九、沪昆、皖赣等铁路交会，105、316、320三条国道交汇，以及毗邻小蓝经济开发区的优势，规划建设"无水港"，深入对接"一带一路"，重点推进中欧班列和铁海联运建设，在提升南昌及周边地区物流效率、降低物流成本的同时，迅速提升了自身实力。

三　镇域高质量发展评价体系

基于小城镇在城镇体系和现代化战略中的地位和作用，以建制镇为依托，对镇域经济发展现状进行评估，对镇域经济发展模式进行剖析，具有重要理论意义和现实意义。由于建制镇数量超过2万个，不同省份对建制镇的统计指标设置上存在差异，建制镇相关统计数据获取较为困难。因此，本报告根据国家统计局提供的相关数据，选择具有表征意义的典型指标对建制镇的发展质量进行评价。

依据城镇体系发展要求，基于对镇域高质量发展特点的理解，考虑数据可获取性，本报告从三个方面对镇域高质量发展水平进行评价：一是经济实力，使用一般公共预算收入这个指标来衡量；二是人口吸纳能力，主要包括两个指标，即常住人口规模、常住流动人口数量；三是要素配置能力，主要包括三个指标，即企业个数、规上工业企业数和营业面积50平方米以上的综合商店或超市个数。需要说明的是，上述六个指标均为正向指标（见表1）。

表2　镇域高质量发展评价体系

评价准则	具体指标	单位
经济实力	一般公共预算收入	万元
人口吸纳能力	常住人口规模	万人
	流动人口数量	万人
要素配置能力	企业个数	个
	规上工业企业个数	个
	营业面积50平方米以上的综合商店或超市个数	个

四　2023年镇域高质量发展评价结果

依据上述指标，本报告在广泛征求专家组意见的基础上，采用德尔菲法对指标赋权，并计算了镇域高质量综合得分。得分靠前的500强建制镇如表2所示。

表3　　　　　　　　2023年中国建制镇高质量发展500强

序号	省份	建制镇	序号	省份	建制镇
1	广东	佛山市南海区狮山镇	30	浙江	杭州市萧山区瓜沥镇
2	江苏	昆山市玉山镇	31	广东	东莞市大岭山镇
3	广东	珠海市香洲区横琴镇	32	江苏	常州市新北区薛家镇
4	广东	佛山市顺德区北滘镇	33	山东	淄博市临淄区金山镇
5	江苏	张家港市杨舍镇	34	江苏	苏州市吴中区甪直镇
6	广东	东莞市长安镇	35	江苏	泰兴市滨江镇
7	江苏	昆山市花桥镇	36	广东	东莞市凤岗镇
8	江苏	张家港市锦丰镇	37	广东	珠海市香洲区唐家湾镇
9	广东	佛山市南海区里水镇	38	广东	东莞市虎门镇
10	浙江	乐清市柳市镇	39	广东	佛山市顺德区乐从镇
11	江苏	昆山市周市镇	40	江苏	昆山市千灯镇
12	江苏	苏州市吴江区盛泽镇	41	浙江	诸暨市店口镇
13	江苏	苏州市吴中区木渎镇	42	广东	中山市坦洲镇
14	浙江	瑞安市塘下镇	43	山东	广饶县大王镇
15	江苏	昆山市张浦镇	44	江苏	无锡市惠山区洛社镇
16	广东	佛山市南海区大沥镇	45	广东	佛山市南海区西樵镇
17	浙江	东阳市横店镇	46	福建	晋江市池店镇
18	江苏	苏州市吴江区黎里镇	47	江苏	常州市武进区遥观镇
19	江苏	常州市武进区湖塘镇	48	广东	东莞市厚街镇
20	广东	东莞市常平镇	49	江苏	海安市城东镇
21	江苏	昆山市巴城镇	50	河北	三河市燕郊镇
22	浙江	平湖市乍浦镇	51	江苏	苏州市相城区黄埭镇
23	贵州	仁怀市茅台镇	52	浙江	苍南县灵溪镇
24	广东	佛山市顺德区龙江镇	53	浙江	宁波市江北区慈城镇
25	福建	晋江市陈埭镇	54	江苏	江阴市周庄镇
26	广东	东莞市大朗镇	55	安徽	芜湖市湾沚区湾沚镇
27	福建	漳州市龙海区角美镇	56	浙江	湖州市吴兴区八里店镇
28	河南	新郑市龙湖镇	57	浙江	慈溪市观海卫镇
29	广东	东莞市塘厦镇	58	广东	东莞市寮步镇

续表

序号	省份	建制镇	序号	省份	建制镇
59	江苏	江阴市新桥镇	91	广东	东莞市黄江镇
60	江苏	扬中市新坝镇	92	湖北	鄂州市华容区葛店镇
61	广东	珠海市金湾区南水镇	93	安徽	合肥市庐阳区大杨镇
62	广东	佛山市南海区丹灶镇	94	江苏	张家港市塘桥镇
63	浙江	湖州市吴兴区织里镇	95	江苏	无锡市锡山区东港镇
64	江苏	昆山市陆家镇	96	广东	广州市南沙区东涌镇
65	浙江	慈溪市周巷镇	97	广东	东莞市沙田镇
66	江苏	苏州市虎丘区浒墅关镇	98	河南	荥阳市豫龙镇
67	山东	济宁市兖州区新兖镇	99	山东	滕州市西岗镇
68	安徽	界首市田营镇	100	山东	无棣县马山子镇
69	山东	青岛市黄岛区泊里镇	101	江苏	常熟市古里镇
70	江苏	苏州市吴中区胥口镇	102	江苏	丹阳市丹北镇
71	江苏	启东市汇龙镇	103	江苏	苏州市吴江区平望镇
72	江苏	太仓市城厢镇	104	福建	南安市水头镇
73	江苏	张家港市南丰镇	105	江苏	苏州市吴江区震泽镇
74	江苏	扬州市江都区仙女镇	106	江苏	常熟市梅李镇
75	广东	中山市小榄镇	107	山东	肥城市石横镇
76	广东	东莞市清溪镇	108	江苏	宜兴市官林镇
77	江苏	昆山市淀山湖镇	109	浙江	嘉兴市秀洲区王江泾镇
78	广东	佛山市南海区九江镇	110	江苏	昆山市锦溪镇
79	江苏	江阴市华士镇	111	广东	广州市南沙区大岗镇
80	江苏	常熟市海虞镇	112	广东	东莞市麻涌镇
81	山东	威海市文登区小观镇	113	福建	闽侯县青口镇
82	山东	日照市岚山区虎山镇	114	江苏	江阴市璜土镇
83	江苏	如东县洋口镇	115	浙江	宁波市鄞州区东钱湖镇
84	江苏	句容市宝华镇	116	江苏	宿迁市宿城区洋河镇
85	广东	东莞市谢岗镇	117	江西	南昌市新建区长垦镇
86	江苏	张家港市凤凰镇	118	广东	东莞市企石镇
87	河北	黄骅市黄骅镇	119	浙江	海宁市长安镇
88	江苏	连云港市赣榆区柘汪镇	120	江苏	宜兴市高塍镇
89	江苏	太仓市沙溪镇	121	河南	鹤壁市山城区石林镇
90	江苏	如皋市长江镇	122	浙江	宁波市鄞州区五乡镇

续表

序号	省份	建制镇	序号	省份	建制镇
123	山东	寿光市羊口镇	155	广东	东莞市洪梅镇
124	山东	临沂市兰山区义堂镇	156	安徽	无为市无城镇
125	浙江	宁波市海曙区集士港镇	157	安徽	舒城县杭埠镇
126	浙江	宁波市鄞州区姜山镇	158	陕西	神木市大柳塔镇
127	山东	寿光市侯镇	159	浙江	杭州市余杭区瓶窑镇
128	河南	许昌市建安区尚集镇	160	河北	迁安市木厂口镇
129	浙江	宁波市鄞州区云龙镇	161	安徽	芜湖市繁昌区孙村镇
130	福建	晋江市安海镇	162	河北	香河县淑阳镇
131	广东	广州市南沙区榄核镇	163	广东	东莞市中堂镇
132	江苏	宜兴市丁蜀镇	164	山东	费县探沂镇
133	广东	东莞市茶山镇	165	江苏	苏州市虎丘区通安镇
134	河北	肃宁县肃宁镇	166	江苏	江阴市徐霞客镇
135	辽宁	盘山县古城子镇	167	山东	龙口市诸由观镇
136	广东	广州市番禺区石楼镇	168	福建	南安市石井镇
137	江苏	太仓市浏河镇	169	云南	楚雄市东瓜镇
138	浙江	象山县西周镇	170	浙江	湖州市南浔区南浔镇
139	广东	东莞市石碣镇	171	广东	中山市港口镇
140	广东	中山市三角镇	172	广东	东莞市横沥镇
141	江苏	泰兴市黄桥镇	173	浙江	宁波市海曙区高桥镇
142	浙江	乐清市北白象镇	174	湖北	钟祥市胡集镇
143	江苏	常州市天宁区郑陆镇	175	山东	桓台县果里镇
144	江苏	苏州市相城区阳澄湖镇	176	浙江	舟山市普陀区六横镇
145	浙江	宁波市奉化区溪口镇	177	广东	东莞市石龙镇
146	广东	东莞市望牛墩镇	178	江苏	常熟市辛庄镇
147	广西	玉林市玉州区茂林镇	179	浙江	湖州市吴兴区埭溪镇
148	河北	固安县固安镇	180	广东	东莞市樟木头镇
149	陕西	府谷县府谷镇	181	山东	安丘市景芝镇
150	江苏	常州市新北区罗溪镇	182	湖北	汉川市新河镇
151	浙江	嘉兴市南湖区大桥镇	183	广东	惠州市惠城区沥林镇
152	山东	邹城市太平镇	184	山东	莱西市姜山镇
153	山东	桓台县马桥镇	185	江苏	苏州市相城区望亭镇
154	浙江	平阳县鳌江镇	186	江苏	东台市东台镇

续表

序号	省份	建制镇	序号	省份	建制镇
187	广东	中山市古镇镇	219	广东	珠海市金湾区平沙镇
188	浙江	青田县温溪镇	220	广东	佛山市顺德区陈村镇
189	江苏	常州市武进区牛塘镇	221	福建	安溪县城厢镇
190	广东	东莞市东坑镇	222	浙江	杭州市西湖区三墩镇
191	广东	广州市番禺区石碁镇	223	浙江	杭州市萧山区义桥镇
192	江苏	常州市武进区横山桥镇	224	浙江	慈溪市横河镇
193	江苏	江阴市祝塘镇	225	浙江	余姚市泗门镇
194	安徽	庐江县庐城镇	226	福建	安溪县湖头镇
195	浙江	长兴县李家巷镇	227	浙江	金华市金东区孝顺镇
196	江苏	扬州市江都区大桥镇	228	广东	东莞市石排镇
197	江西	南昌县向塘镇	229	湖北	大冶市还地桥镇
198	广东	佛山市顺德区杏坛镇	230	四川	仁寿县汪洋镇
199	江苏	苏州市吴江区七都镇	231	山东	威海市环翠区张村镇
200	江苏	无锡市滨湖区胡埭镇	232	海南	儋州市那大镇
201	广东	广州市白云区钟落潭镇	233	广东	东莞市高埗镇
202	江苏	兴化市戴南镇	234	安徽	肥西县上派镇
203	广东	中山市三乡镇	235	江苏	苏州市吴江区桃源镇
204	江苏	苏州市吴中区临湖镇	236	湖北	丹江口市六里坪镇
205	山西	清徐县清源镇	237	广东	佛山市三水区乐平镇
206	河北	高碑店市白沟镇	238	福建	闽侯县南屿镇
207	湖北	嘉鱼县官桥镇	239	江苏	常熟市支塘镇
208	广东	东莞市桥头镇	240	山东	邹平市魏桥镇
209	江苏	常熟市沙家浜镇	241	山东	聊城市东昌府区顾官屯镇
210	江苏	常州市武进区横林镇	242	浙江	温岭市大溪镇
211	河北	武安市磁山镇	243	浙江	宁海县西店镇
212	江苏	江阴市顾山镇	244	陕西	府谷县大昌汗镇
213	江苏	如东县长沙镇	245	河北	正定县正定镇
214	浙江	慈溪市龙山镇	246	河北	唐山市丰南区胥各庄镇
215	河北	唐山市丰南区小集镇	247	江西	瑞昌市码头镇
216	江苏	泰兴市虹桥镇	248	安徽	全椒县襄河镇
217	河北	成安县成安镇	249	江苏	常熟市尚湖镇
218	福建	南安市霞美镇	250	广东	东莞市道滘镇

续表

序号	省份	建制镇	序号	省份	建制镇
251	浙江	德清县新市镇	283	河南	中牟县大孟镇
252	江苏	溧阳市社渚镇	284	海南	文昌市文城镇
253	浙江	杭州市临平区塘栖镇	285	广西	陆川县乌石镇
254	山东	济宁市任城区石桥镇	286	湖北	汉川市沉湖镇
255	福建	惠安县紫山镇	287	广西	钦州市钦南区那思镇
256	河南	宝丰县杨庄镇	288	河北	固安县宫村镇
257	浙江	杭州市萧山区浦阳镇	289	广东	广州市白云区江高镇
258	江苏	扬州市邗江区西湖镇	290	河南	辉县市孟庄镇
259	江苏	常州市钟楼区邹区镇	291	河北	石家庄市藁城区西关镇
260	浙江	宁波市鄞州区东吴镇	292	江苏	太仓市双凤镇
261	河南	巩义市回郭镇	293	云南	昆明市晋宁区晋城镇
262	福建	福州市鼓楼区洪山镇	294	浙江	慈溪市庵东镇
263	江苏	启东市吕四港镇	295	河南	长葛市大周镇
264	河南	新密市曲梁镇	296	江苏	扬州市邗江区槐泗镇
265	江苏	宜兴市周铁镇	297	江苏	高邮市送桥镇
266	江苏	常州市武进区雪堰镇	298	山东	邹平市长山镇
267	广东	清远市清城区源潭镇	299	广东	佛山市顺德区均安镇
268	陕西	富平县庄里镇	300	福建	福州市翔安区内厝镇
269	福建	石狮市鸿山镇	301	安徽	长丰县岗集镇
270	江苏	句容市下蜀镇	302	浙江	温岭市泽国镇
271	浙江	嘉兴市秀洲区王店镇	303	新疆	石河子市北泉镇
272	浙江	嘉善县姚庄镇	304	广东	佛山市禅城区南庄镇
273	浙江	义乌市佛堂镇	305	江苏	常州市武进区洛阳镇
274	江苏	无锡市锡山区锡北镇	306	广东	珠海市金湾区红旗镇
275	福建	福州市晋安区鼓山镇	307	广东	广州市白云区人和镇
276	浙江	义乌市苏溪镇	308	安徽	长丰县双墩镇
277	浙江	宁波市海曙区古林镇	309	安徽	和县乌江镇
278	湖北	阳新县富池镇	310	广东	佛山市三水区白坭镇
279	江苏	江阴市青阳镇	311	福建	晋江市深沪镇
280	福建	福州市仓山区城门镇	312	浙江	江山市贺村镇
281	陕西	府谷县老高川镇	313	福建	晋江市磁灶镇
282	山东	平度市南村镇	314	浙江	宁波市鄞州区邱隘镇

续表

序号	省份	建制镇	序号	省份	建制镇
315	广东	广州市花都区炭步镇	347	山东	淄博市周村区北郊镇
316	广东	中山市南头镇	348	浙江	岱山县衢山镇
317	浙江	杭州市萧山区临浦镇	349	广东	开平市水口镇
318	山东	淄博市临淄区凤凰镇	350	浙江	台州市路桥区金清镇
319	江苏	邳州市官湖镇	351	广东	广州市白云区太和镇
320	福建	石狮市宝盖镇	352	江苏	常州市新北区孟河镇
321	江苏	溧阳市上兴镇	353	广东	珠海市金湾区三灶镇
322	浙江	舟山市定海区金塘镇	354	新疆	阿拉尔市沙河镇
323	福建	南安市省新镇	355	浙江	长兴县煤山镇
324	浙江	德清县钟管镇	356	四川	遂宁市安居区安居镇
325	广东	海丰县海城镇	357	江西	南昌市新建区望城镇
326	浙江	平湖市独山港镇	358	江苏	宜兴市和桥镇
327	河南	林州市陵阳镇	359	安徽	阜南县鹿城镇
328	福建	莆田市荔城区黄石镇	360	浙江	长兴县和平镇
329	江苏	张家港市乐余镇	361	山东	莱州市金城镇
330	广东	广州市增城区新塘镇	362	河南	卫辉市唐庄镇
331	安徽	无为市高沟镇	363	广东	中山市黄圃镇
332	山东	莱西市店埠镇	364	云南	弥勒市弥阳镇
333	浙江	桐乡市濮院镇	365	河南	汤阴县韩庄镇
334	安徽	无为市泥汊镇	366	江西	德兴市泗洲镇
335	福建	石狮市蚶江镇	367	福建	福州市仓山区盖山镇
336	浙江	桐乡市洲泉镇	368	江苏	常州市金坛区金城镇
337	广东	中山市东凤镇	369	浙江	玉环市楚门镇
338	浙江	德清县雷甸镇	370	内蒙古	乌审旗图克镇
339	湖北	谷城县石花镇	371	广西	容县容州镇
340	福建	晋江市东石镇	372	江苏	常州市金坛区直溪镇
341	江苏	江阴市长泾镇	373	浙江	桐乡市乌镇镇
342	河南	新郑市薛店镇	374	广东	广州市南沙区黄阁镇
343	安徽	肥西县桃花镇	375	四川	西昌市安宁镇
344	山东	商河县玉皇庙镇	376	江苏	无锡市锡山区鹅湖镇
345	陕西	府谷县新民镇	377	江苏	常州市新北区西夏墅镇
346	广东	鹤山市共和镇	378	浙江	杭州市余杭区径山镇

续表

序号	省份	建制镇	序号	省份	建制镇
379	江苏	连云港市赣榆区青口镇	411	山西	泽州县下村镇
380	河南	汝州市温泉镇	412	山东	淄博市博山区域城镇
381	江苏	常州市武进区湟里镇	413	广西	鹿寨县鹿寨镇
382	福建	华安县华丰镇	414	安徽	怀远县荆山镇
383	江西	余干县黄金埠镇	415	山东	临沂市兰山区半程镇
384	新疆	图木舒克市前海镇	416	江苏	射阳县合德镇
385	浙江	宁海县长街镇	417	江苏	太仓市璜泾镇
386	浙江	慈溪市掌起镇	418	安徽	宣城市宣州区水东镇
387	四川	巴中市巴州区天马山镇	419	浙江	余姚市黄家埠镇
388	山东	广饶县稻庄镇	420	河南	安阳县白璧镇
389	江苏	常州市武进区礼嘉镇	421	浙江	宁波市鄞州区横溪镇
390	江西	南昌市青山湖区塘山镇	422	浙江	余姚市马渚镇
391	浙江	德清县乾元镇	423	江苏	张家港市大新镇
392	河南	新郑市郭店镇	424	安徽	宿州市埇桥区符离镇
393	山东	嘉祥县疃里镇	425	广东	珠海市斗门区井岸镇
394	辽宁	海城市牌楼镇	426	浙江	乐清市虹桥镇
395	江西	永丰县恩江镇	427	河南	中牟县刘集镇
396	广东	广州市番禺区化龙镇	428	安徽	无为市石涧镇
397	江苏	江阴市月城镇	429	江苏	无锡市锡山区羊尖镇
398	江苏	灌云县燕尾港镇	430	福建	南安市官桥镇
399	山东	桓台县唐山镇	431	安徽	怀远县榴城镇
400	河南	新郑市孟庄镇	432	安徽	芜湖市繁昌区新港镇
401	山东	昌邑市下营镇	433	湖北	鄂州市华容区庙岭镇
402	浙江	桐乡市崇福镇	434	山东	邹平市韩店镇
403	山东	高密市夏庄镇	435	河北	迁西县兴城镇
404	福建	福州市仓山区建新镇	436	江苏	宜兴市徐舍镇
405	江苏	南通市通州区平潮镇	437	浙江	湖州市南浔区双林镇
406	山东	邹平市青阳镇	438	安徽	芜湖市繁昌区荻港镇
407	吉林	长春市二道区英俊镇	439	安徽	芜湖市湾沚区陶辛镇
408	江苏	邳州市碾庄镇	440	河北	大厂县大厂镇
409	浙江	慈溪市道林镇	441	安徽	泗县大庄镇
410	江苏	昆山市周庄镇	442	河南	沁阳市西向镇

续表

序号	省份	建制镇	序号	省份	建制镇
443	江苏	苏州市吴江区同里镇	472	广东	广州市南沙区万顷沙镇
444	福建	惠安县螺阳镇	473	四川	绵阳市涪城区吴家镇
445	浙江	泰顺县罗阳镇	474	四川	射洪市沱牌镇
446	山西	河津市僧楼镇	475	江西	新余市渝水区水西镇
447	福建	晋江市龙湖镇	476	福建	泉州市泉港区南埔镇
448	安徽	萧县龙城镇	477	四川	峨眉山市符溪镇
449	浙江	湖州市南浔区练市镇	478	四川	西昌市利州镇
450	江苏	常州市武进区前黄镇	479	山东	曲阜市陵城镇
451	浙江	长兴县泗安镇	480	浙江	嘉兴市秀洲区洪合镇
452	四川	巴中市巴州区曾口镇	481	四川	江油市青莲镇
453	四川	广汉市三星堆镇	482	四川	富顺县赵化镇
454	江苏	无锡市惠山区阳山镇	483	山东	威海市环翠区羊亭镇
455	浙江	嘉善县西塘镇	484	四川	威远县连界镇
456	山东	胶州市李哥庄镇	485	浙江	宁海县黄坛镇
457	四川	眉山市东坡区万胜镇	486	江苏	宜兴市万石镇
458	四川	成都市青白江区清泉镇	487	河北	石家庄市栾城区栾城镇
459	江苏	溧阳市天目湖镇	488	广西	陆川县温泉镇
460	河北	武安市午汲镇	489	浙江	临海市东塍镇
461	广东	中山市沙溪镇	490	浙江	海宁市许村镇
462	河北	永清县永清镇	491	江苏	南通市通州区平潮镇
463	江苏	宝应县安宜镇	492	河北	石家庄市藁城区廉州镇
464	安徽	宣城市宣州区孙埠镇	493	浙江	玉环市沙门镇
465	四川	宣汉县南坝镇	494	河北	唐山市丰润区丰润镇
466	山东	荣成市港西镇	495	河北	泊头市泊镇
467	浙江	湖州市吴兴区妙西镇	496	湖北	仙桃市毛嘴镇
468	江西	上饶市信州区沙溪镇	497	江苏	常熟市董浜镇
469	江苏	南通市海门区常乐镇	498	湖北	天门市岳口镇
470	安徽	宣城市宣州区狸桥镇	499	山东	沂源县悦庄镇
471	浙江	绍兴市柯桥区平水镇	500	内蒙古	土默特左旗台阁牧镇

参考文献

习近平:《为实现党的二十大确定的目标任务而团结奋斗》,《求是》

2023年第1期。

习近平：《新时代党和人民奋进的必由之路》，《求是》2023年第5期。

巴中市平昌县委编办：《扩权强镇激活贫困山区基层发展动力》，《中国机构改革与管理》2021年第1期。

莱州市委编办：《聚力扩权强镇　助力乡村振兴》，《机构与行政》2019年第8期。

中国省级开发区高质量发展研究报告2023

中国省级开发区高质量发展研究课题组

省级开发区由省级人民政府审批，是地方竞争的重要抓手，直接服从服务于地方经济增长和区域竞争。新发展阶段，省级开发区承担着重要历史使命，并呈现出一系列新发展特点。开展省级开发区高质量发展评价研究，有助于全景式了解全国省级开发区总体发展状况，树立省级开发区高质量发展典型，推动高水平省级开发区"升格"发展，为企业在全国范围内布局、为劳动力和人才在全国范围内流动提供重要参考，为开发区招商引资提供基本依据。

一 开发区迈入新发展阶段

开发区是指由国家和省、自治区、直辖市批准，在城市规划区内设立的实行特定优惠政策的特定区域，主要包括经济技术开发区、高新技术产业园区、工业园区、产业（集聚）区，以及海关特殊监管区域、边（跨）境经济合作区和其他类型开发区。

开发区既是区域经济发展战略的重要组成部分，又是区域政策实施的重要着力点。改革开放以来，开发区在对外开放、要素集聚、科技创新、产业集群培育等方面发挥了不可替代的作用，已经成为中国经济发展的强大引擎、科技创新的重要策源地、对外开放的重要载体和体制机制改革的试验田。

党的二十大报告指出，未来五年是全面建设社会主义现代化国家开局起步的关键时期。站在新的历史起点上，着眼于助力中国式现代化进程，开发区面临的国际国内形势和肩负的历史使命都发生了深刻变化，这标志着中国开发区迈向新发展阶段。

一是更好发挥开发区在构建新发展格局中的战略支点作用。"坚持高水平对外开放，加快构建以国内大循环为主体、国内国际双循环相互促进的新发展格局"是党的二十大提出的一项重大战略任务。构建新发展格局最本质的特征是实现高水平的自立自强。《中华人民共和国国民经济和社会发展第十四个五年规划和2035年远景目标纲要》明确提出，必须"协同推进强大国内市场和贸易强国建设"。开发区作为构建新发展格局的战略支点，必须做到：第一，加强科技创新和产业创新，突破产业发展瓶颈；第二，坚守实业，保持制造业比重基本稳定，维护和提升中国在全球供应链中的地位；第三，促进内需和外需、进口和出口、引进外资和对外投资协调发展，加快培育参与国际合作和竞争新优势。

二是持续增强开发区的资源配置能力和综合承载力。传统上，开发区凭借良好的交通区位、各级政府的投资倾斜，以及土地税收等优惠政策，吸引企业入驻，推动产业发展。新形势下，区内区外政策逐步同质化，开发区要继续保持发展优势，就必须：第一，优化开发区管理体制，发挥园区运营专业机构优势，强化有利于提高资源配置效率、有利于调动市场主体积极性的重大改革举措，持续增强开发区发展动力和活力；第二，优化营商环境，提升政策稳定性和透明度，降低营商成本，完善创新创业生态，提升市场主体获得感；第三，聚焦高端要素，增强全产业链和产业集群优势，支持智能制造系统解决方案运用，推动现代服务业与先进制造业、现代农业深度融合发展，放大开发区的规模经济和集聚经济优势。

三是加快推动产城高水平融合发展。产城融合发展，就是要推动园区从单一的生产型园区向综合型城市经济转型，使产业园区转型成为产业较为发达、城市功能完善、居民生活便捷的综合功能区。当前，推动开发区产城高水平融合发展，就必须：第一，优化开发区空间布局，合理划分"三生空间"，实现产业发展、城市建设和人口集聚相互促进、融合发展；第二，完善开发区城市功能配套，提高开发区公共服务供给能力，提升开发区生活品质，增强开发区对人才和劳动力的吸引力；第三，整合产城发展政策，统筹推进开发区产业升级、城市更新、乡村振兴等重大任务，加快开发区与中心城区一体化进程。

二　省级开发区新发展特征

与国家级开发区相比，省级开发区具有自身特点：一是功能定位不同。国家级开发区由国务院审批，因应国家发展战略设立，在改革开放、创新驱动、区域协调发展等重大国家战略实施过程中发挥了试验田、先锋队，甚至主力军的作用。省级开发区由省级人民政府审批，是地方竞争的重要抓手，直接服从服务于地方经济增长和区域竞争。二是行政层级和管理权限相对较低。尽管开发区是改革创新的产物，但在实践中，不同开发区仍然与相应行政层级相对应。一般而言，国家级开发区对应副地级，省级开发区对应副处级。不同行政层级，意味着财政资金、土地审批、税收优惠以及行政审批等方面权限的云泥之别。比如，国家级开发区可以行使省、自治区、直辖市、计划单列市人民政府所授予的省市级规划、土地、工商、税务、财政、劳动人事、项目审批、外事审批等经济管理权限和行政管理权限，省级开发区则只能行使地市或县区政府授权的管理权限；省级开发区的优惠政策力度远小于国家级开发区，如外商投资政策、财政贴息政策、土地政策等。

部分省级经济开发区，充分发挥超大经济规模和现代化产业体系优势，在推动传统产业加快升级的同时，加快布局技术含量高、发展前景好、市场需求大的新兴产业和未来产业，持续提升资源配置能力和综合承载力。常州经济技术开发区2022年创造的地区生产总值接近千亿元、规上工业总产值超过2000亿元，2022年年末市场主体总数达51784家、入库税收超千万元企业94家、上市企业14家、新三板挂牌企业24家，成为省级开发区"大而强"的典范。嘉兴南湖高新技术产业园区尽管经济规模不大（2022年工业总产值634亿元，服务业营收146.7亿元），但园区聚焦微电子、智能装备、生物医药三大产业，推动核心产业从"块状分布"迈向"链群发展"，在全国率先开创省校（院地）合作模式，全方位实践浙江省"引进大院名校，共建创新载体"战略，实施"产业吸引人才、人才引领产业"发展模式，已发展为嘉兴市人才密度最高的区域，园区规上工业企业亩均税收、亩均研发经费支出均超40万元，成为省级开发区"小而美"样板。

与此同时，省级开发区分化加剧。制约部分省级开发区发展质量的主要因素包括：严重依赖政府投资，自我发展能力偏弱，不但未能发挥对区域经济支撑和引领作用，反而成为县域和市辖区发展的拖累；创新要素聚集能力偏低，创新驱动力较弱，难以发挥辐射带动作用。在发展较早的部分省级开发区中，由于传统产业比重大，基础设施和公共服务短板明显，产业转型升级缓慢，发展空间受限，生态环保压力与日俱增，园区产业发展受到严重制约，在新一轮的园区竞争中逐渐掉队。在部分近年来设立的省级开发区中，由于区位条件和基础设施未能得到有效改善，产业定位模糊，产业入驻进度较慢，项目建设远低于预期，标准厂房空置率高企。

总体来看，2022年以来，全国省级开发区呈现以下五个新发展特征。

一是链条式发展、集群化布局成为省级开发区的重要发展共识。多数省级开发区均对自身主导产业有清晰规划，并强调在"招大引强"的基础上，围绕龙头企业强链延链补链、完善配套、培育产业集群。新能源相关产业成为2022年影响力最大的产业，不少省级开发区依托这一产业实现了跨越式发展。安徽长丰双凤经济开发区成功招引新能源汽车项目——比亚迪合肥基地，生产整车及核心零部件，如发动机、电机及总成，形成较为健全的新能源汽车产业链。在该项目带动下，长丰双凤经济开发区又引进了锂电池、汽车零部件、智能驾驶等诸多产业链项目，为合肥打造"新能源汽车之都"提供坚实的支撑。江苏东海经济开发区在太阳能光伏相关产业带动下，高纯石英砂等产业链中上游相关项目爆发式增长，整个开发区出现"一地难求"的景象。安徽阜阳界首高新技术产业开发区则在新能源产业末端发力，谋划了"锂电池综合回收利用百亿产业园"，着力推动铅、锂"双电双循环"，已形成成熟的铅酸电池综合回收利用产业链和新兴的锂电新能源综合回收利用产业链。

二是区域产业转移为中西部省级开发区提供了重要发展机遇。近年来，中西部地区的省级开发区，凭借廉价的工业用地、丰富的劳动力资源和相对较低的水价电价，成为产业转移的重要承接地。如广州的服装、佛山的家具家电等产业，大量向湖南、江西、四川等内陆省份的省级开发区转移，使得这些开发区在吸引项目落地、增加就业、创造税收等方面取得了明显成效，成为当地县域经济发展的重要支撑。

三是营商环境建设成为省级开发区高质量发展的重要抓手。省级开发区按照各级政府统一部署，坚持市场化、法治化、国际化原则，着力践行"无事不扰，有求必应"服务理念，全面推进数字化转型，强化"零跑动""零材料""网上办""一码通"等改革，加快构建便捷高效的政务环境、开放便利的投资环境、公平竞争的市场环境和宽松有序的经营环境。

四是制造业服务化对省级开发区高质量发展提出了全新要求。制造业服务化，要求传统制造业企业，在数实融合的基础上，逐步向综合解决方案供应商转变，这既是深入推进新型工业化的必然要求，也是"十四五"规划提出的重要任务。推动制造业服务化，就要在继续坚持"制造业立区"的前提下，加快提升基础设施和公共服务水平，更好地推动二、三产业融合发展和产城融合发展，推动单一功能园区向综合协调发展的新城区转变。

五是部分省级开发区"升格"愿望日趋强烈。省级开发区升格为国家级开发区，既是对开发区改革创新、对外开放和综合发展成效的认可和肯定，又为开发区拓展发展空间、争取高位政策支持提供了条件。自2018年国务院公布《中国开发区审核公告目录（2018版）》以来，国务院批复了13个省级经济技术开发区和16个省级高新技术产业升级为国家级开发区。①② 近年来，开发区"升格"发展的要求有增无减，多数省份都鼓励推动省级开发区"升格"发展。部分发展态势较好的省级开发区，更是明确提出了争创国家级开发区的目标，如重庆铜梁高新区、潼南高新区、大足高新区；安徽长丰（双凤）经济开发区、肥西经济开发区、当涂经济开发区等。

三　省级开发区高质量发展评价体系

（一）评价目的

省级开发区高质量发展评价，主要目的包括以下几个方面。

一是客观评价省级开发区总体发展状况。虽然西部和东北地区新设开发区速度较快、分布范围更广，但中国省级开发区总体上仍然呈现"东多

---

① 2021年，13个省级经济技术开发区升级为国家级经济技术开发区：张家口经济开发区、无锡惠山经济开发区、台州湾经济技术开发区、合肥蜀山经济开发区、滕州经济开发区、枣阳经济开发区、汉川经济开发区、永州经济技术开发区、邵阳经济开发区、揭东经济开发区、广西北海工业园区、成都青白江经济开发区和雅安经济开发区。

② 2018年，12个省级高新技术产业开发区升级为国家级高新技术产业园区：淮南高新技术产业开发区、九江共青城高新技术产业开发区、宜春丰城高新技术产业开发区、荆州高新技术产业开发区、黄石大冶湖高新技术产业开发区、潜江高新技术产业开发区、怀化高新技术产业开发区、湛江高新技术产业开发区、茂名高新技术产业开发区、荣昌高新技术产业开发区、永川高新技术产业开发区、楚雄高新技术产业开发区；2022年，5个省级高新技术产业开发区升级为国家级高新技术产业园区：克拉玛依高新技术产业开发区、信阳高新技术产业开发区、遵义高新技术产业开发区、滁州高新技术产业开发区、安庆高新技术产业开发区。

西少、南多北少"的分布格局。本报告将基于中国省级开发区布局变动及其影响机制，分析省级开发区的区域社会经济生态效应，并透视省级开发区发展中存在的产城分离、资源浪费、恶性竞争、环境破坏等问题。

二是引领省级开发区实现更高质量发展。本报告从省级开发区高质量发展的一般内涵出发，建立省级开发区高质量发展评价体系，通过指标化、定量化分析，呈现省级开发区高质量发展的具体图景。省级开发区一方面可以在横向比较中找准位置，明确自身定位；另一方面可以通过不同指标的具体分析，看到自己的优势和劣势。从而在谋划未来发展的过程中，省级开发区可以通过扬长补短实现争先进位，实现更高质量发展。

三是树立省级开发区高质量发展典型。本报告将依据省级开发区高质量发展评价体系和评价方法，理性客观公正开展相关评价工作，并依据得分情况发布"中国省级开发区高质量发展百强榜单"，树立全国省级开发区高质量发展典型。同时，本报告将总结提炼得分靠前、实力较强、发展质量较高的省级开发区发展经验，发挥其示范带动效应。

四是推动高水平省级开发区"升格"发展。国家级经济技术开发区和国家级高新技术产业园区均明确强调"实行动态管理"。《国务院办公厅关于完善国家级经济技术开发区考核制度促进创新驱动发展的指导意见》，提出"对申请新设立或升级为国家级经开区的，给予两年培育期，待培育期满后进行实地考察，经综合评价其各项指标在被培育的省级经济开发区中位居前列的，启动新设或升级办理程序"。《关于发挥国家高新技术产业开发区作用促进经济平稳较快发展的若干意见》提出，"对有优势、有特色、符合条件的省级高新区，按照国家有关规定，加快审批，升级为国家高新区"。自2018年国务院公布《中国开发区审核公告目录（2018版）》以来，国务院批复了13个省级经济技术开发区和16个省级高新技术产业升级为国家级开发区，同时明确酒泉经济技术开发区和石嘴山经济技术开发区退出国家级园区名单。本报告将充分借鉴《国家级经济技术开发区综合发展水平考核评价办法（2021）》和《国家高新技术产业开发区综合评价指标体系（2021）》，将上述文件的原则性表述转化为可考核、可量化的具体指标，推动发展质量较高的省级开发区尽快升格，并确保"升得上""稳得住"。

五是引导高端生产要素合理流动和高效配置。推动高质量发展，必须按照构建优势互补的区域经济布局和国土空间体系、建设全国统一大市场的要求，高效配置生产要素，尤其是高端生产要素，寻求在最佳地点配置生产力，着力提高全要素生产率。开发区的发展水平和质量，归根结底是由其资源配置能力和综合承载力决定的。本报告通过分析展示全国省级开发区发展状况，为企业在全国范围内布局、为劳动力和人才在全国范围内流动提供重要参考，为开发区招商引资提供基本依据。

（二）评价对象

依据《中国开发区审核公告目录》，中国开发区分为国家级开发区和省级开发区。国家级开发区包括经济技术开发区、高新技术产业开发区、海关特殊监管区域、边（跨）境经济合作区，以及其他类型开发区。省级开发区则主要包括经济（技术）开发区、高新技术产业开发区（园区）、产业集聚区（集中区、园）、工业园区（集中区），以及其他类型开发区。

本报告的评价对象为各类省级开发区。需要特别说明的是，本报告的评价对象包括各类示范区（如循环经济示范区、临空经济示范区、沿边开放示范区、产业合作示范区等），但不包括城市新区（如杭州钱塘新区）。原因在于，城市新区面积非常大，不符合传统上开发区的定义，与一般意义上的开发区不具有可比性（见图1）。

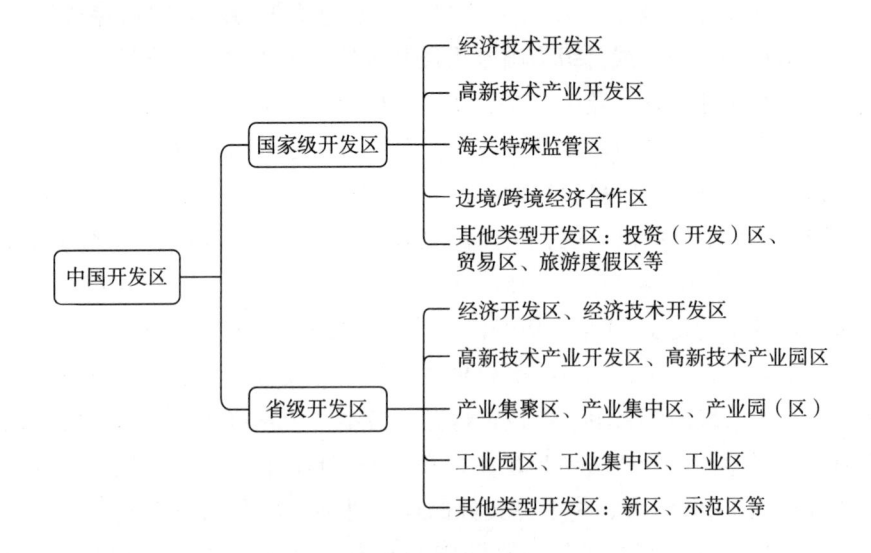

图1 中国开发区分类

资料来源：课题组以《中国开发区审核公告目录（2018版）》为基本依据，参考近年来各省新近公布的省级开发区名录制作。

（三）评价体系

为客观评价省级开发区高质量发展水平，按照目标导向、问题导向和结果导向相统一的原则，引导省级开发区增强对标意识、赶超意识，结合指标设置科学性和数据可得性，本报告构建了省级开发区高质量发展评价指标体系。

综合实力。开发区发展绩效和质量，首先体现在综合实力上。本报告使用4个指标来衡量园区实力："地区生产总值"，衡量园区的产出水平和经济活动规模；"税收总收入"，衡量园区全口径的税收贡献；"园区管委会当年可支配财力"，衡量园区管委会推进园区建设、实现政策意图的能力；"'四上'企业数量"，衡量园区市场主体的数量和质量。

区域活力。园区发展质量，与其所在县域（市辖区）的发展活力紧密相关。一方面，发展质量较高的园区，能最大限度地带动县域（市辖区）发展，增强县域（市辖区）发展活力；另一方面，发展活力较强的县域（市辖区），往往能为园区发展创造良好条件，推动园区持续提升发展质量。本报告使用3个指标衡量区域活力："所在县域（市辖区）近三年年均经济增速"，衡量所在县域（市辖区）经济持续发展能力；"所在县域（市辖区）常住人口增长幅度"，衡量所在县域（市辖区）对人口和劳动力的吸引力；"所在县域（市辖区）人均地区生产总值"，衡量所在县域（市辖区）经济社会发展综合水平。

创新创业。创新是引领发展的第一动力，创新创业活动是重塑园区发展动力、引领园区发展方向的基础性工程。本报告使用6个指标衡量园区创新创业水平："全社会研究与发展试验（R&D）经费投入强度"，衡量创新投入意愿和投入能力；"有效高新技术企业数量"和"省级及以上'专精特新'企业数量"，衡量具有引领作用的创新型市场主体发展水平；"省级及以上孵化器、众创空间数量"和"当年新注册企业数量"，衡量园区创业平台建设水平和创业活动水平；"境内外上市（不含新三板）企业数量"，衡量园区综合创新能力和创新水平。

开放协作。开放是园区高质量发展的必要条件。园区的开放，既包括对外开放，即开放型经济发展水平；也包括对内的开放，即国内区域间协作开展情况。本报告使用4个指标衡量园区开放协作水平："实际使用外资金额"和"进出口总额"，衡量对外开放水平；"与其他地区或其他园区合作建园数量"和"与其他园区建立战略合作关系数量"，衡量国内区际合作水平（包括引入第三方进行市场化、专业化管理）。

四化转型。转型发展，是新发展阶段的必然要求。"四化"即新型城镇化、集约化、数字化和绿色化。本报告使用6个指标来衡量园区的"四化转型"情况："职住分离度"，衡量新型城镇化水平；"单位土地园区地区生产总值产出强度"，衡量集约化水平；"省级及以上工业互联网试点示范项目数量"和"省级及以上智能制造试点示范项目数量"，衡量数字化水平；"单位增加值综合能耗"和"是否发生环境群体性事件或被环保督察曝光典型案例"，衡量绿色化水平（见表1）。

表1　　　　中国省级开发区高质量发展评价体系

准则层	指标层 指标名称	单位
综合实力	地区生产总值	万元
	税收总收入	万元
	园区管委会当年可支配财力	万元
	"四上"企业数量	家
区域活力	所在县域（市辖区）近三年年均经济增速	%
	所在县域（市辖区）2020—2022年常住人口增长幅度	%
	所在县域（市辖区）人均GDP	万元/人
创新创业	全社会研究与发展试验（R&D）经费投入强度	%
	有效高新技术企业数量	家
	省级及以上"专精特新"企业数量	家
	省级及以上孵化器、众创空间数量	家
	当年新注册企业数量	家
	境内外上市（不含新三板）企业数量	家
开放协作	当年实际使用外资金额	万美元
	进出口总额	万元
	与其他地区或其他园区合作建园数量	个
	与其他园区建立战略合作关系数量	对
四化转型	职住分离度	%
	单位土地园区地区生产总值产出强度	万元/亩
	省级及以上工业互联网试点示范项目数量	个
	省级及以上智能制造试点示范项目数量	个
	单位增加值综合能耗	吨标准煤/万元
	是否发生环境群体性事件或被环保督察曝光典型案例	（是/否）

指标解释：

地区生产总值。指报告期内，按市场价格计算的省级开发区所有常住单位生产活动的最终成果。

税收总收入。报告期内园区各类市场主体缴纳的全口径税收收入。

园区管委会当年可支配财力。报告期内，园区管委会可支配财力总规模，包括本级财政的一般预算收入，可用于基本财政支出的预算外收入，以及税收返还和各类补助性收入等（没有一级财政的开发区使用"管委会管理并支出的园区发展专项资金额"代替）。

"四上"企业数量。报告期末，按照现行统计制度，纳入规模以上、限额以上企业统计的各类企业数量之和，包括：规模以上工业企业，有资质的建筑业企业，限额以上批发零售业企业和住宿餐饮企业，规模以上服务业。

所在县域（市辖区）近三年年均经济增速。园区所在县域（市辖区）最近三年年均经济实际增速。县域（市辖区）连续三年经济增速为 s_1、s_2、s_3 时，三年年均经济增速 s 的计算公式为所在县域（市辖区）实际经济增速可能为负：

$$S = \sqrt[3]{(1+S_1) \times (1+S_2) \times (1+S_3)} - 1$$

所在县域（市辖区）2020—2022年常住人口增长幅度。计算公式为所在县域（市辖区）常住人口可能出现负增长：

$$人口增长幅度 = \frac{2022年年末常住人口数 - 2020年年末常住人口数}{2020年末常住人口数} \times 100\%$$

所在县域（市辖区）人均GDP。计算公式为：

$$人均GDP = \frac{GDP}{报告期末常住人口}$$

全社会研究与发展试验（R&D）经费投入强度。报告期内，全社会用于开展研究与试验发展（R&D）活动（基础研究、应用研究、试验发展）的实际支出，包括用于研究与试验发展（R&D）项目（课题）活动的直接支出，以及间接用于研究与试验发展（R&D）活动的管理费、服务费与研究与试验发展（R&D）有关的基本建设支出以及外协加工费等，不包括生产性活动支出、归还贷款支出以及与外单位合作或委托外单位进行研究与试验发展（R&D）活动而转拨给对方的经费支出。

有效高新技术企业数量。报告期末，园区内设立且处于有效期内的高新技术企业数量（高新技术企业是指符合国务院《高新技术企业认定管理办法》的企业）。

省级及以上"专精特新"企业数量。报告期末，园区内进入各批次国家级和省级"专精特新"企业名单的累计数。某企业同属国家级和省级"专精特新"企业时，仅计算1家，不得重复计算。

省级及以上孵化器、众创空间数量。报告期末，园区内设立并经科技部门备案的国家级和省级孵化器、众创空间合计家数。某孵化器、众创空间同属国家级和省级名录时，仅计算1家，不得重复计算。

当年新注册企业数量。报告期内，经工商部门完成注册的企业数量（含个体工商户）。

境内外上市（不含新三板）企业数量。报告期末，园区内注册的企业在境外或境内主板、科创板、创业板、中小板上市的企业数量。

当年实际使用外资金额。报告期内，园区合同利用外资金额的实际执行数，外国投资者根据外商投资企业的合同（章程）的规定实际缴付的出资额和企业投资总额内外国投资者以自己的境外自有资金实际直接向企业提供的期限一年以上的中长期贷款。

进出口总额。报告期内，园区内企业实际输出和实际输入中国国境的货物总金额。

与其他地区或其他园区合作建园数量。报告期末，园区与其他地区、其他园区已签订合作协议并开展实际性合作共建的新园区数量。

与其他园区建立战略合作关系数量。报告期末，园区与其他园区签订的仍处于有效期内且得到实质性执行的战略合作协议数量。"得到实质性执行"是指依据协议，在引进或输出管理模式（平台）、运营团队，或在融资、科创、产业链等方面开展实际性合作。

职住分离度。报告期末，园区内从业人员在园区外居住的比例。本指标为逆向指标。计算公式为：

$$职住分离度 = \frac{在园区外居住的从业人员数}{园区从业人员数} \times 100\%$$

单位土地园区地区生产总值产出强度。园区地区生产总值与报告期末管辖面积的比值。园区管辖面积，包括经省政府批准的四至范围（核心区），以及通过委托代管等方式实际管辖且符合规划的示范辐射带动区域（示范辐射区）。

省级及以上工业互联网试点示范项目数量。报告期末，园区内入选各批次国家级和省级工业互联网试点示范项目的数量。某项目同属国家级和省级试点时，仅计算1项，不得重复计算。

省级及以上智能制造试点示范项目数量。报告期末，园区内入选各批次国家级和省级工业智能制造试点示范项目试点示范项目的数量。某项目同属国家级和省级试点时，仅计算1项，不得重复计算。

单位增加值综合能耗。报告期内，万元工业增加值的能源消耗量。本指标为逆向指标。计算公式为：

$$单位增加值能耗 = \frac{工业企业综合能源消费量}{工业企业核算增加值}$$

是否发生环境群体性事件或被环保督察曝光典型案例。报告期内，发生过环境群体性事件或被环保督察曝光典型案例为"是"；未发生环境群体性事件且未被环保督察曝光典型案例为"否"。本指标为逆向指标。

（四）评价方法

1. 单项指标得分计算

本报告使用min-max标准化方法对原始数据进行标准化。

$$a_{ij} = \frac{x_{ij} - \min(x_{1j}, x_{2j}, \cdots, x_{nj})}{\max(x_{1j}, x_{2j}, \cdots, x_{nj}) - \min(x_{1j}, x_{2j}, \cdots, x_{nj})} \quad (1)$$

式（1）中，x_{ij}为第i个园区j指标的原始数值，a_{ij}为标准化后的数值，即i园区在j指标上的得分。

需要强调的是，一是对无法量化的指标，如"是否发生环境群体性事件或被环保督察曝光典型案例"这一指标，直接赋分，为"是"时得分为"1"，为"否"时得分为"-1"。二是在个别指标上，部分园区指标值可能为负，如"所在县域（市辖区）近三年年均经济增速""所在县域（市辖区）2010—2020年常住人口增长幅度"。这类指标，对指标值为负的园区直接赋分为"0"。

2. 综合得分计算

本报告依据德尔菲法对评价体系各项指标进行分层赋权，各园区的综合得分等于分项指标乘以各自权重之和。

需要强调的是，对逆向指标，如"职住分离度""单位增加值综合能耗""是否发生环境群体性事件或被环保督察曝光典型案例"这三个指标，本报告赋予的权重为负，但各项指标的权重值累计值仍保持为100%。

$$A_i = \sum a_{ij} p_j \quad (2)$$

式（2）中，a_{ij}是i园区在j指标上的得分，p_j为指标j的权重，A_i为

i 园区的综合得分。

3. 综合排序

本报告依据各园区的综合得分，从高到低进行排序。

四 省级开发区高质量发展评价结果

依据上述指标体系，课题组对全国2100余个省级开发区[①]进行了总体评价。评价年份为2022年度，数据来源包括商务部门和科技部门的汇总数据，以及课题组网络抓取的相关数据。为了进一步增强数据信度，课题组向部分省级开发区发放了数据核实表。

为提升评价的科学性，课题组设定了"园区规上工业总产值或园区总收入超过300亿元"这一门槛条件，仅将"园区规上工业总产值或园区总收入超过300亿元"的省级开发区纳入评价范围。依据各园区的综合得分，从高到低进行排序，得分居前100位的即为"2023中国省级开发区高质量发展百强"（见表2）。

表2　　　　　2023中国省级开发区高质量发展百强

排名	省级开发区名称	所属省市
1	江苏常州经济开发区	江苏省常州市
2	浙江乐清经济开发区（乐清智能电气高新技术产业园区）	浙江省温州市
3	江苏省溧阳高新技术产业开发区	江苏省常州市
4	江苏泰州港经济开发区	江苏省泰州市
5	沈阳金融商贸开发区	辽宁省沈阳市
6	广州云埔工业园区	广东省广州市
7	江苏省太仓高新技术产业开发区	江苏省苏州市
8	江苏泰兴经济开发区	江苏省泰州市
9	广州花都经济开发区	广东省广州市
10	江苏江阴临港经济开发区	江苏省无锡市
11	福建晋江经济开发区	福建省泉州市

---

① 《中国开发区审核公告目录（2018年版）》公布的省级开发区数量为1991个。5年来，各省市持续调整和优化省级开发区布局，新增的省级开发区数量减去升级、撤销、合并的省级开发区数量，净增将近130家。

续表

排名	省级开发区名称	所属省市
12	东莞生态产业园	广东省东莞市
13	南京白下高新技术产业园区	江苏省南京市
14	上海嘉定工业园区	上海市
15	合肥新站高新技术产业开发区	安徽省合肥市
16	重庆铜梁高新技术产业开发区	重庆市
17	安徽长丰（双凤）经济开发区	安徽省合肥市
18	桐乡经济开发区	浙江省嘉兴市
19	沈阳-欧盟经济开发区	辽宁省沈阳市
20	广东惠州大亚湾石化产业园区	广东省惠州市
21	上海莘庄工业园区	上海市
22	四川双流经济开发区	四川省成都市
23	浙江诸暨经济开发区	浙江省绍兴市
24	重庆潼南高新技术产业开发区	重庆市
25	江苏省如皋高新技术产业开发区	江苏省南通市
26	成都金牛高新技术产业园区	四川省成都市
27	山东即墨经济开发区	山东省青岛市
28	南京化学工业园区	江苏省南京市
29	江苏省海安高新技术产业开发区	江苏省南通市
30	江苏省相城高新技术产业开发区	江苏省苏州市
31	安徽当涂经济开发区	安徽省马鞍山市
32	浙江南浔经济开发区	浙江省湖州市
33	广东佛山南海经济开发区	广东省佛山市
34	福州高新技术产业园区（福州软件园）	福建省福州市
35	安徽肥西经济开发区	安徽省合肥市
36	福建泉港石化工业园区	福建省泉州市
37	重庆九龙工业园区	重庆市
38	江苏丹阳经济开发区	江苏省镇江市
39	潍坊（寿光）高新技术产业开发区	山东省潍坊市
40	重庆西永微电子产业园区	重庆市
41	贵州仁怀经济开发区	贵州省遵义市
42	福建长乐经济开发区	福建省福州市
43	泉惠石化工业园区	福建省泉州市

续表

排名	省级开发区名称	所属省市
44	河北丰南经济开发区	河北省唐山市
45	河北迁安经济开发区	河北省唐山市
46	泉州半导体高新技术产业园区（泉州芯谷）	福建省泉州市
47	江苏省麒麟高新技术产业开发区	江苏省南京市
48	江苏东台经济开发	江苏省盐城市
49	江苏省南京徐庄高新技术产业开发区	江苏省南京市
50	南海高新技术产业开发区	广东省佛山市
51	福建漳州金峰经济开发区	福建省漳州市
52	东营港经济开发区	山东省东营市
53	福建福州金山工业园区	福建省福州市
54	北京顺义科技创新产业功能区	北京市
55	乌海经济开发区	内蒙古自治区乌海市
56	福建南安经济开发区	福建省南安市
57	河北辛集经济开发区/河北辛集高新技术产业开发区	河北省石家庄市
58	福建宁德三都澳经济开发区	福建省宁德市
59	宜宾高新技术产业园区	四川省宜宾市
60	顺德高新技术产业开发区	广东省佛山市
61	福建安溪经济开发区	福建省泉州市
62	新都高新技术产业园区	四川省成都市
63	海口复兴城互联网信息产业园	海南省海口市
64	长沙雨花经济开发区	湖南省长沙市
65	河北任丘经济开发区	河北省沧州市
66	河北衡水高新技术产业开发区	河北省衡水市
67	内蒙古赤峰高新技术产业开发区	内蒙古自治区赤峰市
68	湖南醴陵经济开发区	湖南省株洲市
69	浙江嵊州经济开发区（嵊州高新技术产业园区）	浙江省绍兴市
70	嘉兴南湖高新技术产业园区	浙江省嘉兴市
71	成都武侯工业园区	四川省成都市
72	浙江乍浦经济开发区（嘉兴港区）	浙江省嘉兴市
73	四川泸州白酒产业园区	四川省泸州市
74	新昌高新技术产业园区（浙江新昌经济开发区）	浙江省绍兴市
75	盘锦辽滨沿海经济技术开发区	辽宁省盘锦市

续表

排名	省级开发区名称	所属省市
76	浙江海盐经济开发区（海盐核电关联高新技术产业园区）	浙江省嘉兴市
77	北海市铁山港（临海）工业区	广西壮族自治区北海市
78	宁夏宁东能源化工基地开发区	宁夏回族自治区银川市
79	米东化工工业园	新疆维吾尔自治区乌鲁木齐市
80	河北黄骅经济开发区	河北省沧州市
81	山东荣成经济开发区	山东省威海市
82	甘肃省嘉峪关高新技术产业开发区	甘肃省嘉峪关市
83	云南安宁产业园区	云南省昆明市
84	四川什邡经济开发区	四川省德阳市
85	河南长垣起重工业园区	河南省新乡市
86	神木高新技术产业开发区	陕西省榆林市
87	福建福清江阴经济开发区	福建省福州市
88	山东龙口经济开发区	山东省烟台市
89	山东兖州工业园区	山东省济宁市
90	宜都高新技术产业园区	湖北省宜昌市
91	浙江永康经济开发区	浙江省金华市
92	长葛经济技术开发区	河南省许昌市
93	济源虎岭高新技术产业开发区	河南省济源市
94	章贡高新技术产业园区	江西省赣州市
95	永城经济技术开发区	河南省商丘市
96	四川简阳经济开发区	四川省成都市
97	邹城经济开发区	山东省济宁市
98	四川仁寿经济开发区	四川省眉山市
99	连江经济开发区	福建省福州市
100	湖北赤壁高新技术产业园区	湖北省咸宁市

"2023中国省级开发区高质量发展百强"分布在25个省、自治区、直辖市。江苏仍然是入选最多的省份，15个省级开发区入选百强榜单，其中6个开发区位列前十强，江苏常州经济开发区更是位列榜单第一，成为"大而强"的典型代表。福建入选数量居全国第二，入选的园区达到了13个；浙江也有10个园区入选。这在一定程度上表明了这两个省份经济增长活力足、质量高。入选全国百强榜单的浙江省10个省级开发区，尽管经济

总量、产业规模不算太大，但创新驱动力强、发展前景好，是"小而美"的典型代表。四川、山东、广东、河北四个省，各有 9 个、7 个、7 个、6 个开发区入选，重庆、河南、安徽各有 4 个开发区入选。东北地区，仅有辽宁省的 3 个开发区入选，吉林和黑龙江则无缘百强榜单。此外，天津、山西、青海和西藏四个省市区也没有开发区入选。

分东部、中部、西部和东北四大板块来看，东部 62 席，中部 13 席，西部 22 席，东北 3 席。分传统的南北方来看，南方 74 席，北方 26 席，南方的优势呈现出进一步扩大的趋势。由于区位优势和雄厚的发展基础，东部地区的省级开发区在高质量发展上仍然具有明显优势。需要注意的是，西部地区入选的 22 个省级开发区中，除了重庆和成都的 15 个入选开发区外，其余多数是以资源开发和重化工业发展为主要特征。

参考文献

习近平：《为实现党的二十大确定的目标任务而团结奋斗》，《求是》2023 年第 1 期。

蔡庆丰、陈熠辉、林海涵：《开发区层级与域内企业创新：激励效应还是挤出效应？——基于国家级和省级开发区的对比研究》，《金融研究》2021 年第 5 期。

孔令丞、柴泽阳：《省级开发区升格改善了城市经济效率吗？——来自异质性开发区的准实验证据》，《管理世界》2021 年第 1 期。

孙中亚：《生态文明背景下省级开发区发展路径研究》，《价值工程》2022 年第 18 期。

孙中亚、徐海贤、梁印龙：《高质量发展目标下省级开发区转型策略研究》，《活力城乡 美好人居——2019 中国城市规划年会论文集（16 区域规划与城市经济）》，中国建筑工业出版社 2019 年版。

中国县域（市辖区）生态系统生产总值研究报告 2023

中国县域（市辖区）生态系统生产总值（GEP）研究课题组

一 县域高质量发展背景形势

2017年，中国首次提出"高质量发展"的新表述，表明中国经济由高速增长转向高质量发展阶段，并推动了一场具有划时代意义的大变革。县域连接着都市圈、城市群和乡村地区，是构建新发展格局，实现城乡经济循环畅通，推动高质量发展的重要空间载体，事关中国高质量发展全局。

（一）绿金联动是高质量发展的应有之义

党的十九大以来，我国进入了一个新的历史发展阶段，人民群众对美好生活的需求更加多样化、个性化、特色化，对公平、正义、民主、环保等诉求越来越高。贯彻新发展理念，实现创新成为第一动力、协调成为内生特点、绿色成为普遍形态、开放成为必由之路、共享成为根本目的的高质量发展，推动经济发展质量变革、效率变革、动力变革，是我国新阶段的重要任务。

高质量发展面向人民日益增长的美好生活需要，追求更高质量、更有效率、更加公平、更可持续，以创新、协调、绿色、开放、共享为评价维度，体现产业产品的创新性，城乡地区以及经济与其他领域的协调性，环境资源利用的可持续性，经济发展的对外开放性，发展成果的共享性。

提高发展的"含金量""含新量""含绿量"，推动绿金联动，是高质量发展的应有之义。党的十九大提出"建立健全绿色低碳循环发展的经济体系",要求在碳达峰、碳中和框架下,有序实现我国生产生活方式全面绿色低碳转型,并正确处理好绿水青山和金山银山的关系,推进重要生态系统保护和修复重大工程,构建绿色产业体系和空间格局,为新时代高质量发展指明了方向。

(二)县域是高质量发展的重要单元

高质量发展的基础在县域。县域作为连接城市与乡村的关键场域和实现城乡协调发展的关键区域,既是都市圈和城市群高水平一体化的重要支点,又是乡村全面振兴的重要载体,还是我国资源和能源供应的重要基地以及生态安全、粮食安全的重要保障,在国家治理体系中具有十分重要地位。近年来,国家层面印发的《关于县域创新驱动发展的若干意见》《关于推进以县城为重要载体的城镇化的意见》等政策文件,也显示出县域高质量发展对促进新型城镇化建设、构建新型工农城乡关系的重要意义。

当前,县域高质量发展面临现实挑战。部分县域整体发展水平偏低,城乡发展差距大,是我国高质量发展的短板和难点。根据第七次全国人口普查数据,我国县域(仅包括县级市、县、自治县、旗、自治旗、林区、特区)户籍人口接近8.9亿,常住人口7.45亿,人口净流出接近1.46亿,县域常住人口占全国51.63%,GDP占全国37.95%,人均GDP仅为全国平均水平的73.54%。与此同时,我国县域自然条件千差万别,经济社会发展水平高低不等,在经济规模上,既有GDP超过4000亿元的县域经济"巨无霸",又有GDP低于10亿元的"微型"县域;在人口规模上,既有超过100万人口的"大县",又有不足1万人口的"小县"。

为响应高质量发展"更加公平"的要求,促进区域协调发展,亟须激发县域的经济活力和发展潜能,打通都市圈和城市群发展战略与乡村振兴战略的连接通道,并尊重各地实际,发挥各地比较优势,通过差异化、特色化的发展路径,促进县域高质量发展。

(三)绿水青山赋能县域高质量发展

"绿水青山就是金山银山",是习近平生态文明思想的重要组成部分,为实现生态环境高水平保护和经济社会高质量发展提供了理论依据和实践路径。

"绿水青山就是金山银山"预示着以自然为资源的新经济形态,而支持未来绿色经济的绿水青山资源主要在县域。县域资源禀赋优越，拥有丰富的森林、草原、农田、湿地等资源，县域（不含市辖区）布局全国84%的世界自然遗产、77%的国家风景名胜区、68%的国家森林公园，是中国高质量绿色经济发展和生态治理的主阵地，也是中国实现绿色低碳生态发展的重要支撑。

二　什么是生态系统生产总值

（一）GEP概念与内涵

生态系统生产总值（Gross Ecosystem Product，GEP）是指生态系统为人类福祉和经济社会可持续发展提供的各种产品与服务价值的总和，主要包括生态系统提供的物质产品、调节服务和文化服务。

对生态系统的生产总值进行核算评价，旨在建立一套与国内生产总值（Gross Domestic Product，GDP）相对应的、能够衡量生态良好的统计与核算体系。通过以货币价值的形式将无价的生态系统各类功能"有价化"，让人们更直观清楚地认识到生态系统提供产品和服务的总价值，提高人们对生态环境保护的关注度，也从市场角度显示生态环境保护的必要性和效益，有利于政府可持续发展决策。

除GEP外，为科学核算宏观经济绩效和资源环境损耗，衡量生态文明建设成效，相关研究实践还提出绿色GDP、自然资源价值量等概念（张琦，2023）。

（1）GDP与GEP。GDP是衡量人类生产活动新创造的产品和服务的价值，GEP是衡量生态系统为人类提供的产品和服务的价值。

（2）绿色GDP与GEP。绿色GDP是扣除资源成本和环境成本后的GDP"余额"，反映考虑自然资源和环境因素后的经济活动成果。绿色GDP是GDP的一部分，其关注的仍是经济活动，而GEP关注的是生态价值转化成效。

（3）自然资源价值量与GEP。自然资源价值量是土地、林木、水资源、矿产、湿地等自然资源自身蕴含的价值；而GEP关注的是生态系统提供给人类利用的产品和服务价值。

（二）GEP评价重要性

通过生态系统生产总值评价，挖掘生态保护经济价值，增强生态系统服务功能，推动生态产品价值实现，助力城乡区域协调发展。

挖掘生态保护经济价值。基于生态系统生产总值评价，可明晰县域生态发展与经济发展内在关系，有助于突出各县域生态资源和生态产品的优势，有效拓宽从生态环境"含绿量"向经济发展"含金量"转化的通道，探索县域生态文明建设与高质量发展新路径，真正实现GEP和GDP双增长、双促进，推动县域改变"GDP至上"的政绩观，体现生态文明建设成效。

增强生态系统服务功能。通过评估县域生态系统物质产品、调节和文化服务功能，有助于划定并严守生态保护红线，有针对性地扩大生态空间，明确山水林田湖草系统治理、生物多样性保护、固废处置等生态提升策略，增强生态产品生产能力与生态系统服务功能，为科学开展生态修复、完善生态治理提供抓手。

推动生态产品价值实现。开展县域生态系统生产总值核算与综合评价，以直观数据科学显化生态系统价值，反映县域生态价值转化的潜力，助力县域更全面、更系统、更多元地发掘自身比较优势和自身差距所在，找到生态产品价值实现的发力点。通过建立生态产品调查监测机制、生态产品价值核算体系、生态产品价值核算结果运用、建立生态产品价值考核机制，加快推进生态产业化和产业生态化，推动形成具有地方特色的生态文明建设新模式。

助力城乡区域协调发展。县域高质量发展的内在要求是推动区域协调发展，加快空间一体化进程，逐步形成城市化地区、农产品主产区、生态功能区三大空间格局。通过生态系统生产总值核算，将粮食保障、生态功能等纳入一体化市场体系，提供高质量粮食安全和生态安全保障。生态系统生产总值核算也为转移支付和区际利益补偿等机制建设提供方法论依据。

（三）相关研究进展

1. 国外研究实践

国外对生态系统价值的认识经历了从"资源初级生产"到"生态系统服务价值"的过程。联合国于1953年公布《国民经济核算体系（SNA）》，虽以GDP为核心，但也在一定程度上体现了生态资源的初级生产价值。随着资源短缺、生态环境恶化等问题逐渐成为全球性问题，相关学者开始评估生态环境影响的经济核算。1993年，联合国统计司出版了《综合环境与经济核算体系（SEEA）》，首次提出资源资产核算、资源资产负债表和"绿色GDP"等概念，即考虑环境因素，描述环境资产存量和存量变化，以关注环境资源的消耗对经济的影响，反映经济与环境之间的相互作用。1997年，有学者将生态系统服务功能定义为生态系统与生态过程形成的、维持人类生存的自然环境条件及效用（Daily, et al., 1997），并基于17类生态系统服务，率先量化了全球生态系统服务价值（Costanza, et al., 1997），引起了广泛的关注。

此后，国外生态系统价值相关重大实践包括2001年联合国千年生态系统评估（MA）、2007年欧盟生态系统和生物多样性经济学项目（TEEB）、2010年世界银行的财富核算与生态系统价值核算项目（WAVES）、2014年联合国发布的环境经济核算体系（SEEA）和实验性生态系统核算（EEA）等。其中，SEEA和EEA以生态系统资产或生态系统服务视角进行了相关的探索，摆脱了以往研究只侧重环境经济核算的局限性，为生态系统生产总值核算提供了框架思路和核算基础。2021年，GEP被联合国正式纳入环境经济核算体系—生态系统核算框架（SEEA-EA）中。

2. 国内研究实践

国内相关研究实践存在"从生态系统服务价值到GEP"的探索路径。20世纪80年代，中国开启了生态系统服务价值评估的理论探索。1984年，中国首次提出了社会—经济—自然复合生态系统理论，也开启了国内生态系统服务价值的评估（马世骏等，1984）。20世纪末21世纪初，中国系统开展生态系统价值评估在地化工作。1999年，欧阳志云等学者从生态系统的服务功能着手，首次初步估算我国陆地生态系统经济价值，有助于人们认识我国生态系统巨大的生态经济效益。此外，学者围绕森林、湿地、耕地等不同类型生态系统，在全国、区域、流域、城市以及特定功能区等多尺度探索了多种核算生态系统服务价值的方法，直观反映生态系统服务价值总量及其时空演变特征（欧阳志云等，1999；许志晖等，2006；史洋洋等，2017；耿甜伟等，2020）。

为综合评价生态系统运行状况，建立独立核算生态系统为人类提供的产品与服务价值，并与国民经济统计相匹配的方法体系，2012年朱春全等学者在中国（聊城）生态文明建设国际论坛提出"生态系统生产总值"（GEP）一词，用以评价生态系统对人类经济社会发展支撑作用，以及对人类福祉的贡献。学者普遍认同，将生态系统生产总值纳入国民经济核算体系将有效弥补现行以GDP为主的核算体系未能衡量自然资源消耗和生环境破坏的缺陷，是实现"绿水青山"向"金山银山"转化的有效路径，也受到国内高度重视，并涌现了一批在地化的研究、实践及标准规范。

在全国层面，马国霞等基于空间分辨率1km的遥感影像数据，率先对我国2015年陆地生态系统生产总值进行核算（马国霞等，2017）。在省市层面，青海、云南、徐州、丽水、大连、深圳、福州等省市纷纷开展了相关核算工作。部分学者和政策制定者逐步意识到现有核算体系与技术方法对区县等尺度的指导不足，陆续在深圳市盐田区、北京市延庆区、遵义市习水县、玉溪市峨山县、浙江省宁海县、南京市高淳区探索区县尺度的生态系统生产总值核算。除实践探索外，还先后形成《盐田区城市生态系统生产总值（GEP）核算技术规范》（SZDB/Z 342—2018）、《生态系统生产总值（GEP）核算技术规范　陆域生态系统》（DB33/T 2274—2020）等地方标准以及《陆地生态系统生产总值（GEP）核算技术指南》等国家指南，为生态系统生产总值核算提供了科学指导。

3. 小结

综上所述，国外相关研究实践多关注对生态系统服务价值的经济核算，只有少量研究涉及GEP；而国内学者则在国外生态系统服务价值研究基础上，聚焦于对GEP的系统研究与实践，并将相关成果逐步推向国际。

从GEP已有研究实践来看，目前以全国、省域、市域尺度的研究居多，在县域等更为精细尺度上的核算研究较为缺乏，且以针对GEP总量核算居多，对GEP横向对比分析与空间格局特征研究较少，且较少深入研究生态产品价值转化优秀案例的经验，对生态产品价值实现路径有待进一步探索。

三　中国县域生态系统生产总值评价体系

本部分首先梳理国内外已有的GEP评价方法体系，作为本报告评价体系的基础。其次，明确本报告的评价范围与评价单元，并提出评价技术路线。重点在国家标准的基础上，结合本报告特点，构建评价指标体系，并详细介绍各项指标的计算方法与数据来源。

（一）评价体系研究基础

1. 国外评价体系

国际上陆续开展生态系统核算探索，近二十余年，推动了一系列大型生态系统价值核算研究。主要包括2001年发布的联合国千年生态系统评估（MA）、2007年发布的欧盟生态系统和生物多样性经济学项目（TEEB）、2010年发布的世界银行财富核算与生态系统价值核算项目（WAVES）、2012年发布的联合国环境经济核算体系（SEEA）和2014年发布的实验性生态系统核算（EEA）。

从核算指标来看，MA、TEEB等评估项目从生态功能角度对生态系统服务进行划分，包括供给服务、调节服务、文化服务和支持服务四大类。2014年联合国公布《实验性生态系统核算》（EEA）手册，则提出支持服务作为中间性服务不计入计算，仅将具有最终产出属性的产品供给、调节服务和文化服务纳入生态系统核算的范畴，这也成为后续各研究实践中核算框架的基础（见表1）。

表1　　　　　国际生态系统服务价值核算指标

生态服务	联合国千年生态系统评估（MA）	欧盟生态系统和生物多样性经济学项目（TEEB）	联合国实验性生态系统核算（EEA）
供给服务	食物 淡水 薪材 生化药剂 遗传资源	食物 水 原材料 遗传资源 药用资源 观赏资源	水 物质 能源 其他供给服务
调节服务	气候调节 疾病调控 水资源调节 净化水质 授粉	空气质量调节 气候调节 缓和极端事件 水流量调节 废物处理 防侵蚀 保持土壤肥力 传粉 生物防治	生态环境修复与调节 流量调节 物理化学环境调节 生物环境调节
文化服务	精神与宗教 消遣与生态旅游 美学 灵感 教育 地方感 文化遗产	美学信息 娱乐和旅游机会 文化、艺术和设计灵感 精神体验 认知发展信息	生态系统实验性利用 生态系统的智力表征

续表

生态服务	联合国千年生态系统评估（MA）	欧盟生态系统和生物多样性经济学项目（TEEB）	联合国实验性生态系统核算（EEA）
支持服务	土壤形成 养分循环 初级生产	迁徙物种生命周期维护 基因多样性	

从核算方法来看，MA与TEEB均对市场理论下生态系统的直接、间接使用价值和非使用价值进行核算，TEEB还包括政治科学领域的价值核算。EEA的生态系统核算则仅侧重于直接和间接使用价值的测算，不核算遗产价值与存在价值。价值量的主要计算方法包括生产率变动法、内涵价格法、旅行费用法、成本法、替代成本法、条件估值法等。

2. 国内评价体系

中国自20世纪90年代开始了生态系统生产总值（GEP）的研究与实践探索，并逐步出台多项GEP核算技术指南或规范标准，为全国、省、区、市不同尺度的生态系统生产总值核算提供参考。在全国层面，《生态系统评估 生态系统生产总值（GEP）核算技术规范（征求意见稿）》《陆地生态系统生产总值核算技术指南》两项标准均于2020年出台；在省级层面，浙江省于2020年在全国首发省级标准《生态系统生产总值（GEP）核算技术规范 陆域生态系统》；在市级层面，丽水市于2020年出台全国首个市级标准《生态产品价值核算指南》；区县级层面，深圳市盐田区于2018年出台全国首个区县级GEP核算地方标准《盐田区城市生态系统生产总值（GEP）核算技术规范》。

从核算指标上看，全国、省、区、市县层面相关标准构建的指标体系基本一致。核算指标主要包括生态系统物质产品、调节服务、文化服务三大方面。其中，物质产品主要是农林牧渔产品、水资源等；调节服务包括水源涵养、土壤保持、防风固沙、洪水调蓄、大气净化、水质净化、气候调节等；文化服务包括自然景观游憩等。总体上看，国家标准更多基于在全国层面的普适性原则，构建统一的核算指标体系，并为地方选取自身特定指标预留了弹性空间。而省市区县层面的标准则在国家标准基础上，结合当地生态环境禀赋与发展特征，适当增补或调整部分指标。例如，深圳市《盐田区城市生态系统生产总值（GEP）核算技术规范》在国标基础上，增加了人居环境生态系统版块的评价指标，彰显了地方特色（见表2）。

从核算方法上看，国内已有各类标准均通过功能量（实物量）和价值量计算两大步骤进行 GEP 评价的各项指标核算。其中，功能量（实物量）大多采取实物分类统计法，价值量核算则主要选用直接市场方法、替代市场方法以及虚拟市场方法。其中，直接市场方法包括市场价值法、费用支出法、生境等价法等；替代市场方法包括替代工程成本法、影子价格法、机会成本法、旅行费用法、享乐价值法等；虚拟市场方法包括条件价值法、支付意愿法等。

表 2　国家、省、区、市级标准 GEP 核算指标对比

生态系统	服务类别	国家标准 以《生态系统评估生态系统生产总值（GEP）核算技术规范（征求意见稿）》为例	省级标准 以浙江省《生态系统生产总值（GEP）核算技术规范　陆域生态系统》为例	市级标准 以丽水市《生态产品价值核算指南》为例	区级标准 以深圳市《盐田区城市生态系统生产总值（GEP）核算技术规范》为例
自然生态系统	物质产品	农业产品 林业产品 畜牧业产品 渔业产品 淡水资源 生态能源 其他	直接利用供给产品（工业化除外农林牧渔产品） 转化利用供给产品（水电、潮汐等可再生能源）	农业产品 林业产品 畜牧业产品 渔业产品 生态能源 其他产品	农业产品 林业产品 渔业产品 淡水资源
自然生态系统	调节服务	水源涵养 土壤保持 防风固沙 海岸带防护 洪水调蓄 空气净化 水质净化 碳固定 氧气提供 气候调节 病虫害控制 授粉服务	水源涵养 土壤保持 洪水调蓄 水环境净化 空气净化 固碳 释氧 气候调节 负氧离子	水源涵养 土壤保持 洪水调蓄 空气净化 水质净化 固碳释氧 气候调节 病虫害控制	土壤保持 涵养水源 水质净化 固碳释氧 净化大气 降低噪音 调节气候 洪水调蓄 维持生物多样性
	文化服务	休闲旅游 景观价值	生态旅游	旅游休憩	观赏游憩 景观贡献

续表

生态系统	服务类别	国家标准 以《生态系统评估生产总值（GEP）核算技术规范（征求意见稿）》为例	省级标准 以浙江省《生态系统生产总值（GEP）核算技术规范 陆域生态系统》为例	市级标准 以丽水市《生态产品价值核算指南》为例	区级标准 以深圳市《盐田区城市生态系统生产总值（GEP）核算技术规范》为例
人居环境生态系统		/			大气环境维持与改善
					水环境维持与保护
					土壤环境维持与保护
					生态环境维持与改善
					声环境价值
					合理处置固废
					节能减排
					大气环境健康

3. 小结

通过对国际经验、国内标准的梳理，可总结出国内外生态系统生产总值核算在思路、指标与方法上的共识和差异。本报告作为全国层面的生态系统生产总值评价研究，国内评价体系对本报告更具有借鉴参考意义，国外经验可适当作为评价体系的补充完善。

在核算指标方面，物质产品、调节服务、文化服务三大维度的指标体系，已在国内外基本形成共识，仅在支持服务的选取方面存在分歧。在具体分项指标选取上，由于国内外评价体系对具体各项生态服务的内涵理解以及评价导向不同，导致同一维度下的具体分项指标构成存在一定差异，可结合研究需求有针对性地参考选取。

在核算方法方面，GEP 核算主要包括计算生态功能量与生态价值量两个方面。前者采用生态系统提供的生态最终产品与生态服务量表达，后者是通过定价将功能量转化为货币单位，再加总得到 GEP。本报告采纳以上核算方法，进行各项指标的功能量核算和价值量核算，并对结果进行标准化处理，由此得出 GEP 综合评价结果。

（二）评价范围

本报告的研究单元确定为中国的县域单元，即县级行政区。县域单元的良好发展是区域发展的基石，其既是统筹城乡发展的基本单元，也是推动乡村振兴的支撑和保障。对于县域单元而言，如何高质量发展，是准确把握新发展阶段、深入贯彻新发展理念、加快构建新发展格局的重中之重。

县级行政区是行政地位与"县"相同的行政区划总称，其管辖乡级行政区，为乡、镇等乡级行政区的上一级行政区划单位。县级行政区包括地级市的市辖区、县级市、县、自治县、旗、自治旗、林区、特区八种。截至2021年年底，全国共有2843个县域单元（不包含港澳台地区），其中包括1866个县和县级市等，以及977个市辖区。本报告以上述1866个县和县级市等以及977个市辖区作为研究范围。

（三）评价技术路线

中国县域生态系统生产总值评价的主要技术路线见图1。

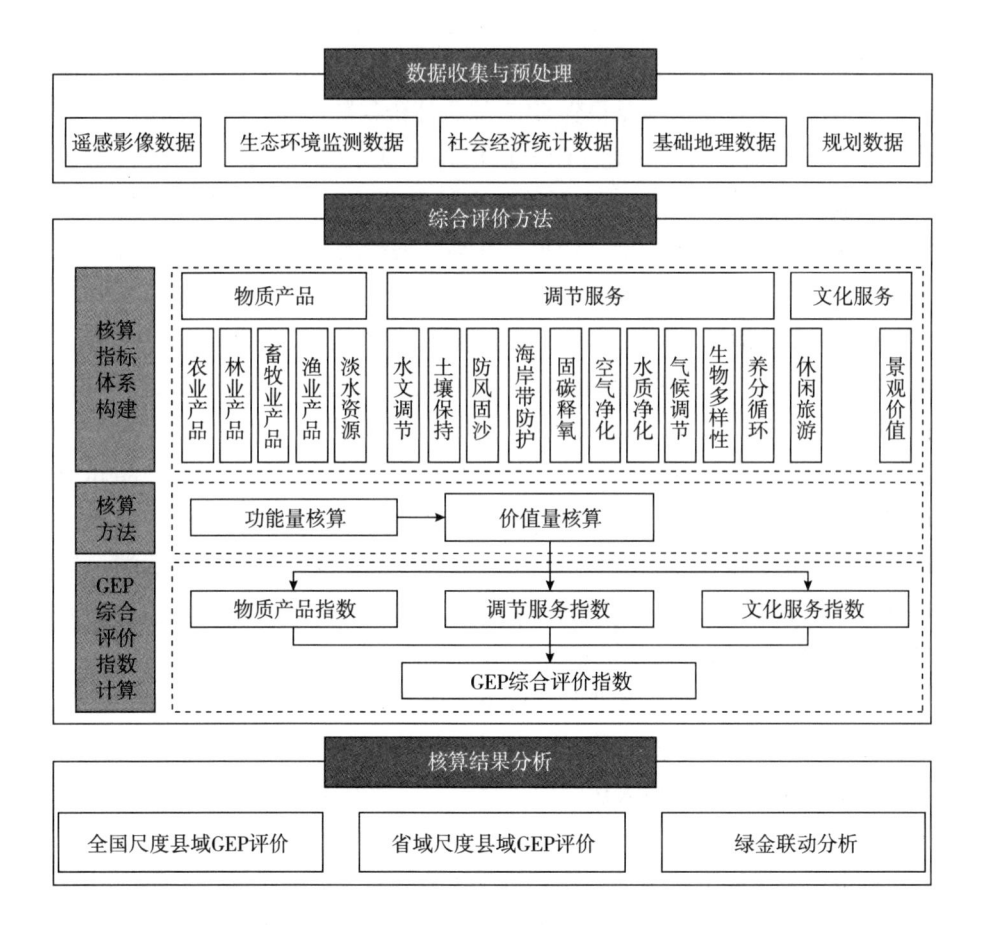

图1 本报告技术路线

（1）数据收集与预处理。收集开展生态系统生产总值核算所需要的相关基础地理数据、监测数据、遥感数据与统计数据等及相关规划图件，进行数据预处理。

（2）指标体系构建。参考已有评价体系，遵循科学性、全面性、操作性三方面原则进行筛选，确定一级指标和二级指标。本报告形成的GEP综合评价指标体系包括物质产品、调节服务、文化服务3个一级指标以及17个二级指标。

（3）生态产品功能量核算。选择科学合理的功能量核算方法与技术参数，根据确定的核算基准时间，核算出各类生态产品的功能量。

（4）生态产品价值量核算。根据生态产品功能量，运用市场价值法、替代成本法等方法，核算生态产品的货币价值；无法获得核算年份价格数据时，利用已有年份数据，按照价格指数进行折算。

（5）计算GEP综合评价指数。将核算区域范围的各分项总值，依据层次分析法赋予权重后加总得到GEP综合评价指数。

（6）生态系统生产总值（GEP）核算结果分析。针对GEP的核算结果进行分项分析，并对全国层面及省域层面的GEP评价结果展开具体分析，同时探索绿（GEP）金（GDP）联动发展情况。

（四）评价指标体系

本报告选取3类一级指标和17项二级指标，构建GEP评价指标体系。其中：

物质产品维度下的农业产品、林业产品、畜牧业产品、渔业产品和淡水资源，调节服务维度下的土壤保持、防风固沙、海岸带防护、固碳释氧、空气净化、水质净化、气候调节以及文化服务维度下的休闲旅游、景观价值14个二级指标均与国标《生态系统评估　生态系统生产总值（GEP）核算技术规范（征求意见稿）》一致。

调节服务维度采用水文调节指标替代国标《生态系统评估　生态系统生产总值（GEP）核算技术规范（征求意见稿）》的水源涵养指标。水文调节与水源涵养相比，所表达的内容更广泛，是生态系统对水循环的各种影响和作用的总称。

调节服务维度下的维持生物多样性和维持养分循环是本报告中的补充指标。一方面，已有研究文献在调节服务维度方面选用了此两项指标（马国霞，2015；白杨，2017）。另一方面，国外相关评价体系［联合国千年生态系统评估（MA）、欧盟生态系统和生物多样性经济学项目（TEEB）］以及国内地方标准［《盐田区城市生态系统生产总值（GEP）核算技术规范》］也选取了此两项指标。同时，新增维持生物多样性指标重点响应习近平总书记2021年9月在《生物多样性公约》第十五次缔约方大会领导人峰会上提出的保护生物多样性的中国方案，明确生物多样性价值的重要性。因此，为保证核算指标的全面性，本报告将生物多样性和维持养分循环两项指标纳入指标体系。

表3　中国县域生态系统生产总值（GEP）评价指标体系

一级指标	二级指标	指标解释说明
物质产品	农业产品	生态系统提供的物质产品价值是指生态系统通过初级生产、次级生产为人类提供农、林、牧、渔业产品、淡水资源等的经济价值
	林业产品	
	畜牧业产品	
	渔业产品	
	淡水资源	
调节服务	水文调节	生态系统的水文调节服务即生态系统对自然界中水的各种运动变化所发挥的作用，表现为通过生态系统对水的利用、过滤等影响和作用以后，水在时间、空间、数量等方面发生变化的现象和过程
	土壤保持	土壤保持功能是生态系统（如森林、草地等）通过林冠层、枯落物、根系等各个层次保护土壤、消减降雨侵蚀力，增加土壤抗蚀性，减少土壤流失，保持土壤的功能
	防风固沙	防风固沙功能是指生态系统减少因大风导致的风沙危害的功能
	海岸带防护	滨海盐沼、红树林、珊瑚礁等生态系统减低海浪，避免或减小海堤或海岸侵蚀的功能
	固碳释氧	植物通过光合作用将二氧化碳转换为氧气，同时将二氧化碳中的碳固定到植物体内的过程
	空气净化	空气净化功能是指生态系统吸收、过滤、阻隔和分解大气污染物（如二氧化硫、氮氧化物、粉尘等），净化空气污染物，改善大气环境的功能
	水质净化	水质净化功能是指湖泊、河流、沼泽等水域湿地生态系统吸附、降解、转化水体污染物，净化水环境的功能
	气候调节	生态系统气候调节服务是指生态系统通过植被蒸腾作用、水面蒸发过程吸收太阳能，降低气温、增加空气湿度，改善人居环境舒适程度的生态功能

续表

一级指标	二级指标	指标解释说明
调节服务	维持生物多样性	生物多样性是生物及其与环境形成的生态复合体以及与此相关的各种生态过程的总和，由遗传（基因）多样性，物种多样性和生态系统多样性三个层次组成
	维持养分循环	养分循环是生态系统中养分在生物之间、生物和环境之间的传输过程，其动态平衡是维持生态系统稳定和可持续发展的重要因素
文化服务	休闲旅游	休闲旅游价值是人类通过精神感受、知识获取、休闲娱乐和美学体验从生态系统获得的非物质惠益
	景观价值	生态系统的景观价值是指森林、湖泊、河流、海洋等生态系统可以为其周边的人群提供美学体验、精神愉悦的功能，从而提高周边土地、房产价值

（五）评价方法

1. GEP 综合评价计算方法

（1）GEP 综合评价指数

当前，国内外关于 GEP 的核算方法已基本形成共识，并在不断完善之中。综合国内外相关标准规范和实践经验来看，GEP 是生态产品和服务价值的总和，需要在核算生态系统功能量的基础上，根据各类生态系统产品与服务功能的价格进行价值量的核算，主要包括生态系统物质产品价值、调节服务价值和文化服务价值，具体公式如下：

$$GEP = EPV + ERV + ECV \tag{1}$$

式（1）中，GEP 为生态系统生产总值，EPV 为生态系统物质产品提供价值，ERV 为生态系统调节服务价值，ECV 为生态系统文化服务价值。

考虑到我国县级行政区划面积、人口和自然资源禀赋等差异很大，为有效比较县（市辖区）生态价值转化的相对水平，本报告采用 GEP 综合评价指数对县（市辖区）进行排名，综合反映县级行政区生态价值转化的潜力。

本报告将物质产品价值量、调节服务价值量、文化服务价值量进行标准化处理后，分别得到物质产品指数、调节服务指数、文化服务指数，并依据层次分析法赋予权重后加总得到 GEP 综合评价指数，具体公式如下：

$$IGEP = a_1 IEPV + a_2 IERV + a_3 IECV \tag{2}$$

式（2）中，IGEP：GEP 综合评价指数；IEPV：物质产品指数；IERV：调节服务指数；IECV：文化服务指数；a_1、a_2、a_3：物质产品价值量、调节服务价值量和文化服务价值量权重。

（2）功能量计算

生态系统产品与服务的功能量核算即统计生态系统在一定时间内提供的各类物质产品的产量和调节服务、文化服务的功能量，如生态系统提供的粮食产量、木材产量、土壤保持量、污染物净化量等。大多数生态系统产品产量可以通过现有的经济核算体系获得，部分生态系统调节服务功能量可以通过现有水文、环境、气象、森林、草地、湿地监测体系获得。

（3）价值量计算

价值量的转换是生态系统生产总值（GEP）核算的关键环节，需要在功能量计算结果的基础上，进一步确定各类生态系统产品与服务功能的价格，如单位木材的价格、单位土壤保持量的价格等。本报告基于市场价值法、替代成本法、模拟市场法进行生态系统生产总值核算。具体来看，物质产品具有确定的市场价值，生态系统物质产品供给价值可用实际市场法进行衡量，而调节服务价值和文化服务价值的衡量指标多数为非市场价值，需用替代市场法和模拟市场法进行价值量化。

实际市场法：对于可以在市场买到的产品，如农、林产品，可以采用市场价值评价其服务价值。选用该产品的市场价格作为其生态系统产品的服务功能价值，可用于生态产品供给服务的核算。

替代市场法：对于不可以在市场买的产品，但在市场上能找到替代该产品的替代品，通过核算替代品的服务功能价值代替原产品的服务功能价值。机会成本法、影子工程法、替代城市法、恢复和防护费用法、人力资本法、享乐价值法、生态价值法和旅行费用法等。可用于气候调节、大气净化、水质净化、文化服务功能价值等核算。

模拟市场法：对于不能在市场买到的，也找不到替代产品的产品，通过模拟一个假想的市场，评价其服务功能价值。在假想的市场中，可以通过调查人们对该产品的支付意愿，来代表其服务功能价值。评估方法主要为条件价值法。可用于文化服务功能价值等核算。

表4　　　　　　　　GEP价值量主要计算方法

类型	评价方法	方法特点	对应指标
实际市场法	市场价值法	以实际市场价格评估生态系统服务价值	物质产品 固碳释氧 养分循环

续表

类型	评价方法	方法特点	对应指标
替代市场法	机会成本法	通过保护生态系统服务的最大机会成本（放弃替代用途的最大收益）估算生态系统服务的价值	
	影子工程法	通过人为建造一个替代生态项目的投资费用估算生态系统服务的经济价值	
	替代成本法	通过寻找替代品花费来代替生态系统服务的经济价值	水文调节 土壤保持 海岸带防护 空气净化 水质净化 气候调节
	恢复和防护费用法	为防止环境质量下降、生态服务减少，用以恢复和保护生态系统不遭到破坏需要的费用。常通过假设生态系统遭到破坏后的损失与恢复成原始样子的费用来估算原生态服务功能的最低经济价值	防风固沙
	人力资本法	通过市场价格与工资数量确定人类对社会做出的潜在贡献，并以此来估计环境变化对人类健康影响所遭到的损失	
	享乐价值法	人们购买的商品中包含了某种生态环境的价值属性，通过人们为此的支付价格来推断其经济价值	景观价值
	生态价值法	将S型生长曲线、社会发展水平与人们生活水平结合起来，根据人们对某些生态功能的实际社会支付来估计生态服务的价值	
	旅行费用法	用于评估生态系统的旅游游憩休闲价值，以人们的旅行费用作为替代，来衡量旅游景点与其他娱乐设施的价值	休闲旅游
模拟市场法	条件价值法	用于评价没有市场，并且在市场中不得找到替代品的物品，以人们对此该物品反映出的态度、观念和偏好，调查人对该物品主观的支付意愿，也是对未来行为的预测。以直接调查方式得到的消费者支付意愿（WTP）估计生态服务的价值	维持生物多样性

2. 各项指标计算

（1）物质产品提供价值

生态系统提供的物质产品价值是指生态系统通过初级生产、次级生产为人类提供农、林、牧、渔业产品、淡水资源等的经济价值。生态系统物质产品一般有对应的市场价格，可采用市场价值法对物质产品价值进行核算，计算公式如下：

$$EPV_m = \sum_{i=1}^{n} Y_i \times P_i \tag{3}$$

式（3）中，EPV_m 为生态系统物质产品价值（元）；Y_i 为本报告研究的第 i 类物质产品产量（根据产品的计量单位确定，一般为 kg）；P_i 为本报告研究的第 i 类物质产品的价格（根据产品的计量单位确定，一般为元/kg）。

（2）调节服务价值

a. 水文调节

本报告运用陆地生态系统水文调节量反映生态系统水文调节的功能量，并采用分布式时变增益水文模型（DTVGM）进行计算。其公式如下：

$$G_t = g_1(H_t/S)^{g_2} \times P_t \tag{4}$$

式（4）中，G_t 为 t 时的地表产流量（mm）；g_1、g_2 均为水文时变增益因子参数；H_t 为 t 时的土壤湿度（mm）；t 为时间变量（s）；S 为饱和状态的土壤湿度（mm）；P_t 为降水量（mm）。

水文调节指标的价值量计算运用替代成本法，基于水库建设的成本来计算生态系统水文调节的价值量，计算公式如下所示：

$$V = G_t \times P \tag{5}$$

式（5）中，V 为水文调节的价值量（元）；G_t 为水文调节指标的功能量（mm）；P 为建设水库的成本价格（元/m³）。

b. 土壤保持

采用替代成本法计算土壤保持的服务价值。首先计算土壤保持量，即生态系统减少的土壤侵蚀量。本报告基于修正的通用水土流失方程（RUSLE），采用潜在土壤侵蚀量与实际土壤侵蚀量的差值作为生态系统土壤保持功能量的计算方法，其公式如下：

$$Q_{sr} = R \times K \times L \times S \times (1 - C \times P) \tag{6}$$

式（6）中，Q_{sr} 为土壤保持量（t）；R 为降雨侵蚀力因子，采用多年平均年降雨侵蚀力指数；K 为土壤可蚀性因子，采用标准样方上单位降雨侵蚀力所引起的土壤流失量；L 为坡长因子；S 为坡度因子；C 为植被覆盖因子；P 为水土保持措施因子。

土壤保持价值主要从减少面源污染和减少泥沙淤积两个方面评价。本研究采用替代成本法计算生态系统土壤保持价值量，公式如下：

$$V_{sr} = V_{sd} + V_{dpd} \tag{7}$$

$$V_{sd} = \lambda \times \left(\frac{Q_{sr}}{\rho}\right) \times c \tag{8}$$

$$V_{dpd} = \sum_{i=1}^{n} Q_{sr} \times C_i \times p_i \tag{9}$$

式（7）至式（9）中，V_{sr}为生态系统土壤保持价值（元）；V_{sd}为减少泥沙淤积价值（元）；V_{dpd}为减少面源污染价值（元）；λ为泥沙淤积系数；Q_{sr}为土壤保持量（t）；ρ为土壤容重（t/m^3）；c为单位水库清淤工程费用（元/m^3）；C_i为土壤中第i类污染物（如氮、磷）的纯含量（%）；p_i为第i类污染物单位处理成本（元/t）；i为土壤中污染物种类数量，$i=1, 2, \cdots, n$；n为土壤中污染物种类总数。

c. 防风固沙

采用替代成本法计算防风固沙的服务价值。首先计算防风固沙量，即生态系统减少的风蚀导致的土壤侵蚀量。本报告基于修正的风蚀方程（RWEQ），采用防风固沙量作为生态系统防风固沙功能量的计算方法，公式如下：

$$Q_{sf} = 0.1699 \times (WF \times EF \times SCF \times K')^{1.3711} \times (1 - C^{1.3711}) \tag{10}$$

式（10）中，Q_{sf}为防风固沙量（t）；WF为气候侵蚀因子（kg/m）；EF为土壤侵蚀因子；SCF为土壤结皮因子；K'为地表粗糙度因子；C为植被覆盖因子。

风蚀作用下，土壤随风沙扬起并在地表上沉降堆积，形成沙化层。根据防风固沙量和土壤沙化盖沙厚度，核算出减少的沙化土地面积；运用替代成本法，采用单位面积沙化土地治理费用作为防风固沙成本，核算生态系统防风固沙功能的价值，计算公式如下：

$$V_{sf} = \frac{Q_{sf}}{\rho \times h} \times c \tag{11}$$

式（11）中，V_{sf}为生态系统防风固沙价值（元）；Q_{sf}为防风固沙量（t）；ρ为土壤容重（t/m^3）；h为土壤沙化覆沙厚度（m）；c为单位治沙工程的成本（元/m^2）。

d. 海岸带防护

海岸带防护是指滨海盐沼、红树林、珊瑚礁等生态系统通过减低海浪、固结滩面淤泥来削弱海水对海堤或海岸侵蚀的功能。本研究运用滨海盐沼、红树林、珊瑚礁等生态系统防护的海岸带（即自然岸线）长度进行功能量计算，具体计算公式如下：

$$D_{ci} = \sum_{1}^{n} D_{cli} \tag{12}$$

式（12）中，D_{ci} 为生态系统防护的海岸带总长度（km）；D_{cli} 为第 i 类生态系统防护的海岸带长度（km）；i 为生态系统类型，i = 1，2，…，n；n 为研究区生态系统类型数量。

运用替代成本法，采用单位长度海浪防护工程建设成本作为海岸带防护成本，计算生态系统防护的海岸带的价值量，具体公式如下：

$$V_{Cl} = D_{cl} \times P_{cl} \tag{13}$$

式（13）中，V_{cl} 为海岸带防护价值（元）；D_{cl} 为生态系统防护的海岸带总长度（km）；P_{cl} 为海浪防护工程单位长度建设维护成本（元/km）。

e. 固碳释氧

固碳释氧量指陆地生态系统固定的碳元素和释放氧气质量的总和。本研究分别采用陆地生态系统固碳量以及植物在光合作用过程中的释氧量作为生态系统固碳功能量和释氧功能量的评价指标。首先，基于遥感数据使用光能利用模型估算植被NPP，即绿色植物在单位时间和单位面积内从光合作用产生的有机物，并扣除绿色植物自养呼吸后剩余的有机质，公式如下：

$$NPP = APAR \times \varepsilon \tag{14}$$

式（14）中：$APAR$ 指植被吸收的光合有效辐射，ε 指实际光能利用率。

其中，$APAR$ 取决于太阳总辐射和植被对光合有效辐射的吸收比例 $FPAR$，其计算公式为：

$$APAR = SOLAR \times FPAR \times 0.5 \tag{15}$$

式（15）中，$SOLAR$ 指月总太阳辐射量（MJ/m^2）；$FPAR$ 指植被冠层对入射光合有效辐射的吸收比例；常数0.5表示植被所能利用的太阳有效辐射（波长为0.4—0.7um）占太阳辐射总量的比例。

另，ε 受温度和水分等因子的约束，其计算公式为：

$$\varepsilon = T_{\varepsilon 1} \times T_{\varepsilon 2} \times W_{\varepsilon} \times \varepsilon_{\max} \tag{16}$$

其中，$T_{\varepsilon 1}$ 和 $T_{\varepsilon 2}$ 表示温度胁迫约束，它们分别由最适温度和月均气温来确定；W_{ε} 表示水分胁迫约束；$\varepsilon_{\max}$ 是植被最大光能利用率。

根据光合作用方程式，植被每生产1kg有机物，固定1.63kgCO_2 并释放1.19kg的 O_2，且 1kgCO_2 中包含0.27kg的碳元素。据此关系，陆地生态系统每年的固碳量与释氧量可以通过植被 NPP 总量得到。

$$Q_{CO_2} = \sum_{j=1}^{n}(NPP_j \times A_j) \times 1.63 \times 0.27 \qquad (17)$$

$$Q_{Op} = \sum_{j=1}^{n}(NPP_j \times A_j) \times 1.19 \qquad (18)$$

式（17）、式（18）中，Q_{CO_2} 表示陆地生态系统对应的固碳量（g）；Q_{Op} 表示陆地生态系统释氧量（g）；j 为生态系统类型，$j=1, 2, \cdots, m$，m 为生态系统类型的数量；NPP_j 表示第 j 类生态系统每年单位面积植被 NPP（gC/m^2）；A_j 为第 j 类生态系统类型面积（m^2）。

生态系统固碳价值量运用市场价值法进行核算，计算公式如下：

$$V_{Cf} = Q_{CO_2} \times P_C \qquad (19)$$

式（19）中，V_{Cf} 为生态系统固碳价值（元）；Q_{CO_2} 为生态系统固碳价值量（g）；P_C 为二氧化碳价格（元/g）。

生态系统释氧价值量采用市场价值法进行核算，采用医疗制氧单位价格作为生态系统提供氧气的价值，计算公式如下：

$$V_{op} = Q_{op} \times P_o \qquad (20)$$

式（20）中，V_{op} 为生态系统释氧价值（元）；Q_{op} 为生态系统氧气释放量（g）；P_o 为氧气价格（元/g）。

f. 空气净化

本报告中，空气净化功能量核算按照污染物浓度超出环境空气功能区质量标准与否，采取差异化的核算公式。如果污染物浓度超出环境空气功能区质量标准，则可用生态系统自净能力反映空气净化的功能量，具体采用公式（21）进行计算。

$$Q_{kh} = \sum_{i=1}^{n}\sum_{j=1}^{M} S_{ij} \times M_j \qquad (21)$$

式（21）中，Q_{kh} 为县（市辖区）内生态系统空气净化的总量（kg/a）；S_{ij} 为单位面积第 j 种生态系统对第 i 种大气污染物的净化量（kg/km$^2 \cdot$ a）；i 为大气污染物种类，n 为大气污染物种类的个数；M_j 为第 j 种生态系统的面积（km^2）；j 为生态系统种类，m 为生态系统种类的个数。

如果污染物排放量未超出环境空气功能区质量标准，则以污染物排放总量反映功能量。具体采用公式（22）进行计算。

$$Q_{kh} = \sum_{i=1}^{n} S_i \qquad (22)$$

式（22）中，Q_{kh} 为县（市辖区）内生态系统空气净化的总量（kg/

a）；S_i 为第 i 种大气污染物排放总量（kg/a）；i 为污染物种类，n 为大气污染物种类的个数。

价值量主要计算生态系统使大气环境得到改善产生的生态效应和价值。具体计算选用替代成本法，以工业整治大气污染物的成本价格反映县（市辖区）内生态系统的空气净化价值。

$$V_{kh} = \sum_{i=1}^{n} Q_{khi} \times M_i \tag{23}$$

式（23）中，V_{kh} 为县（市辖区）内生态系统空气净化价值（元/a）；Q_{khi} 为第 i 种大气污染物的净化总量（吨/a）；M_i 为第 i 种大气污染物的单位整治成本（元/吨），i 为县（市辖区）内大气污染物种类；n 为县（市辖区）内大气污染物种类的个数。

g. 水质净化

本报告中，水质净化功能量核算按照水体污染物浓度超出地表水水域环境功能以及保护目标与否，采取差异化的核算公式。如果污染物排放浓度超出地表水水域环境功能的标准限值，则可用生态系统自净能力反映水质净化的功能量，具体采用公式（24）进行计算。

$$Q_{sh} = \sum_{i=1}^{n} \sum_{j=1}^{M} S_{ij} \times M_j \tag{24}$$

式（24）中，Q_{sh} 为水体污染物的总净化量（kg/a）；S_{ij} 为单位面积第 j 种生态系统对第 i 种污染物的净化总量（kg/km²·a）；i 为水体污染物种类；n 为水体污染物种类的个数；M_j 为第 j 种生态系统的面积（km²）；j 为生态系统种类；m 为生态系统种类的个数。

如果污染物排放浓度未超出地表水水域环境功能标准限值，则选取质量平衡模型，测算县（市辖区）内生态系统对各类污染物的净化量，来反映水质净化的功能量。

$$Q_{sh} = \sum_{i=1}^{n} (S_{ri} + S_{pi}) - (S_{ci} + S_{wi}) \tag{25}$$

式（25）中，Q_{sh} 为污染物净化总量（kg/a）；S_{ri} 为第 i 类污染物入境总量（kg）；S_{pi} 为县（市辖区）内第 i 类污染物排放总量（kg/a）；S_{ci} 为第 i 类污染物出境总量（kg/a）；S_{wi} 为污水处理厂处理第 i 类污染物的总量（kg/a）；i 为污染物种类；n 为水体污染物种类的个数；S_{pi} 中包括农村生活、城市生活、农业面源污染、养殖污染以及工业生产五大类型。

价值量主要计算生态系统净化水体污染物、改善水质的价值。具体计算选用替代成本法，以工业整治水污染物的成本价格反映县（市辖区）内生态系统的水质净化价值。

$$V_{sh} = \sum_{i=1}^{n} Q_{shi} \times M_i \tag{26}$$

式（26）中，V_{sh} 为县（市辖区）内生态系统水质净化价值（元/a）；Q_{shi} 为第 i 种水污染物的净化总量（吨/a）；M_i 为第 i 种水污染物的单位整治成本（元/吨）；i 为县（市辖区）内第 i 种水体污染物种类；n 为县（市辖区）内水体污染物种类的个数。

h. 气候调节

本报告选用生态系统蒸发过程耗损的能量作为生态系统气候调节服务的评价指标。具体选用县（市辖区）内生态系统耗损的太阳能量反映气候调节的功能量。

$$Q = E - N \tag{27}$$

式（27）中，Q 为县（市辖区）内生态系统耗损的太阳能量（J/a）；E 为县（市辖区）内各类生态系统蒸腾作用耗损的太阳能量（J/a）；N 为县（市辖区）内各类生态系统吸收的太阳净辐射能量（J/a）。

价值量的核算选取替代成本法，通过电器调节温度和湿度的耗电成本，来反映县（市辖区）内各类生态系统调节改善温湿度的价值。

$$V_{qh} = Q_{xh} \times j_{hd} \tag{28}$$

式（28）中，V_{qh} 为县（市辖区）内各类生态系统气候调节的价值量（元/a）；Q_{xh} 为生态系统调节改善温湿度消耗的总能量（千瓦时/a）；j_{hd} 为县（市辖区）生活消费用电价格（元/千瓦时）。

i. 维持生物多样性

本报告中选取支付意愿法，即为各级保护动物支付的意愿价格反映维持生物多样性的价值，具体计算公式如下：

$$V_W = \sum_{i=1}^{2} (P_{bi} \times A_{bi}) \tag{29}$$

式（29）中，V_W 为县（市辖区）维持生物多样性的总价值；P_{bi} 为第 i 级保护动物支付的意愿总价格；A_{bi} 为第 i 级保护动物的物种数量。

j. 维持养分循环

本报告在 NPP（植物净初级生产力）的基础上采用市场价值法对营养物质循环价值进行估算，具体计算公式如下：

$$V_y = NPP \times (A_D \times Q_D \times P_D + A_l \times Q_l \times P_l) \tag{30}$$

式（30）中，NPP（植物净初级生产力）是指绿色植物在单位时间和面积内所累积有机物数量，即通过光合作用产生的有机质总量扣除自养呼吸后的余量；V_y 为维持养分循环的价值；A_D 和 A_l 分别是县（市辖区）内生态系统中氮和磷两种元素所占比例；Q_D 和 Q_l 分别是氮和磷折算成氮肥、磷肥的比例，依据《化肥市场周报》，分别取 46% 和 20%；P_D 和 P_l 为氮肥和磷肥的价格。

(3) 文化服务价值

a. 休闲旅游

采用研究单元内自然生态景观资源吸引的年旅游总人数来反映文化服务的功能量。其计算公式如下：

$$N_t = \sum_{i=1}^{n} N_{ti} \tag{31}$$

式（31）中，N_t 为游客总人数；N_{ti} 为第 i 个旅游区的人数；i 为旅游区；n 为旅游区个数。

运用旅行费用法核算人们通过生态旅游活动体验生态系统的美学价值以及学习知识和收获愉悦的价值。

$$V_r = \sum_{j=1}^{J} N_j \times TC_j \tag{32}$$

$$TC_j = T_j \times W_j + C_j \tag{33}$$

$$C_j = C_{tc,j} + C_{lf,j} + C_{ef,j} \tag{34}$$

式（32）至式（34）中，V_r 为研究单元的休闲旅游的价值（元）；N_j 为 j 地到研究单元进行旅游的总游客数量（人）；j 为来研究单元进行旅游的游客原来所在区域；TC_j 为从 j 地来的游客的旅游平均成本（元/人）；T_j 为来自 j 地的游客用于旅途和到研究单元的平均时间（天/人）；W_j 为 j 地当地平均工资 [元/（人·天）]；C_j 为从 j 地来的游客的平均旅行费用（元/人），包含游客从 j 地到核算单元的交通出行费用 $C_{tc,j}$（元/人）、餐饮住宿费用 $C_{lf,j}$（元/人）和景点门票费用 $C_{ef,j}$（元/人）。

b. 景观价值

本报告运用能从自然生态系统获得景观价值从而推动居住小区升值的房产面积反映景观价值功能量。

$$A_i = \sum_{i=1}^{n} A_{li} \tag{35}$$

式（35）中，A_i 为距离重点自然生态资源点 1000 米内且从自然生态系统景观获得升值的居住小区房产总面积（km²）；A_{li} 为第 i 区的房产面积（km²），$i = 1, 2, \cdots, n$。

运用享乐价值法衡量生态系统为其周边地区人群提供文化服务功能的

价值，采用计算生态资源为居住小区带来提升的总价值来反映：

$$V_u = A_u \times P_u \tag{36}$$

式（36）中，V_u 为景观价值指标（元）；A_u 为受益居住小区总面积（km^2）；P_u 为由生态系统景观资源带动的单位面积溢价（元/km^2）。

六 数据来源

本报告所使用的数据均来自社会公开数据。主要包括遥感影像数据、生态环境监测数据、社会经济统计数据、基础地理数据和规划数据五大类，涉及土地利用类型（LUCC）、数字高程（DEM）、气象、水利、污染物排放、定价、行政区划等具体数据（见表5）。

表 5 中国县域生态系统生产总值（GEP）评价数据来源

数据	数据类型		数据来源
遥感影像数据	土地利用（LUCC）数据	土地利用类型（Landsat TM/ETM 遥感影像数据解译，30m 分辨率）：耕地、林地、草地、水域、湿地、建设用地、未利用地	地理国情监测云平台
	数字高程（DEM）数据	高程、坡度（ASTER GDEM，30m 分辨率）	中国科学院计算机网络信息中心地理空间数据云平台
	海岸带数据	生态系统防护的海岸带长度	中国科学院烟台海岸带研究所 2020 年大陆自然岸线与人工岸线数据
生态环境监测数据	气象数据	产流降雨量、地表径流量、蒸散发量等	气象部门或参考文献数据
	污染物排放数据		生态环境部门监测数据
	净初级生产力、土壤呼吸消耗碳量、生物量数据、化学氮肥、复合肥施用量、作物产量、区域岩溶面积、地下水径流模数等		自然资源、林业部门统计数据或参考文献数据
	水面蒸发量、植被蒸散发量、单位面积蒸腾耗热量、空气的比热容、一年内日最高温超过 26℃ 的总天数等数据		气象、自然资源、林业等相关部门或参考文献数据

续表

数据	数据类型		数据来源
社会经济统计数据	物质产品数据	农、林、牧、渔产量、产值	各省、市、区、县的统计年鉴和统计公报
	水利数据	用水量、区域出入境水量等	水利部门及各省、市、区、县的统计年鉴和统计公报
	文化服务数据	自然景观名录、数量、旅游人数与旅游收入	旅游部门及各省、市、区、县的统计数据
	定价数据	农、林、牧、渔价格	农、林、牧、渔及相关统计部门或根据市场定价
		水库单位库容的工程造价及维护成本等	发改、水利等部门发布的工程预算
		土壤容重、氮、磷含量、单位水库清淤工程费、单位污染物处理成本等数据	土壤调查、专项调查以及发改等相关部门或参考文献
		单位治沙工程成本或单位植被恢复成本	物价部门统计数据
		单位造林固碳成本、工业碳减排成本、碳交易市场价格	物价部门、碳市场交易价格或参考文献数据
		氧气价格	物价部门监测数据
		基准地价	自然资源部门地价监测数据
基础地理数据	行政区划		国家地理信息公共服务平台（天地图）
规划数据	《全国自然保护区名录》《中国湿地保护行动计划》等相关文本图件		生态环境、林业等部门

其中，土地利用类型、数字高程、海岸带等遥感影像数据来源于地理国情监测云平台、中国科学院计算机网络信息中心地理空间数据云平台和中国科学院烟台海岸带研究所等；气象、污染物排放、水面蒸发量等生态环境监测数据来源于中国科学院计算机网络信息中心地理空间数据云平台、文献数据及其他开源大数据；物质产品产量产值、水利数据、文化服务数据等社会经济统计数据来源于统计年鉴、国民经济统计和社会发展公报和统计部门提供的其他数据等；基础地理数据主要为行政区划，来源于国家地理信息公共服务平台；相关规划数据则主要由相关部门提供。

七　评价结果

评价结果见表6、表7。

表6　2023年中国县域生态系统生产总值（GEP）百强

排名	省	市	县域	排名	省	市	县域
1	浙江省	杭州市	淳安县	18	黑龙江省	黑河市	嫩江市
2	内蒙古自治区	呼伦贝尔市	鄂伦春自治旗	19	黑龙江省	大兴安岭地区	呼玛县
3	江苏省	无锡市	宜兴市	20	内蒙古自治区	锡林郭勒盟	东乌珠穆沁旗
4	四川省	甘孜藏族自治州	石渠县	21	云南省	西双版纳傣族自治州	景洪市
5	江西省	上饶市	婺源县	22	云南省	迪庆藏族自治州	香格里拉市
6	云南省	丽江市	玉龙纳西族自治县	23	湖南省	张家界市	慈利县
7	河南省	安阳市	林州市	24	湖北省	荆州市	洪湖市
8	河北省	承德市	丰宁满族自治县	25	湖南省	长沙市	浏阳市
9	安徽省	合肥市	巢湖市	26	江苏省	淮安市	盱眙县
10	安徽省	六安市	金寨县	27	广西壮族自治区	百色市	田林县
11	辽宁省	朝阳市	北票市	28	黑龙江省	大兴安岭地区	漠河市
12	湖南省	怀化市	沅陵县	29	江苏省	镇江市	句容市
13	河北省	承德市	围场满族蒙古族自治县	30	广东省	河源市	东源县
14	广东省	清远市	英德市	31	江苏省	盐城市	东台市
15	浙江省	杭州市	桐庐县	32	广东省	江门市	台山市
16	西藏自治区	山南市	错那县	33	吉林省	白城市	通榆县
17	湖南省	长沙市	宁乡市	34	江苏省	盐城市	射阳县

续表

排名	省	市	县域	排名	省	市	县域
35	内蒙古自治区	呼伦贝尔市	额尔古纳市	56	广西壮族自治区	南宁市	横州市
36	江苏省	苏州市	张家港市	57	河南省	南阳市	淅川县
37	西藏自治区	林芝市	墨脱县	58	江西省	九江市	都昌县
38	江西省	上饶市	鄱阳县	59	江西省	九江市	永修县
39	河南省	三门峡市	卢氏县	60	四川省	甘孜藏族自治州	理塘县
40	江西省	九江市	武宁县	61	广东省	湛江市	雷州市
41	湖南省	湘西土家族苗族自治州	永顺县	62	湖南省	岳阳市	岳阳县
42	安徽省	池州市	东至县	63	山东省	烟台市	海阳市
43	湖北省	恩施土家族苗族自治州	利川市	64	四川省	凉山彝族自治州	木里藏族自治县
44	河南省	三门峡市	灵宝市	65	山东省	烟台市	栖霞市
45	云南省	普洱市	澜沧拉祜族自治县	66	福建省	福州市	福清市
46	辽宁省	阜新市	阜新蒙古族自治县	67	四川省	阿坝藏族羌族自治州	若尔盖县
47	安徽省	安庆市	宿松县	68	浙江省	台州市	临海市
48	黑龙江省	黑河市	五大连池市	69	安徽省	池州市	石台县
49	河南省	洛阳市	嵩县	70	黑龙江省	大庆市	杜尔伯特蒙古族自治县
50	浙江省	湖州市	安吉县	71	浙江省	绍兴市	诸暨市
51	山东省	临沂市	沂水县	72	河南省	新乡市	辉县市
52	黑龙江省	鸡西市	密山市	73	吉林省	延边朝鲜族自治州	敦化市
53	辽宁省	朝阳市	建平县	74	江苏省	苏州市	昆山市
54	辽宁省	朝阳市	朝阳县	75	山东省	威海市	荣成市
55	辽宁省	大连市	瓦房店市	76	内蒙古自治区	呼伦贝尔市	根河市

续表

排名	省	市	县域	排名	省	市	县域
77	新疆维吾尔自治区	巴音郭楞蒙古自治州	和静县	88	江苏省	苏州市	太仓市
78	黑龙江省	大兴安岭地区	塔河县	90	浙江省	湖州市	德清县
79	内蒙古自治区	呼伦贝尔市	牙克石市	91	吉林省	白城市	洮南市
80	湖北省	黄冈市	麻城市	92	福建省	泉州市	晋江市
81	安徽省	池州市	青阳县	93	湖北省	荆州市	监利市
82	云南省	保山市	腾冲市	94	湖北省	仙桃市	仙桃市
83	江西省	景德镇市	浮梁县	95	四川省	甘孜藏族自治州	康定市
84	江苏省	苏州市	常熟市	96	湖南省	岳阳市	平江县
85	云南省	昆明市	石林彝族自治县	97	四川省	阿坝藏族羌族自治州	阿坝县
86	湖北省	荆门市	钟祥市	98	吉林省	松原市	前郭尔罗斯蒙古族自治县
87	广东省	惠州市	惠东县	99	黑龙江省	佳木斯市	富锦市
89	浙江省	丽水市	青田县	100	江苏省	南通市	如东县

表7　2023年中国市辖区生态系统生产总值（GEP）百强

排名	省	市	市辖区	排名	省	市	市辖区
1	江苏省	苏州市	吴中区	12	浙江省	舟山市	普陀区
2	山东省	青岛市	黄岛区	13	广东省	佛山市	顺德区
3	江苏省	盐城市	大丰区	14	北京市	北京市	门头沟区
4	浙江省	杭州市	临安区	15	山东省	青岛市	即墨区
5	天津市	天津市	蓟州区	16	山东省	烟台市	蓬莱区
6	湖北省	武汉市	黄陂区	17	上海市	上海市	崇明区
7	广东省	广州市	增城区	18	广东省	珠海市	香洲区
8	江苏省	无锡市	滨湖区	19	北京市	北京市	房山区
9	江苏省	南京市	江宁区	20	北京市	北京市	怀柔区
10	江西省	南昌市	新建区	21	广东省	广州市	从化区
11	北京市	北京市	密云区	22	黑龙江省	黑河市	爱辉区

续表

排名	省	市	市辖区	排名	省	市	市辖区
23	安徽省	池州市	贵池区	52	山东省	青岛市	崂山区
24	重庆市	重庆市	开州区	53	广西壮族自治区	来宾市	兴宾区
25	湖北省	武汉市	江夏区	54	江苏省	南京市	溧水区
26	山东省	威海市	环翠区	55	浙江省	绍兴市	柯桥区
27	北京市	北京市	延庆区	56	广东省	深圳市	龙岗区
28	福建省	厦门市	集美区	57	浙江省	湖州市	吴兴区
29	浙江省	杭州市	余杭区	58	湖南省	张家界市	永定区
30	山东省	济南市	莱芜区	59	江苏省	连云港市	赣榆区
31	湖北省	宜昌市	夷陵区	60	山东省	日照市	东港区
32	重庆市	重庆市	万州区	61	广东省	广州市	南沙区
33	重庆市	重庆市	綦江区	62	浙江省	杭州市	西湖区
34	广西壮族自治区	钦州市	钦南区	63	广东省	佛山市	南海区
35	山东省	泰安市	岱岳区	64	江苏省	常州市	金坛区
36	湖北省	十堰市	郧阳区	65	广东省	江门市	新会区
37	云南省	昆明市	西山区	66	天津市	天津市	滨海新区
38	上海市	上海市	浦东新区	67	辽宁省	大连市	金州区
39	江苏省	苏州市	吴江区	68	江苏省	扬州市	邗江区
40	浙江省	舟山市	定海区	69	江苏省	南京市	六合区
41	湖北省	武汉市	蔡甸区	70	湖北省	咸宁市	咸安区
42	广东省	广州市	花都区	71	广东省	深圳市	南山区
43	福建省	厦门市	思明区	72	湖北省	武汉市	新洲区
44	广东省	惠州市	惠城区	73	广西壮族自治区	河池市	宜州区
45	广东省	茂名市	电白区	74	福建省	莆田市	秀屿区
46	海南省	三沙市	南沙区	75	云南省	保山市	隆阳区
47	四川省	成都市	郫都区	76	北京市	北京市	朝阳区
48	浙江省	宁波市	鄞州区	77	江苏省	淮安市	洪泽区
49	四川省	成都市	新都区	78	浙江省	绍兴市	上虞区
50	贵州省	贵阳市	南明区	79	福建省	南平市	建阳区
51	江苏省	常州市	武进区	80	北京市	北京市	海淀区

续表

排名	省	市	市辖区	排名	省	市	市辖区
81	广东省	广州市	白云区	91	福建省	南平市	延平区
82	山东省	烟台市	牟平区	92	广东省	广州市	番禺区
83	广西壮族自治区	百色市	右江区	93	广西壮族自治区	南宁市	武鸣区
84	重庆市	重庆市	涪陵区	94	广东省	肇庆市	端州区
85	安徽省	宣城市	宣州区	95	湖南省	常德市	鼎城区
86	山东省	枣庄市	山亭区	96	广东省	惠州市	惠阳区
87	河南省	三门峡市	陕州区	97	江苏省	徐州市	铜山区
88	安徽省	黄山市	黄山区	98	山东省	东营市	垦利区
89	湖南省	长沙市	望城区	99	广东省	肇庆市	高要区
90	广东省	清远市	清新区	100	云南省	普洱市	思茅区

参考文献

白杨：《云南省生态资产与生态系统生产总值核算体系研究》，《自然资源学报》2017 年第 8 期。

耿甜伟等：《基于地貌分区的陕西省区域生态风险时空演变》，《地理科学进展》2020 年第 2 期。

马国霞：《中国 2015 年陆地生态系统生产总值核算研究》，《中国环境科学》2017 年第 4 期。

马国霞等：《中国经济生态生产总值核算报告（2017）》，中国环境出版集团 2017 年版。

欧阳志云：《中国陆地生态系统服务功能及其生态经济价值初步研究》，《生态学报》1999 年第 5 期。

史洋洋等：《江苏沿海地区耕地利用转型及其生态系统服务价值变化响应》，《自然资源学报》2016 年第 6 期。

许志晖：《南昆山国家自然保护区生态系统服务功能价值评估》，《经济地理》2006 年第 4 期。

张琦：《GDP 与绿色 GGP、GEP 和自然资源价值量研究》，浙江省统计局官网，2023 年。

专项报告

高质量发展篇

高质量发展视角下的国内生产总值（GDP）核算

高聚辉[*]

GDP 的发明、使用与普及是 20 世纪人类的重大事件之一，它在不到百年的时间内成为度量社会福利、国民财富和经济增长的核心指标，对居民的投资与消费选择、企业的生产和营销决策、金融机构的资金流向、政府的政绩与官员升迁以及国家的国际地位等方面都有着重大影响。然而，作为国民经济核算的核心统计指标，GDP 也有其自身的局限性，不能全面反映一个国家的经济活动，不能完全反映经济增长的质量与效益。随着我国经济从高速增长转向高质量发展，考察和评价的内容更加丰富多样，亟须更加科学的统计指标体系。在此背景下，必须全面认识和把握 GDP 指标的积极作用与局限性，依照中国式现代化的发展特征和目标要求，改革和完善 GDP 核算体系，以更加准确全面的统计数据和指标体系服务于高质量发展这一重大主题。

一 GDP 的基本含义及核算方法

（一）从经济学的诞生到 GDP 的出现

250 年前，英国古典经济学家亚当·斯密发表了《国民财富的性质和原因的研究》（以下简称《国富论》），提出经济学的核心问题——如何增加一个国家的国民财富。《国富论》的发表标志着经济学作为一门独立学科的诞生，奠定了资本主义自由经济的理论基础。《国富论》中提到的国民财富类似于国民总财产，但没有涉及国民经济的具体核算，直到库兹

---

[*] 高聚辉，国家信息中心信息化和产业发展部高级经济师，研究方向：产业经济、城镇化。

涅茨才真正提出 GDP 这一影响深远的概念。

20 世纪 30 年代，资本主义经济大危机使各国认识到，政府需要一个快速准确的数据来了解和掌握国家经济系统的运行状况，以加强宏观调控和定期评估政策的效果。1932 年，富兰克林·罗斯福任美国总统，实施"罗斯福新政"，新政的核心理念就是政府能够通过干预实现宏观经济稳定，国民经济核算体系在此背景下逐步建立了起来。

1934 年，库兹涅茨在提交给美国国会的《国民总收入：1929—1931》报告中，首次提出 GDP 的一般定义，即 GDP "可被表现为经济产品流通中任何阶段的一个横截面——生产、分销或消费——如果没有统计上的困难，其结果应该是相同的"。根据这一定义，库兹涅茨测算得出：1929—1932 年，美国国民收入从 1890 亿美元下跌到 490 亿美元，减少了近一半，首次将经济衰退带来的破坏进行量化。1941 年，库兹涅茨发表《国民收入及其构成》一书，研究国民收入及其构成的概念、性质和含义，并利用现有统计资料对美国的国民收入进行了估算。库兹涅茨认为，国民生产总值是一个国家在一定时期内生产的货物和服务的总量，因此，必须从总产值中扣除中间消耗部分。他还认为，国民收入除了可以从生产的角度进行估算外，还可以从收入和支出另两个角度进行估算。库兹涅茨解决了有关国民收入核算的定义、概念和估算方法问题，建立起了现代的国民收入核算的基本结构，被称为"国民收入之父"。

与此同时，澳大利亚、英国等国家也在同时期开始构建他们的国民核算体系，通过一个常规数据来评判宏观经济运行状况，以此调控从政府到社会的资金流量来维持经济绩效，评估国家政策对经济的影响，GDP 逐渐升级成为国家经济政策设计和实现的主要记分卡。"二战"后，随着美国主导的世界经济体系的重建，联合国开始编制发布国民收入核算的标准体系，被西方发达国家首先采用，并不断扩大影响，GDP 逐渐成为国际领域的"通用语言"。例如，联合国会费的多少与一国的 GDP 总额就有着很大的关系。

（二）GDP 的含义与核算方法

GDP 是一国领土范围内的所有常住单位一年内生产的全部最终产品的市场价值之和，是一个国家或地区所有常住单位在一定时期内生产活动的最终成果。国内生产总值有三种表现形态——价值形态、收入形态和产品形态。

从价值形态看，它是所有常住单位在一定时期内生产的全部货物和服务价值与同期投入的全部非固定资产货物和服务价值的差额，即所有常住单位的增加值之和。从收入形态看，它是所有常住单位在一定时期内创造的各项收入之和，包括劳动者报酬、生产税净额、固定资产折旧和营业盈余。从产品形态看，它是所有常住单位在一定时期内最终使用的货物和服务价值与货物和服务净出口价值之和。

与 GDP 的三种表现形态相对应，国内生产总值的核算也有三种计算方法——生产法、收入法和支出法。三种方法分别从不同方面反映国内生产总值及其构成情况。从理论上讲，通过三种核算方法得到的结果应该是相同的，但在实际情况中，由于核算方法和资料来源的不同，核算结果可能会有一定的误差，这种误差在可接受范围内是允许存在的。

（三）我国 GDP 核算制度的建立与发展

改革开放前的 MPS 体系：新中国成立之初，为适应计划经济体制下国民经济管理的需要，中国国民经济核算采用产生于高度集中的计划经济国家苏联的物质产品平衡表体系（System of Material Product Balance，简称 MPS），该体系只计算物质部门的产出，将非物质生产的服务业排除在外。此时，我国国民经济核算的核心指标是 MPS 体系下的国民收入。

从 MPS 体系向 SNA 体系的转变：改革开放以后，为适应计划经济体制向社会主义市场经济体制的转变，我国国民经济核算体系开始由 MPS 体系转变为 SNA 体系，相应地，国民经济核算的核心指标也从国民收入转变为国内生产总值（GDP）。在这一时期，非物质服务业，包括金融保险、房地产、科学研究、教育文化、医疗卫生、居民服务等行业获得迅速发展，并在国民经济发展中发挥越来越重要的作用。为全面地反映国民经济发展情况，满足经济管理部门的需要，国家统计局于 20 世纪 80 年代初开始研究基于 SNA 体系的国民生产总值核算。1985 年 3 月 19 日，国家统计局向国务院提交《关于建立第三产业统计的报告》。1985 年 4 月 5 日，国务院办公厅发出通知，要求在继续做好国民收入核算的同时，抓紧建立国民生产总值核算。1985 年，国家统计局制定了《国民生产总值计算方案（征求意见稿）》，并根据这一方案初步开展了国民生产总值核算。1987 年，在征求各方面意见的基础上对上述方案进行修订，制定了《国民收入和国民生产总值统计主要指标解释》和《国民生产总值统计报表制度》。1989 年，基于国民收入使用核算开始试算支出法 GDP。1990 年，在总结实践经验的基础上，制定了《国民收入、国民生产总值统计主要指标解释》，对原有的核算方法进行了修订，并制定支出法 GDP 核算方法。随后，根据 SNA 的几次修订，如间接计算的金融中介服务产出核算方法的修订、知识产权产品支出核算方法的修订、武器系统支出核算方法的修订等，国家统计局不断改进和完善 GDP 核算方法，使得我国 GDP 的统计标准不断与国际标准接轨。

二 高质量发展的内涵要求与 GDP 的局限性

2017 年，中国共产党第十九次全国代表大会首次提出"高质量发展"，指明中国经济由高速增长阶段转向高质量发展阶段。这是党中央根据国际国内环境变化，特别是我国发展条件和发展阶段变化作出的重大判断。2022 年，中国共产党第二十次全国代表大会提出，要坚持以推动高质量发展为主题，把实施扩大内需战略同深化供给侧结构性改革有机结合起来，增强国内大循环内生动力和可靠性，提升国际循环质量和水平，加快建设现代化经济体系，着力提高全要素生产率，着力提升产业链供应链韧性和安全水平，着力推进城乡融合和区域协调发展，推动经济实现质的有效提升和量的合理增长。推动高质量发展成为未来我国建设社会主义现代化国家和实现中华民族伟大复兴宏伟目标的首要支撑。

（一）高质量发展的内涵

高质量发展是"十四五"时期乃至更长时期我国经济社会发展的主题，关系我国社会主义现代化建设全局。进入新发展阶段，对新发展理念的理解也不断深化，相关政策措施需要更加精准务实，以提升高质量发展的水平。据不完全统计，自 2018 年迄今，我国中央各部委出台的标题中含有"高质量发展"关键词的法律法规达到 197 篇，其中由国务院发布或批复的有 26 篇，由最高人民法院和最高人民检察院出台的司法解释 11 篇，由国务院各组成部委出台的部门规章 149 篇。可以说，高质量发展已经覆盖了我国经济社会的各个领域，从经济发展到社会进步、从生态保护到文化繁荣、从基础设施到区域协调、从公共服务到政府治理，高质量发展的理念深入人心。

高质量发展有着十分丰富的内涵，具体可以从以下四个方面来理解。

第一，高质量发展是体现新发展理念的发展。2015年10月，习近平在党的十八届五中全会上提出"创新、协调、绿色、开放、共享"的发展理念，这一发展理念是对我国在推动经济发展中获得的感性认识的升华，是对我国推动经济发展实践的理论总结。在五大新发展理念中，创新是引领发展的第一动力，协调是持续健康发展的内在要求，绿色是永续发展的必要条件和人民对美好生活追求的重要体现，开放是国家繁荣发展的必由之路，共享是中国特色社会主义的本质要求。新发展理念与高质量发展是指导思想与发展结果的关系，贯彻新发展理念既是实现高质量发展的根本遵循，也是新时代我国发展壮大的必由之路。新时代的中国，必须把新发展理念贯穿发展全过程和各领域，继续深化质量变革、效率变革、动力变革，实现各个领域的高质量发展。

第二，高质量发展在追求量的合理增长的同时更加注重质的有效提升。量的适度增长是中国经济的基本盘，是保持充分就业和社会稳定的重要保证；质的有效提升是经济增长的内在要求，为量的增长提供持续动力。质的有效提升体现为全要素生产率水平的持续提升。但在要素报酬递减规律的约束下，在技术工艺水平不变的情况下，这一目标是一个难以完成的任务，解决的核心就在于以技术和创新为动力，重组经济关系、优化生产要素配置、创新商业模式，将创新作为提高经济增长质量的根本动力。

第三，高质量发展重在实现整个经济体系的良性循环。经济是一个复杂的体系，供给和需求是市场经济内在关系的两个基本方面。从供给角度看，推动高质量发展必须努力使产业体系更为完整，生产组织方式更加网络化智能化，不断增强企业和产业的创新能力、需求捕捉能力、品牌影响力、核心竞争力，不断提高产品和服务的质量。从需求角度看，推动实现经济高质量发展的过程就是不断满足人民群众个性化、多样化、不断升级的需求的过程，以需求的变化引领供给体系和结构的变革。推动经济高质量发展，必须着力解决供给侧和需求侧存在的制约经济发展的各种问题，使供给更充分地满足升级的需求、需求更高效地引领供给升级，形成供给与需求良性互动、相互匹配、动态平衡的局面。供需相互作用的过程既涉及产品从生产、流通、分配到消费的具体环节顺畅，也涉及不同行业、不同地区的供需平衡，从而形成良性循环。从产业角度看，要实现各产业的良性循环，必须构建现代化产业体系，推动实体经济、科技创新、现代金融与人力资源的高效协同；从区域角度看，要实现区域间的良性循环，就必须依照不同地区、不同类型城市的资源禀赋特点，突出自身优势发展特色产业，细化社会分工，形成四大地区和大中小城市、城市群、都市圈间的协同发展。

第四，高质量发展更加强调发展成果的共享性。从发展成果的共享上看，高质量发展强调人民至上，以人民为中心。因此，在实现现代化过程中，始终要把"满足人民日益增长的美好生活需要"作为发展的出发点和落脚点，坚持在发展中保障和改善民生，统筹做好就业、收入分配、教育、社保、医疗、住房、养老、扶幼等各方面工作，更加注重向农村、基层、欠发达地区倾斜，向困难群众倾斜，促进社会公平正义，让发展成果更多更公平惠及全体人民。

总之，高质量发展是贯彻新发展理念的根本体现，是保持经济持续健康发展的必然要求，是适应我国主要矛盾变化和建设社会主义现代化国家的必然要求，更是遵循经济规律发展的必然要求。

（二）高质量发展的新要求

推动高质量发展是一个系统工程，牵涉面广，关联度强，竞争压力大。在我国这样一个经济和人口规模巨大的国家，推动高质量发展更是任重道远。为了更好地推动高质量发展，必须加快形成相应的指标体系、政策体系、标准体系、统计体系，完善绩效评价、政绩考核等制度环境，其中指标体系和考核体系是其中最为关键的两个环节。

指标体系明确了高质量发展的方向和目标。高质量发展需要有一个科学的量化指标体系来进行评价，以判断经济发展质量的高低。依照高质量发展的内在要求，其量化评价体系必须摒弃单纯以 GDP 为中心的考核评价体系，实现有效的多目标管理，建立绿色发展指数、研究工业发展质量指标体系等多目标评价体系，使获得感、幸福感、竞争力和经济发展目标和谐统一。在此基础上，统计数据才能及时准确地反映高质量发展进展情况，成为经济社会高质量发展的"晴雨表"，客观准确地反映经济社会高质量发展的实际情况。

绩效评价和政绩考核形成对高质量发展的有效激励约束。制定科学合理的考核指标体系是推动高质量发展的一项重要基础性工作，是对高质量发展的深化、细化、具体化，有利于科学衡量和客观反映全国和各地区高质量发展水平，有效推动高质量发展步伐。建立合理的政绩考核体系，必须根据我国经济发展的目标和各个地区、部门受到的约束条件来综合考量，这对各级政府的宏观经济管理调控水平和统计体系都提出了更高的要求。2020年，中共中央组织部印发《关于改进推动高质量发展的政绩考核的通知》强调，要进一步改进地方党政领导班子和领导干部政绩考核工作，不断提高贯彻新发展理念能力和水平，提高制度执行力和治理能力。此次通知亮出"高质量发展"的考核标尺，可以倒逼领导干部既做解难题、见成效的显功，又做打基础、利长远的潜功；既做群众看得见、摸得着的实事，又做"政声人去后、百姓闲谈时"的好事，创造出经得起历史检验的高质量政绩。考核的根本目的是鼓励激励，要通过准确有效的考核和对考核结果的正确运用，真正为"鼓励激励""能上能下"提供依据，让高质量发展成为全国上下的自觉行动。

（三）GDP指标自身的局限性

任何一项统计指标，都是人们对社会经济现象定性认识基础上的定量认识，有对应的统计口径和统计方法，也有相应的使用范围。由于社会经济具有复杂性、多样性等特点，统计指标所表现出的定量数据并不一定能够完整地反映社会经济现象的发展变化，扩大某一指标的使用范围或过度强调某一指标的作用，都是不妥当的。GDP指标同样如此，有其自身的局限性。GDP不能全面反映质量的进步，无法反映技术进步对福利的提高，更不能反映资源枯竭和环境退化，甚至污染治理投入和破坏性重建（如战争、自然灾害和无序拆迁）都能创造新的GDP，导致"破窗理论"一度盛行。

GDP不能全面地反映一个国家的经济活动。首先，GDP不能反映非市场活动。GDP是按商品和劳务的市场交易价格计算出来的，而非市场交易活动则无法计入经济总量。无论市场经济多么发达，总存在非市场性的商品和劳务活动。比如，生产者自给自足性质的劳务、家务、物物交换等经济活动所创造的产品和价值，由于没有通过市场交换而无法体现出其交换价格，因而遗漏于GDP之外，而这些自给自足性质的经济活动，如果改为由雇工或保姆来承担，并由雇主付给雇工或保姆工资，通过工资来体现这项经济活动的交易价格。有了交易价格，这些经济活动创造的价值就可以记入GDP总量了。此时，GDP指标上升了，但国民经济实际产出并没有增加。一个国家市场化程度越低，GDP遗漏的可能性就越大，GDP也就越低。因此，对于市场化程度不同的地区，其GDP数据缺乏可比性。其次，非法活动、地下经济活动或未观测的经济活动可能会全部或者部分遗漏，没有计入 GDP，导致 GDP 也不能全面反映经济活动。

GDP 本身并不能准确测量社会福利或国民财富。社会福利最大化是经济学中的追求目标。但 GDP 与社会福利并不是直接对应的关系，GDP 不能完全衡量社会福利水平。首先，一些对生活有重要意义的东西并没有包含在 GDP 内，如休闲活动、陪伴亲人等等。休闲是与工作对立的活动，增加工作虽然会增加 GDP，但也会因占用休闲时间而导致福利损失。另外，GDP 难以体现收入分配差距问题，如果收入分配差距加大，很可能会出现 GDP 增长而大部分人生活仍得不到明显改善的情况。GDP 与国民财富也是一个接近但又有差异的指标。GDP 反映的是一定时期内新创造的最终产品和服务，而财富则是某一时点积累的总资产。财富的变化不仅与当年的新增量相关，还与往年财富在当年的损失有关。如果片面追求 GDP 数量而忽视质量，有可能会出现 GDP 增长但净财富下降的现象。如前些年某些地方在工程建设中的"豆腐渣"工程，后期因质量问题而不得不拆掉，在数值对比上就体现为 GDP 有增长，但财富却没有增加。

GDP 不能反映经济增长方式和经济增长的质量。GDP 仅仅记录和反映以价格为条件的市场交易活动，只能反映经济增长的数量，不能反映经济增长的质量和经济发展水平。GDP 不能体现一国的产品或劳务类别和内容，即不能说明一国的经济结构。比如，两个 GDP 相等的国家，一个国家以开发和生产电脑软件为主，而另一个国家以生产或加工民用产品为主，显然这两个国家经济发展水平、技术发展水平不在一个档次。GDP 指标也无法反映经济增长的社会成本。人们在发展经济的过程中，必须要消耗一些自然资源，并对自然环境产生一定的破坏作用，然而，GDP 仅仅核算了生产活动的成果，而生产活动对资源所带来的破坏和所付出的代价，不能反映经济增长的质量。在工业化的进程中，经济总量的增加往往伴随着环境的污染、城市噪声、交通拥挤的产生。另外，GDP 未能对经济活动的社会价值进行道德判断。比如假冒伪劣产品、有毒、有害产品同样招摇和欺骗市场，昂贵的医疗费用甚至使得病者成为拉动 GDP 的动力。

快速变化的产业和数字经济的兴起使 GDP 的数据准确性受到挑战。GDP 数据并不直接存在于现有的财务报表或统计体系中，而是需要依据各种基础资料进行核算测算。为平衡数据时效性与准确性的矛盾，GDP 核算一般要经过初步核算、初步核实、最终核实三个步骤，在这一过程中，会根据基础资料的可获得性、时效性和全面性对 GDP 数据进行相应修订，且不同行业增加值的计算方法也并不统一，有采用生产法的，也有采用收入法和支出法的。在具体操作上，对基础资料足够充分的行业采用直接计算法，对于基础资料不够充分的行业，则通过间接计算法进行核算。当采用间接计算法时，一般会采用比例系数推算法和相关指标推算法，推算系数则由该产业的历史规律或者经济普查资料进行确定。但产业技术的快速变化和新经济的发展以及产业的融合，都使得 GDP 核算中的误差加大。当某一产业由于技术、生产条件或者商业模式发生变化时，利用历史经验得出的相关系数、比例系数等进行推算将会出现较大的推算误差，并不能准确反映产业的增加值规模。近些年，随着现代信息技术的广泛应用和深度融合，工业生产技术条件快速变化，商业模式不断创新，数字经济蓬勃发展，与之对应的是，相关产业的增加值核算中将缺乏历史经验而变得难以准确核算。

三　完善 GDP 核算的探索

针对 GDP 指标的局限性，部分国家及众多经济学家也对其进行了积极探索，创造了 GPI、BCI、HDI、生态足迹、绿色 GDP、GEP 等一些替代性和补充性指标。这些探索在某些方面克服了 GDP 指标自身的局限，但也遭遇到一些困难和争议，并没有动摇 GDP 指标的核心地位，GDP 仍然是衡量经济增长和国际比较的核心指标。

（一）对 GDP 替代性指标的探索

真实发展指标（GPI）：20 世纪 80 年代中后期，发展经济学家赫尔曼·戴利和神学家约翰柯布将宏观经济、社会和环境数据整合，并纳入人类福利综合测量，创造了可持续经济福利指数（ISEW），随后，又更名为真实发展指标（Genuine Progress Indicator，GPI）。GPI 指数对 GDP 忽略的 20 多个方面了进行估计，把非市场服务，如家庭工作和自愿活动进行货币化，从经济角度对国家福利进行测算。但 GDI 也受到众多学者的批评，认为非市场性的货物和服务很难测算，需要一个修正的核算体系；而且，在确定 GPI 中某一因素对 GDP 的调整方向时，究竟是正是负往往比较主观；另外，因素本身也有待进一步讨论。

基本能力指数（BCI）：《社会观察》着眼于"人们实际条件的不同方面和他们或大或小的实现人权的可能性"，建立并发布基本能力指数

（Basic Capabilities Index，BCI），目前已覆盖170多个国家。它专注于"能力"而非"收入"，包括三个指标：儿童健康存活到小学五年级的百分比，生存直到5岁的百分比，以及分娩时由专业人员照料的百分比。

人类发展指数（HDI）：人类发展指数（Human Development Index，HDI）由联合国开发计划署（UNDP）在《1990年人文发展报告》提出，它将经济指标与社会指标相结合，来衡量联合国各成员国经济社会发展水平，并揭示经济增长与社会发展的不平衡。人类发展指数由三个指标构成：预期寿命、成人识字率和人均GDP的对数，分别反映人的长寿水平、知识水平和生活水平。人类发展指数从动态上对人类发展状况进行了反映，揭示了一个国家的优先发展项，为世界各国尤其是发展中国家制定发展政策提供了一定依据，有助于挖掘一国经济发展的潜力。通过分解人类发展指数，可以发现社会发展中的薄弱环节，为经济与社会发展提供预警。

生态足迹（EF）：生态足迹（Ecological footprint，EF）由加拿大大学教授里斯提出，它显示在现有技术条件下，要维持一个人、地区、国家的生存所需要的或者指能够容纳人类所排放的废物的、具有生物生产力的地域面积。生态足迹的值越高，人类对生态的破坏就越严重。通过生态足迹需求与自然生态系统的承载力（亦称生态足迹供给）进行比较即可以定量地判断某一国家或地区可持续发展的状态。区域生态足迹如果超过了区域所能提供的生态承载力，就出现生态赤字；如果小于区域的生态承载力，则表现为生态盈余。

绿色GDP：绿色GDP源自联合国统计署倡导的综合环境经济核算体系，其基本含义是，把经济活动过程中的资源环境因素反映在国民经济核算体系中，将资源耗减成本、环境退化成本、生态破坏成本以及污染治理成本从GDP总值中予以扣除。绿色GDP指标代表了国民经济增长的净正效应，绿色GDP占GDP的比重越高，表明国民经济增长的正面效应越高，负面效应越低。2004年，国家统计局、国家环保总局正式联合开展了中国环境与经济核算绿色GDP研究工作，并在2006年公开发布了中国第一份绿色GDP核算报告。绿色GDP在全世界范围内仍是一个正在研究、有待成熟的项目。

（二）GDP指标自身的改进

为适应世界经济发展环境的变化，联合国等国际组织对国民经济核算国际标准 SNA 进行过两次大的修订，分别形成 1993 年 SNA 和 2008 年 SNA。与之相对应，我国也对 GDP 核算方法进行了一系列改革。

2004 年，我国开展第一次经济普查，国家统计局根据 1993 年 SNA 的建议，对计算机软件支出核算方法进行了改革，将从市场上购买的计算机软件支出从中间投入调整为固定资本形成计入 GDP。2008 年，国家统计局对间接计算的金融中介服务价值核算方法进行改革，采用了 2008 年 SNA 建议的方法，采用参考利率的方式核算间接计算的金融中介服务价值。2016 年，为贯彻落实党中央、国务院的决策部署，促进创新驱动发展战略的深入实施，更好地反映创新和技术进步对中国经济发展的驱动作用，国家统计局根据 2008 年 SNA 的建议，对研发支出核算方法进行改革，将能够为所有者带来经济利益的研发支出不再作为中间投入，而是作为固定资本形成计入 GDP。

2020 年，为克服 GDP 分级核算制度下地区 GDP 数据与国家 GDP 数据不衔接的弊端，从 2019 年年度地区生产总值核算开始，我国将正式实施地区生产总值统一核算改革，实施地区生产总值核算下算一级，省级生产总值由国家统一核算。GDP 统一核算能够更加精准地确定各地的经济总量及其结构，看清各地经济在全国整体经济中的地位及彼此间的联系、影响，分析和判断各地经济发展进程中的趋势、特点和问题，为我国经济高质量发展提供更加准确可靠的核算资料和统计数据。

（三）GEP 指标的提出与发展

2001 年，联合国启动"千年生态系统评估"，在总结前人观点的基础上明确了生态系统服务之间的关系，将生态系统服务分为供给、调节、文化和支持四大类。2013 年，联合国统计委员会发布"环境经济核算体系—试验性生态系统核算"（SEEA-EEA, System of Environmental Economic Accounting-Experimental Ecosystem Accounting），为生态系统生产总值的测算提供了基本框架。2021 年 3 月，GEP 被纳入联合国发布的最新国际统计标准——SEEA-EA（System of Environmental-Economic Accounting—Ecosystem Accounting，环境经济核算体系——生态系统核算），并将 GEP 列为生态系统服务和生态资产价值核算指标、联合国可持续发展 2050 目标的衡量指标。

生态系统生产总值（GEP），是指生态系统为人类福祉和经济社会可持续发展提供的各种最终物质产品与服务（简称"生态产品"）价值的总和，主要包括生态系统提供的物质产品、调节服务和文化服务的价值。生态系统生产总值是在生态文明思想指导下，对生物多样性部分产出的一种统计。其核算的根本目的在于实现生物多样性保护与人类可持续发展的目标，也是对各地方进行考核的重要的生态文明指标。开展 GEP 核算可以提升人们对生态产品价值的认识，助力生态产品交易，是践行"绿水青山就是金山银山"理念、推进生态文明建设的有益探索。自 2013 年以来，中国科学院生态环境研究中心、生态环境部环境规划研究院、浙江省发展规划研究院、浙江大学等十余家学术研究、咨询机构的百余名学术研究人员在全国不同生态地理区已开展百余项 GEP 核算研究。

四 GDP 核算的改进方向与应用展望

尽管 GDP 指标自身存在固有的缺陷，但这不妨碍它仍然是经济社会中影响最大使用最广泛的一个统计指标。作为衡量一个国家经济增长水平的指标，GDP 具有其他指标不可比拟的优势。人们可以通过 GDP 清晰地看到经济增长的轨迹，并作为短期分析、预测和政策的重要工具，是政府制定宏观经济政策的重要依据，对政府当局开展宏观调控、制定产业发展政策、投资消费政策、贸易政策、区域协调发展政策等都具有十分重要的作用。另外，GDP 为地区及至国家间对比研究提供重要参考，是开展国际比较研究的"通用语言"。同时，与国民经济核算国际标准相比，我国 GDP 核算方法还存在一些差距。同时，随着科技的不断进步、创新能力的不断提升、经济发展不断产生新的情况，GDP 必须加以改革和完善，以准确反映经济发展的真实状况，满足经济分析和管理产生的新需求，助力经济高质量发展。

（一）"十四五"时期我国 GDP 核算自身改革的方向

2021 年 12 月，国家统计局发布《"十四五"时期统计现代化改革规划》。规划指出，"进一步完善核算方法，健全国民经济核算体系，提高国民经济核算统一性、规范性和科学性，全面准确反映国民经济运行状况和重大比例关系"。具体来看，GDP 核算改革包括以下三方面内容。

一是加强和改进生产总值核算。完善国内生产总值（GDP）核算方法，研究建立季度支出法国内生产总值核算制度。与生产法相比，支出法核算国内生产总值能够反映产出成果的分配情况。同时，综合生产法、收入法与支出法三种核算方法，GDP的数据准确性会更高，能够有效地避免GDP在核算过程中的"注水"或者核算误差，为宏观调控和政策引导提供更加确切的依据。

二是健全国民经济核算体系。完善供给使用表和投入产出表编制，编制非竞争型投入产出表。改进资金流量表编制，强化非金融交易资金流量表与金融交易资金流量表的协调。完善资产负债表编制方法，稳步推进全国和地方资产负债表编制。完善实物量自然资源资产负债表编制。研究制定生态产品价值核算规范，推进生态产品价值（GEP）核算。生态产品价值核算可以有效弥补GDP核算未能衡量自然资源消耗和生态环境破坏的缺陷，将无价的生态系统各类功能"有价化"，让人们更加直观地认识生态系统的价值。生态产品价值核算是推动生态产品价值实现的重要基础，生态产品价值核算将建立一套生态产品价值衡量标准，作为生态产品经营开发、生态保护补偿、政府考核等的依据，解决当前生态产品价值核算"不受认可""不接地气"的矛盾问题。生态产品价值反映了"绿水青山"所蕴含的生态产品价值，正成为衡量经济高质量发展的一个新标尺、引领地方未来发展的"绿色指挥棒"。

三是完善相关产业和领域核算。研究探索数据资产核算，完善"三新"经济和文化、旅游、健康、体育、专利密集型等产业核算。随着产业的深度融合和数字经济的蓬勃发展，传统产业间的界限越来越模糊，产业的增加值测算也越来越复杂。而现有的国民经济核算体系中，产业核算是整个体系的基础，产业的快速变化以及新产业的出现将对这种基于产业为基础的核算体系提出重大挑战。

（二）加强对GDP使用的引导，强化GDP相关衍生性指标的场景应用

经济社会是一个复杂巨系统，这就决定了很难用一个指标就反映出其全部特征。GDP作为一个重要的统计指标，需要正确解读，准确地认识和把握经济社会发展的现状与特点，并提出科学化的对策和建议。

GDP核算不是一个独立的指标，而是由总量、速度、结构等构成的一个庞大体系，同时，基于GDP的总量指标，可以派生出很多衍生性指标，这些指标同样有着广泛的应用场景和价值。针对当前社会过度关注GDP总量指标以及GDP总量指标无法反映发展质量的问题，要适度淡化GDP总

量指标的使用，更加强调对 GDP 速度、结构及能够反映发展质量的相关衍生性指标应用，充分发挥 GDP 核算在高质量发展中的价值。

就 GDP 自身来看，它不仅测算了一个国家或地区的 GDP 的总量规模，还按照可比（不变）价格测算实际增速，同时按照三次产业、国民经济主要行业测算了各产业和各行业的相关数据，甚至按照支出法和收入法测算的 GDP 还提供了地区生产总值的分配去向。其中，GDP 总量指标存在较强的历史依赖性，简单地用不同地区的 GDP 总量比较就是在"比拳头"，忽视了不同地区在人口、资源禀赋、产业结构等方面的差异，也无法真正反映各地在发展质量上的差异。相对于总量指标，GDP 增长速度、结构指标更能体现不同地区在发展质量上的差异。例如，2020 年以来，国际经济形势复杂多变，经济出现逆全球化，我国经济增速出现下降，但在此背景下，我国仍有 39 个地级市在 2020—2022 年三年 GDP 平均增速超过 6%，体现了较强的韧性。

GDP 指标与其他数据相结合，可以计算出大量具有重要意义的衍生性指标。这些指标可以从某个侧面来反映高质量发展的水平，是 GDP 相关衍生性指标的应用重点。

GDP 与人口数据相结合，可以计算各个地区的人均 GDP 水平，客观反映一个国家或地区的发展水平和发展程度。世界银行对发达国家与发展中国家的划分就是依据这一指标。

GDP 与就业数据相结合，可以计算全员劳动生产率指标，全员劳动生产率是衡量劳动力要素投入产出效率的重要指标。提高全员劳动生产率也是推动经济高质量发展的内在要求。《国民经济和社会发展第十四个五年规划和 2035 年远景目标纲要》明确提出，"十四五"时期，GDP 年均增长保持在合理区间，全员劳动生产率增长高于国内生产总值增长。

GDP 与能源消费数据相结合，可以计算 GDP 能耗指标，用来衡量经济增长与能源消耗的比例关系，同样是高质量发展的重要体现，为"碳达峰""碳中和"发展战略提供重要参考依据，体现了绿色发展的理念。

GDP 与研发投入数据相结合，可以计算万元 GDP 研发投入强度，用来衡量科技创新的能力，体现了创新发展理念的在经济发展过程中的地位和作用。

总之，作为衡量经济增长的国际通用统计指标，GDP 尽管具有一定的局限性，但其核心地位依然无可替代，同时 GDP 指标本身也需要根据经济社会的发展加以改革和完善。在贯彻新发展理念、构建新发展格局、推动高质量发展的新时代，GDP 指标特别是能够体现高质量发展特征的衍生性指标有着更为广阔的应用场景与价值。依照高质量发展的内涵要求，GDP 核算体系需要继续改革和完善，以更好地发挥统计数据的"晴雨表"和"指挥棒"作用，淡化人们对 GDP 量的增长的冲动，更注重质的提升，努力推动中国式现代化建设事业不断向前进。

参考文献

［英］洛伦佐·费乐拉蒙蒂：《GDP 究竟是个什么玩意儿》，刘路，赵蔚群译，台海出版社 2015 年版。

安淑新：《促进经济高质量发展的路径研究：一个文献综述》，《当代经济管理》2018 年第 6 期。

蔡景庆：《有效、无效、负效应 GDP 与经济高质量发展》，《天水行政学院学报》2020 年第 8 期。

段忠贤、吴艳秋：《推动高质量发展的政绩考核机制构建思路》，《领导科学》2019 年第 1 期。

黄顺春、邓文德：《高质量发展评价指标体系研究述评》，《统计与决策》2020 年第 7 期。

蒋文龄：《高质量发展考核评价体系的构建与实施》，《中国领导科学》2002 年第 1 期。

李金昌、史龙梅、徐蔼婷：《高质量发展评价指标体系探讨》，《统计研究》2019 年第 1 期。

刘玉铎：《经济发展背景下的 GDP 核算改革》，《投资与创业》2021 年第 24 期。

路遥、刘梦然、赵艺娜：《重视 GDP 与 GEP 协同评价，构建高质量发展政绩观》，《社会主义论坛》2021 年第 10 期。

任保平、李禹墨：《新时代我国高质量发展评判体系的构建及其转型路径》，《陕西师范大学学报》（哲学社会科学版）2018 年第 4 期。

田秋生：《高质量发展的理论内涵和实践要求》，《山东大学学报》（哲学社会科学版）2018 年第 11 期。

许宪春、王洋、刘婉琪：《GDP 核算改革与经济发展》，《经济纵横》2020 年第 10 期。

许宪春：《改革 GDP 核算方法　助力经济高质量发展》，《行政管理改革》2022 年第 2 期。

杨充霖：《GDP 的理论缺陷与可持续国民财富核算》，社会科学文献出版社 2014 年版。

杨耀武、张平：《中国经济高质量发展的逻辑、测度与治理》，《经济研究》2021 年第 4 期。

余泳泽、胡山：《中国经济高质量发展的现实困境与基本路径》，《宏观质量研究》2018 年第 12 期。

张军扩、侯永志、刘培林、何建武、卓贤：《高质量发展的目标要求和战略路径》，《管理世界》2019 年第 7 期。

郑方辉、梁伟达：《从 GDP 最大化到高质量发展：我国政绩考评的演进路径与逻辑（1980—2020）》，《理论探讨》2021 年第 7 期。

中华人民共和国国家统计局：《"十四五"时期统计现代化改革规划》，国家统计局网站，http：//www.stats.gov.cn/tjgz/tzgb/202112/t20211221_1825544.html。

中华人民共和国国家统计局：《中国主要统计指标诠释（第二版）》，中国统计出版社 2013 年版。

中国县域经济进入新时代

孙久文[*]

从行政等级来看，中国县级行政单元包括市辖区、县、县级市、自治县、旗、特区、林区等。县域经济是一种区域经济，是指一个县级行政区地域范围内的经济构成。县域经济既包括城镇经济，也有乡村的经济；既包括农业，又有工业和服务业。可以说，县域经济是我国国民经济的一个缩影，也是区域经济的基础。

一 县域经济的基本概念

县域经济的本意是指一个县（市）地域范围内的经济：既有城镇和乡村的经济，又有农业、工业和服务业经济；既有公有制经济，也有非公有制经济；既有政府的经济（财税），也有老百姓的经济（就业和收入）。可以说，整个国民经济活动的各项指标，在一个县（市）的范围内，基本都可以得到反映。因此，研究县域经济可以有两个视角：一是研究在一个县（市）的地域内，如何使各类经济活动能够得到充分、协调的发展；二是研究如何使整个国家基层的经济能够更加稳固、繁荣并充满活力。

（一）中国县域经济的基本情况

2017年，根据民政部的名录，全国有1474个县（不含金门县）、53个旗、363个县级市，合计占县级行政区划总数量（2851，含金门县）的66.29%，其主要指标及占全国比重如下。

---

[*] 孙久文，教授、博士生导师。教育部"马工程"首席专家（区域经济学），全国经济地理研究会名誉会长，中国区域经济学会副会长，中国区域科学协会副会长。完成多项国家社会科学基金、国家自然科学基金项目，出版著作20余本。主要研究区域经济理论、区域规划、扶贫开发等。

表 1   2017 年全国县域主要社会经济指标

	县级行政区划情况			合计	全国数据	占全国比重
	县域数据	市域	旗域			
行政区划面积（万平方千米）	631.14	122.04	97.81	850.99	960.42	88.61%
GDP（亿元）	195232.10	145710.29	6418.33	347360.72	832035.90	41.75%
年常住人口（亿人）	5.71	2.29	0.11	8.11	13.90	58.33%
户籍人口（亿人）	6.56	2.40	0.12	9.08	13.90	65.31%
第一产业增加值（亿元）	33060.28	12916.82	1015.52	46992.61	62099.50	75.67%
第二产业增加值（亿元）	86631.22	72240.55	3011.32	161883.09	331580.50	48.82%
公共财政支出（亿元）	44001.51	17951.94	1413.47	63366.92	172592.77	36.71%
规模以上工业企业单位数（万个）	11.51	8.16	0.16	19.83	37.27	53.21%
社会消费品零售总额（亿元）	71572.56	54737.81	1754.86	128065.23	366261.60	34.97%
医疗卫生机构床位数（万张）	248.31	113.99	4.93	367.23	794.03	46.25%

资料来源：县域常住人口数据主要来自各地统计年鉴，其余指标数据主要来自《中国县域统计年鉴 2018（县市卷）》，部分数据来自政府官方网站；全国数据来自统计局网站。

通过表 1 可以看到，县域经济占到我国国民经济的 50% 以上，并且百强县以占全国不到 2% 的土地、7% 的人口，创造了全国约 10% 的 GDP。[①]

到 2020 年，县域在人口总量、经济总量等方面，占全国的比重都略有下降，这是与中国城市化进程加快分不开的（见表 2）。

表 2   2020 年全国县域主要社会经济指标

	县级行政区划情况			合计	全国数据	占全国比重
	县域	市域	旗域			
行政区划面积（万平方千米）	628.85	135.39	97.54	861.78	960.42	89.73%
GDP（亿元）	217043.4	165495.87	6977.22	389516.49	1015986.2	38.34%

① 数据源于赛迪顾问县域经济研究中心编制的《2020 中国县域经济百强研究报告》。

续表

	县级行政区划情况			合计	全国数据	占全国比重
	县域	市域	旗域			
年常住人口（亿人）	4.89	2.3	0.097	7.287	14.12	51.61%
户籍人口（亿人）	6.26	2.53	0.12	8.91	14.12	63.10%
第一产业增加值（亿元）	40597.4	16947.92	1299.04	58844.36	77754.1	75.68%
第二产业增加值（亿元）	80115.49	73095.61	3172.95	156384.05	384255.3	40.70%
公共财政支出（亿元）	53230.63	23564.73	1736.16	78531.52	245679.03	31.97%
规模以上工业企业单位数（万个）	10.35	8.57	0.15	19.07	39.94	47.75%
社会消费品零售总额（亿元）	61436.97	48202.27	1488.30	111127.54	408017.2	27.24%
医疗卫生机构床位数（万张）	282.90	135.82	5.03	423.75	910.07	46.56%

资料来源：县域常住人口数据来自第七次人口普查分县数据，其余指标数据主要来自《中国县域统计年鉴2020（县市卷）》，其中社会消费品零售总额为2019年数据，全国数据来自统计局网站。

发展县域经济要坚持全面、协调、可持续的基本指导思想。县域经济发展要做到城乡协调发展、经济和社会协调发展。县域经济的基础是工业、农业和现代服务业。面向"十四五"时期的县域经济高质量发展，应当是信息化、智慧化带动产业化的发展模式。在县域建设现代产业体系，包括发展现代工业、现代服务业，带动农业经济发展，增加城乡居民的就业。县域经济是城市经济与农村经济的中间环节，是我国实现城市化和实现乡村振兴的中间枢纽。所以，县域经济的发展，一方面是农民增收的重要途径，另一方面是城市发展的重要依托。我国农村人多地少，加快农村劳动力向非农产业和城镇产业转移，是增加农民收入的必由之路。但是，我们不可能让农村剩余劳动力全部转移到大城市，发展县域经济将有效吸收大量的农村转移人口在此生活与就业，成为推动我国区域经济高质量发展的重要途径。

我们把国家的经济发展分解为四个模块：城市经济、县域经济、乡镇经济和农村经济。县域经济的作用，在于促进产业集聚、人口集聚，筑牢经济基础，发挥枢纽作用。中央十分重视县域经济发展。中共十七大报告指出，我们要"以促进农民增收为核心，发展乡镇企业，壮大县域经济，多渠道转移农民就业"。中共十九大报告提出"乡村振兴战略"，涵盖了县域经济在内整个区域的发展与振兴，是面向新时代的发展新导向。

（二）中国县域经济的主要特点

自秦始皇统一全国，开始实行郡县制，迄今已经两千多年。在长期的历史演变中，县域经济形成了自己的突出特点。主要有：

1. 区域性

县级行政区是我国行政管理的最基层单位，是基础行政区。我国目前的县域经济具有很强的独立性，自然、历史、社会多种因素共同影响县域经济的发展。县域经济发展的区域性的特点，决定了县域经济发展模式的多样性，决定了每个县域都必须寻找本县的发展道路，其他县域的经验模式只能参考，不能照搬。

2. 综合性

县域经济的综合性从两个方面表现出来：从空间上看，每一个县域都分为县城中心区、乡镇地区和村庄等类型，构成复杂，相互之间关系密切。从县域经济的门类看，从工业到服务业和农业，涵盖了几乎所有的经济部门和领域。县域经济的综合性决定了县域经济模式的复杂性，因此选择发展的带动部门就十分关键。

3. 不平衡性

我国县域之间的发展差距很大。这种发展的不平衡性，反映在县域经济的经营活动相对分散，空间聚集性差，受到自然条件和市场条件的双重制约等方面。根据2007年的县域经济的资料，我国最发达的100个县是最不发达100个县的人均产值的4倍。因此，我们需要关注不同发展区域和发展阶段的成功的县域经济模式，要总结大区域的县域经济发展模式。

4. 城乡融合性

县域经济的城乡融合不是说县域经济都是以农村经济为主，而是指农业和农村经济在县域经济中仍占有重要地位，农业地域在县域空间上占有大部分地域，农村人口在县域人口中占有较大的比重。但是，未来县域经济发展的非农化也是不可改变的趋势，因此，我们要关注县域经济发展中成功的城乡统筹的发展模式。

（三）中国县域经济的发展模式

经过长期发展，中国县域经济形成了多重的发展模式。

1. 特色经济模式

在一定意义上，县域经济就是特色经济。整合县域的优势资源，从比较优势的眼光寻找本县的特色，是特色经济模式的基本思路。我国县域内的土地资源、矿产资源、生物资源、旅游资源等都很丰富，特色经济模式发展的关键是找准地方特色资源，然后依靠特色资源培育特色产业，实现以特色产业带动县域经济的发展。例如，以劳务输出为特色的县域经济，是一些人口大县的合理选择。当前全国农民外出务工的有一亿多人，他们为县域经济发展中所需的资金、技术、人才提供重要来源。

2. 农业产业化发展模式

把发展县域经济同农业产业化结合起来，在我国很多发达地区有较多的先例。农业产业化是我国农业发展的必然方向，其特点是面向市场，依靠企业，连接农户，兼顾企业和农民的共同利益。以龙头企业的发展带动农村经济的发展，在我国一些大都市的郊区和相对发达的县域，以及在一些特色明显的产业（如烟草生产）生产中都是很成功的方式。随着我国统筹城乡发展的改革的推进，城市与农村在产业上的分工日益清晰化，县域经济中农业产业化的发展模式必然会越来越普及。

3. 城镇化带动模式

把发展县域经济和县域城镇建设结合起来，推进以县城为核心的城镇建设，提升城镇综合服务功能，促进农村人口和乡镇企业向小城镇转移，实现县域的城镇化，对经济实力较强的县域是理想的选择。县域经济发展了，县一级单元有望成为劳动力转移的主要目的地，县域经济发展能够提供一条将发展经济和提供就业结合起来的发展之路。

县域经济的城镇化带动模式必须与工业立县战略相结合。总部经济的兴起使得制造业的生产车间向大城市的郊区和中小城市、县城转移成为一种趋势，大力推进县域工业化，选准主导产业，做到工业化与城镇化的互相带动，时机已经成熟。

4. 生态经济模式

以生态建设为县域经济发展的主要目标，是一些大城市郊区县域发展的必然选择。县域是国家的生态屏障，是城市的水源涵养和供给源地，是城市居民休闲、旅游、度假的胜地，当中心城市把生态功能完善作为区域产业布局的首要目标之时，"以城带乡、以工促农、城乡互动"是实现县域经济发展的基本取向。生态经济模式的要点是"以工促农"和"以城带乡"，重点是用现代工业和现代服务业促进生态旅游和生态农业的发展，实现农村与城区资源共享。当然这种模式的发展还要依靠城市政府对县域地区的生态补偿。

在新时代，面临新的经济发展变化，县域经济的发展模式也发生了很大的变化。这些变化大多是区域性的变化。例如，东部地区发达的县域，如昆山、江阴、常熟等，都在逐步推进"全域城市化"，因而使得县域经济的农村性大大减少，城市的性质逐步增强，一种"全域城市化"的县域经济模式正在形成。而中西部的县域变化另有特点。比如新疆，近年来设置了若干依据农垦系统的城市，例如，五家渠、铁门关、阿拉尔等，形成一种农场经济与城市经济相结合的类型模式。所以，我们看到县域经济的新变化，研究县域经济的新特点与新模式，是本书要达成的一个目标。

二 县域经济的新时代

在对当今中国经济格局的讨论中，县域经济受到了来自各界前所未有的关注。它不仅被认为是找寻经济新增长点的突破口，也是关系着中国新型城镇化改革能否成功的关键要素（孙久文和蒋治，2021）。在快速城镇化进程中，很多大中型城市的极化效应还未衰退，现有城乡体制对小城镇经济的束缚性依然明显的背景下，县域经济这个中国最基础的经济形态如何释放活力还需要更多的探索。

（一）县域经济承载更深刻内容

县域经济是我国最基础的一种经济形态。因为县是国家行政管理体系的最基层，县域经济的提出实质上是区域经济规划的进一步细化。逐渐细化的好处在于能够让当地城市规划抓得着、看得见，操作更具有可行性。过去的县域经济更多表现为农业经济，现在意义上的县域经济已不局限于农业经济，它是一种综合的经济形态，而且越来越以工业，特别是制造业为主导产业，这样的一种经济形态跟过去有着根本性的区别。

县域经济包含乡村经济和城镇经济。乡村层面，可以适度开发观光、休闲类项目，最主要的还是需要靠农民自己，通过农村合作社、农会，将家家户户联合起来发展农业，这要比盲目让外来资本介入更具长久发展潜力。现在很多地方在搞的公司加农户，除了一些烟草、茶叶等特殊产业外，我认为不应该在广大农村大力推广。

在城镇层面，外来产业和资本的介入将成为支撑县域经济的重要力量。县域真正需要的是两类人：一是企业家；二是技术工人。资本逐利，只要这个地方具备市场扩展的空间，吸引这些人就没有问题。如果我们的产业转移能够有序、健康进行，将释放巨大的经济增量。这无论对于大城市还是中小城镇都将带来共赢。同时，地方还应根据自己的资源禀赋发展主导特色产业。

2022年5月，中共中央、国务院印发的《关于推进以县城为重要载体的城镇化建设的意见》（以下简称《意见》），全面系统地部署了县城建设的总体要求和发展目标、工作重点及政策保障；7月发布的《"十四五"新型城镇化实施方案》将"推进以县城为重要载体的城镇化建设"作为47项重点工作之一。县城是我国城镇体系的重要组成部分，是城乡融合发展的关键支撑；推进县城建设对促进新型城镇化建设、构建新型工农城乡关系具有重大意义。从工农"剪刀差"到以工促农、以城带乡，再到城乡融合，我国基于城乡视角的区域发展战略经历了从两头极化至二元合一的历程，而"城"和"乡"的交互点就落在了中间的"县"之上。从当前县域经济所承载的内容和意义更加多元的特点出发，中国已进入了县域经济时代。一方面，它作为中国制造业转移的主要承接地区肩负着产业支撑的重任；另一方面，县域有相当一部分还要保留农村的形态，承担着保障国家粮食安全和生态安全的重任。

（二）因地制宜发展特色产业

许多县份具有突出的比较优势。比如河南灵宝、山东招远，黄金资源比较丰富。这些县域就可以围绕突出的地方性资源发展产业。真正比较困难的是一些平原地区的县份，没有突出的资源，土地狭小，人口又多，在产业选择上就会碰到比较大的难题。这就需要地方政府根据当地情况，同时也往往需要一些偶然因素，培育出一种有带动性的产业。比如河南漯河，依托双汇形成了很多肉类加工企业。实际上，从改革开放以来，河南中部的大部分地区主要靠养猪，也催生了很多肉类企业。一个县如果能有一到两个有比较优势的产品的生产，这个县的经济就应该能发展得不错。

我们对于县域资源的认识还需要做一些调整。不是说某一种当地特产比别的地方好就肯定能发展为优势产业。中国的很多县很大，几十万人到一百万人的一个县，要发展的产业也一定要具有规模效益。这就要求产品要有足够大的市场规模和需求，才能支撑起一个县域的发展。

像你提到的类似的一些资源，我知道很多县都是有的。但如果地方政府不经调研而盲目地寄希望于这些类型的资源上，发展的瓶颈依旧很大。

比如，很多县拥有一些中等规模的矿床，但它产生的效益很难成为这个地方的支柱产业，除非这种资源优势非常明显。何况现在很多人不赞成过快开发这些中等矿床，因为它产生的负面效益往往高于经济效益。关键要看需要的是什么人。县域经济盘活的重点是培育特色产业和承接制造业为主的转移产业，因为高端产业不会在经济基础薄弱、区位优势不明显的地方落地。

（三）产业新城将迎来机遇

产业新城的发展模式多当前发展县域经济十分重要。过去我们也在县域做开发区，但怎么做的呢？在一个城市有一定间隔距离的地方搞一块土地进行开发。而这块土地主要是用来做产业的，标准化厂房，招商引资，把这一块作为产业区，过去所有的开发区基本上都是这么做的。但是当它发展起来之后，出现一个问题是，这些工厂里工作的工人所需要的后勤和服务，完全都是依托以前那个城市，并且两者之间又有一段距离。于是就会出现一个现象，这个城市开始向开发区的方向去发展，开发区也会向城市方向发展。经过十年，或者更长一段时间之后，我们发现大多数的开发区跟城市完全合为一体了。所以现在很多的开发区正面临洗牌，因为它已经完全城市化了，跟过去的城市也没有太多区别，但是在体制上又有一些问题，需要重新做一些体制性的改造。

由此带来的思考是，新一代的开发区要不要搞，要避免过去那些问题。县域的产业新城是把产业、居住和商业统一在一起。它不完全是一个产业的形态，而是一个新城的模式，而这个新城又有一定的产业支撑。所以说现在这样一种新的模式有它可取的地方，尤其是在制造业逐渐向中小城市转移的背景下，这些设在县城的产业新城，就有它的用武之地了。

发展产业集聚区的模式也是县域经济发展的重要模式之一。产业集聚区与原有的县城都不太远，将交通搞得方便一些，政府通过规划，引导在集聚区里面形成一个到两个产业集群，就可以实现产城互动。这是中西部地区县城可参考的一种县域经济发展模式。

三 县域经济研究需要注意的几个问题

目前，对县域经济的研究方兴未艾。然而，县域经济的研究面临许多的困难和误区。

（一）县域经济的属性

县域经济到底属于哪种类型的经济？目前的观点很多，大体上有：一是县域经济是农村经济或农业经济；二是县域经济是范围经济；三是县域经济是区域经济；四是认为县域经济是介于城市经济和农村经济之间的一种区域经济。实际上，这些对县域经济的属性判断，都是来源于中国经济改革开放以来的实际情况，有其客观的现实基础。

例如，2003年，全国的县域经济GDP占全国GDP的55.2%，市辖区GDP占全国GDP的44.9%。当时的概念，县域经济是县一级行政区域范围内的各类经济的总和。但这个总和当中，农业和农村经济占的比重很大。到2017年，全国的县域经济GDP占全国GDP的41.75%，市辖区GDP占全国GDP的58.25%。到2020年，全国的县域经济GDP占全国GDP的比重下降到38.34%。县域经济的比重变小了，其中农业产值的比重也有很大幅度的下降。在这种新的发展背景下，我们认为，正确定位县域经济的属性尤为重要，我们把县域经济表述为"城市经济与农村经济的融合体"。

（二）县域经济的作用和任务

关于县域经济的作用，一是枢纽作用。县域经济是联系城市经济与农村经济之间的枢纽，通过这个枢纽来实现工业反哺农业，城市支持农村的发展方针。二是载体作用。县域经济是实现以工促农、以城带乡的重要载体，特别是实施工业立县的地方，现代工业的聚集地区一般是县城。三是基础作用。发展县域经济能够为乡村振兴提供物质基础，也把乡村的农业基础作用传递到城市，进而支撑整个国民经济的发展。

发展县域经济要实现的任务主要有：一是繁荣农村经济。农业及农村经济是县域经济发展的基础。同时只有县域经济发展了，农业发展的产前、产中、产后服务体系健全了，农业的产业化发展以及农业的基础地位才更加巩固。也只有县域经济发展起来了，带动了农村的商业、生活服务业的发展，才能促进农村经济的全面发展。二是发展县城和城镇经济。我国一直坚持大中小城市和小城镇协调发展的城市化战略，一般县城作为中小城市来发展，可以起到县域内的经济中心的作用，带动县域经济发展。从目前来看，县城是一个县域之内的人口聚集中心、工业中心和服务业中心。近年来县城的房地产也有很大的发展。"十三五"时期以来，国家重视小城镇建设，提出要突出重点、讲究实效的原则。国家发布的特色小镇建设的指导意见，促进了数百个特色小镇的快速发展。三是农村富余劳动力的转移就业。我国目前有近3亿名农民工，而县城和小城镇是农村转移劳动力的主要就业地和生活地。所以，县域经济发展的程度，决定了可以为当地的转移劳动力提供就业机会的多少。在我国农村人口的收入越来越依靠非农产业的背景下，县域经济的发展能够有效地推动县域非农产业的发展，提供更多的就业机会，成为农民增收的重要途径。

（三）发展县域经济的途径

一是要把发展县域经济同发展特色经济结合起来。在一定意义上，县域经济就是特色经济，发展县域经济就必须围绕地方，坚持资源开发与市场需求的统一，找准地方特色和市场对接的着力点，突出重点，依靠特色，培育产业链条，使资源特色经济产业化，实现以特色产业带动县域经济发展的整体发展。二是要把发展县域经济同扶持农业产业化龙头企业结合起来。龙头企业是县域经济发展的关键。要加快培育龙头骨干，发挥其连接农户、开拓市场、推广科技、开发深加工产品、加强服务的积极作用。完善公司+基地+农户、公司+协会+农户、服务站+协会+农户等多种产业化机制，逐步把龙头企业培育成为与农民利益共享，风险共担的企业，以龙头企业的发展带动农村经济的发展。三是要把发展县域经济和小城镇建设结合起来。推进以县城为核心的城镇建设，提升城镇综合服务功能，促进农村人口和乡镇企业向小城镇转移。

除了以上问题外，研究县域经济发展的内容很广泛。大到"三农"问题、结构调整，小到县乡财政、基层金融（姚鹏等，2022），无一不是长期困扰基层政府的待解难题。举例来说，不少中西部县市都曾派出大批干部前往广东、上海甚至香港、海外招商引资，耗费大量人力、物力。至于其效果，恐怕多数还是乏善可陈的。然而，如果不借助外来的资金、技术和管理，又如何实现欠发达地区的超常规、跨越式发展？

（四）加快县城的建设与发展

长期以来，我国基于城市和农村、城市群和都市圈、四大板块等尺度的区域发展战略规划较为完善，但关于县城（域）建设的设计则相对缺位。2020年5月，党的十九届五中全会首次明确提出以县城为重要载体的城镇化建设，随后这一表述在 2021 年 3 月正式写入"十四五"规划（见表 3）。

表 3　　　　　　　　　　关于县城发展的国家级文件

时间	文件	相关表述
2014 年 4 月	《国家新型城镇化规划（2014—2020 年）》	鼓励引导产业项目在资源环境承载力强、发展潜力大的中小城市和县城布局，依托优势资源发展特色产业，夯实产业基础；加强市政基础设施和公共服务设施建设，教育医疗等公共资源配置要向中小城市和县城倾斜
2016 年 2 月	《关于深入推进新型城镇化建设的若干意见》	提升县城和重点镇基础设施水平；完善设市标准和市辖区设置标准，规范审核审批程序，加快启动相关工作，将具备条件的县和特大镇有序设置为市
2020 年 6 月	《关于加快开展县城城镇化补短板强弱项工作的通知》	县城是我国推进工业化城镇化的重要空间、城镇体系的重要一环、城乡融合发展的关键纽带；要加快推进县城城镇化补短板强弱项工作
2022 年 5 月	《关于推进以县城为重要载体的城镇化建设的意见》	全面部署县城建设的总体要求、发展目标和重点工作；科学把握功能定位，分类引导县城发展方向；培育发展特色优势产业，稳定扩大县城就业岗位；完善市政设施体系，夯实县城运行基础支撑；强化公共服务供给，增进县城民生福祉；加强历史文化和生态保护，提升县城人居环境质量；提高县城辐射带动乡村能力，促进县乡村功能衔接互补；深化体制机制创新，为县城建设提供政策保障

资料来源：根据相关文件整理。

县城是牵引内需增长，带来新型动力的重要引擎。实施扩大内需战略、促进形成强大国内市场，是新形势下构建新发展格局，推动高质量发展的战略选择。现阶段，县城投资消费与城市的差距很大，人均市政公用设施固定资产投资仅为地级及以上城市城区的 1/2 左右，人均消费支出仅为地级及以上城市城区的 2/3 左右。推进县城建设，有利于扩大当期有效投资和居民消费，开拓新的巨大投资消费空间，形成乘数效应和良性循环。

从经济体量看，2020 年，全国县级单元地区生产总值（GDP）约占全国 GDP 的 38.34%。其中，作为县域经济核心的县城及县级市城区 GDP 占全国 GDP 近 25%。县城是促进城乡融合，带动乡村振兴的关键支撑，是健全城乡融合发展体制机制、破除城乡二元结构的核心空间范围（陆铭和李鹏飞，2023）。由于县城在发展阶段上趋于城市，在地理距离上贴近农村，把县域作为城乡融合发展的突破口，推进空间布局、产业发展、基础设施等融合发展，是一个优化的县域发展思路。

当前，我国农村人口向县城集聚的现象依旧十分普遍。2021年底，我国城镇常住人口为9.1亿，其中县级单元的城区常住人口占27%，包括县城常住人口1.6亿和县级市的城区常住人口0.9亿。我国常住人口城镇化率2021年年底为64.72%，对比县域的情况来看，县域人口城镇化率到2020年底仅为23.59%。到2025年，全国常住人口城镇化率继续提高，县城无疑将成为新型城镇化率提升的主要地区。而进入县城的人口主要还是来源于当地的农村人口，农村人口的减少也是不可避免的。

总之，县城作为县域集聚人口和经济的中心，是城乡融合的纽带，是城乡协同发展的载体。加强县城建设，实现农村居民就近城市化，有利于城乡发展差距的缩小，为实现我国的社会主义现代化打下牢固的基础。

参考文献

陆铭、李鹏飞：《区位与分工：论统一大市场建设下的县域城镇化》，《农业经济问题》2023年第1期。

孙久文、蒋治：《"十四五"时期中国区域经济发展格局展望》，《中共中央党校（国家行政学院）学报》2021年第25期。

姚鹏、李金泽、孙久文：《县乡财政支出集权能增加地方民生性支出吗？——基于安徽省"乡财县管"准自然实验的证据》，《中国农村经济》2022年第2期。

县域崛起推动共同富裕实现的
动力机制与路径选择

唐任伍　马志栋[*]

一　问题的提出

党的二十大报告中指出,全面建设社会主义现代化国家,最艰巨最繁重的任务仍然在农村,要坚持农业农村优先、城乡融合发展,畅通城乡要素流动,推进以县城为重要载体的城镇化建设,扎实推进共同富裕。

中国作为人口数量、资源禀赋、国土面积、地理区间超大规模的社会主义国家,县域居于"国家—社会""城市—乡村"的"治理节点""城乡融合点",承担着"富裕一方百姓""繁荣地域文化""维持生态平衡"和"实现长治久安"的历史使命,"县域兴则国兴,县域强则国强,县域稳则国稳",强国之基在于强县,富国之要必先富县。自古以来,县域作为治国理政的基本单元和相对独立的国民经济体现始终没有淡化过,故历朝历代都十分重视县域发展。

中国特色社会主义进入新时代后,县域作为功能完备的综合性经济体系和国家治理体系中的基本单元的重要性更加凸显,承载的新功能更加重要,既是乡村振兴的依托,也是融通城乡发展、实现城乡协调的载体和纽带,更是共同富裕实现的基本单元。因此,县域经济社会发展的好坏,直接关系到中国共同富裕战略实现的得失成败。习近平总书记曾深刻指出:"县一级承上启下,要素完整,功能齐备,在我们党执政兴国中具有

---

[*] 唐任伍,北京师范大学政府管理研究院院长、教授、博士生导师。研究方向为民生理论、管理思想史;马志栋,北京师范大学政府管理学院研究生。研究方向为共同富裕、政府经济管理、公共政策。

十分重要的作用，在国家治理中居于重要地位。"中国要"坚定不移走共同富裕道路"，使"共同富裕取得更为明显的实质性进展"，破解县域发展的不充分、不平衡难题，打通制约共同富裕实现的县域"中梗阻"和"节点"，实现县域均衡崛起，成为实现第二个百年奋斗目标和中华民族伟大复兴的重大课题。

共同富裕作为城乡、区域均衡发展的结果，不仅是经济问题，更是重大的政治、社会问题。新时代中国特色社会主义的社会主要矛盾是人民日益增长的美好生活需要和不平衡、不充分的发展之间的矛盾，共同富裕的实质就是要着力解决发展不平衡不充分的问题。县域作为国家治理的基本单元，在国家治理体系中具有承上启下、上传下达的作用，在推动中国社会发展的进程中做出了重要贡献。截至2021年年底，我国共计2843个县级区划，其中有1301个县、117个自治县，另有977个市辖区、394个县级市，县域覆盖了我国大部分面积。县城人口占城镇人口的30%，县以及县级市的GDP体量占全国GDP的40%。但是，中国的县域发展严重不均衡，东南发达地区的县域发展现代化程度高，而中、西部地区的一些县域发展现代化水平低，经济发展缓慢，成为贫富两极分化的典型标志。而城乡发展不平衡是最突出的不平衡，乡村发展不充分是最大的不充分，县域崛起是破解发展不平衡不充分矛盾、实现全体人民共享美好的物质生活与精神生活的共同富裕的"节点"，尤其是要发挥位于"城尾乡头"的县城这个"榫头"在破解城乡发展不平衡不充分中的作用，使之成为乡村振兴、推进农业农村现代化和新型城镇化的重要支撑，打破将乡村和城市割裂关注的单向思维，系统地从县域整体发展和城乡统筹角度来思考共同富裕问题。

习近平总书记在2020年12月中央农村工作会议上指出，要把县域作为城乡融合发展的重要切入点，赋予县级更多资源整合使用的自主权，强化县城综合服务力。2022年5月，中共中央办公厅、国务院办公厅印发的《关于推进以县城为重要载体的城镇化建设的意见》中指出，"县城是我国城镇体系的重要组成部分，是城乡融合发展的关键支撑，对促进新型城镇化建设、构建新型工农城乡关系具有重要意义"。由此可见，以县城为"榫头"的县域崛起，是破解城乡发展不平衡、乡村发展不充分进而实现共同富裕的重要环节，探究县域崛起推动共同富裕实现的动力机制与路径选择，具有重要的理论和实践意义。

二 县域崛起推动共同富裕实现的动力机制

县域之重，国之基石；"郡县治，天下安""郡县富，天下足"。县域崛起直接关系到国家经济增长和社会发展大局，也是全面实现共同富裕进程中的关键环节。而县域要崛起，首在安定和富足。改革开放以来，以县域竞争为代表的区域间竞争，是中国改革开放以来经济迅猛发展的根本原因，这个制度也被称为"最有增长效率的制度"。县域在进行产业转型升级，促进经济增长和社会稳定等方面具有重要贡献。进入新发展阶段，县域仍然在统筹城乡区域发展、实施乡村振兴等方面发挥重要作用，同时肩负着推动局部共同富裕向整体共同富裕延伸、建设共同富裕示范区的重要使命。因此，探究县域崛起推动共同富裕的动力机制，意义重大。

（一）做长做强"县域共同富裕产业链"拉动共同富裕

共同富裕的实现，首先就要"做大蛋糕"。据相关数据显示，截至2020年年底，我国有2844个县级行政区，县域约占全国总面积的93%、总人口的74%、总GDP的53%，是我国经济社会发展的主力军，担负着做大做好共同富裕"蛋糕"的重大历史使命。

产业不仅是县域崛起的关键，更是共同富裕的基础。县域崛起推动共同富裕实现的动力在产业、潜力在产业、突破口也在产业，没有产业就无从谈做大做好共同富裕的"蛋糕"。自党的十六大提出"壮大县域经济"以来，我国县域产业得到了一定程度的发展，壮大了经济。但是，大部分县域产业发展仍然处于产业规模小、链条短、盈利能力弱的状况，无法做好做大共同富裕的"蛋糕"，制约县域崛起推动共同富裕实现的作用发挥，实际上是县域共同富裕的"中梗阻"。因此，充分依托县域的优势资源，做长做强"县域共同富裕产业链"，成为县域崛起推动共同富裕实现的关键。

做长做强"县域共同富裕产业链"，首先要延长既有产业链和价值链，在县域内形成参与度广、带动能力强、城乡融合、一二三产业融合发展的产业模式，把产业价值留在县域内，缩小县域内城乡差距和收入差距，带动更多群众共同富裕；在县域外打通东中西部地区的县域共同富裕产业链，缩小地区差异。其次，要引入外来资本与本地企业联姻，建立更加紧密的利益联结机制,实现有机嵌入,打破"产业悬浮"、激励"本地分红",实现"共同发展、共同繁荣、共同富裕"的新型关系格局。最后,要统筹建立产业"链长制",将县域产业链作为一个生命体,统筹协调工商资本参与县域共同富裕产业链的补链强链固链之中,切实做长做强"县域共同富裕产业链"。

(二) 破解县域崛起中的城乡、区域两大差距,推动共同富裕

通过脱贫攻坚和乡村振兴,特别是"两不愁,三保障"、惠农、社保等相关政策的出台,县域居民可支配收入有所增加,贫困县已经整体摆脱了绝对贫困,但发展不充分不平衡的矛盾仍然比较突出,县域内的收入差距、县与县之间的区域发展"两大"差距仍然严重,相对贫困现象在中西部和东北地区的一些县域中广泛存在,成为制约县域崛起驱动共同富裕实现的拦路虎、绊脚石。

解决城乡、区域发展不平衡、不充分及收入差距拉大的矛盾,是共同富裕的本质属性。不同的县域由于资源禀赋差异和发展战略的不同,有着不同的发展路径,导致县域经济发展千差万别,很不平衡。2021 年,我国 GDP 突破千亿元的县域(县级市)达到 43 个,其中排名第一位的昆山 GDP 达 4748.06 亿元,经济总量超过很多地级市甚至一些省域。而长期处于欠发达地区的 1301 个县、394 个县级市、117 个自治县,其中山区县约占 43%、丘陵县约占 26%、平原县约占 31%,不仅经济总量小,而且发展后劲不足,缺乏相应的产业支撑,一些县域甚至完全要依靠"输血"生存。因此,克服县域地理条件、资源禀赋、交通通信、产业发展、社会观念等方面差异,深入实施县域协调发展战略,支持特殊类型的县域加快发展,在发展中促进相对平衡,成为县域崛起推动共同富裕实现需要突破的"瓶颈"。正如《中共中央 国务院关于支持浙江高质量发展建设共同富裕示范区的意见》中指出的,要深入探索破解城乡二元结构、缩小城乡差距、健全城乡融合发展的体制机制,以"先富带动后富"驱动共同富裕实现,破解城乡和区域差距。

(三) 强化县域改革创新与发展活力,驱动共同富裕

中国的县域体系庞大,靠外力无法实现崛起,必须要有强大的内生动力。只有通过改革创新,激发出县域体制、机制、人才、环境中蕴藏的强大能量,才能激活县域的发展动能,驱动共同富裕实现。因此,改革创新

是县域发展和崛起的动力之基、活力之源。

体制机制改革创新是激发县域发展活力的核心。共同富裕战略的推进，差距在县域、潜力在县域、关键也在县域。县域动能激发出来了，才能形成排山倒海的力量。因此，在体制机制上遵循"县直报省、省直达县""能放尽放"的原则，扩权赋能强县。这就意味着：对法律法规、规章没有明确规定需要省级、市级管理的事项，直接授权县级管理；对权力事项下放受到法律法规限制的，依法通过委托形式下放；对不具备普遍下放权限条件的事项，一事一议"依申请放权"。通过扩大县域权力权限，增强县域统筹能量，激发县域内生动力，大大提升了县域驱动共同富裕的能力。

招才引智释放人才红利是激发县域发展活力的根本。人才是县域发展的第一资源，人才枯竭、人气低迷，是制约县域崛起的主要因素。因此，建立全面、动态、开放的人才引进机制，构建多层次、多方位人才引进体系，打破地域、编制、身份等限制，完善人才绿卡、人才公寓等政策，才能汇聚一大批优秀的医疗卫生、教育科技、文化教育等领域的紧缺型人才，激活县域一潭死水，为县域居民提供优质的公共服务，破解县域就业、就学、就医等难题，吸引优秀人才到县域就业、创业发展，助力县域做大做好共同富裕实现的"蛋糕"。

创新优化县域发展环境，提高政府服务能力，是县域崛起推动共同富裕实现的关键。发展环境是影响县域经济发展活力、实现崛起的基本要素，是衡量县域核心竞争力和发展潜力的重要标准。优化县域发展环境是补齐县域经济发展短板、提升县域引力场吸引力的关键举措。因此，营造一流的发展环境，是县域崛起推动共同富裕实现的关键。一是要强化县域基础保障。突出通道畅通，持续推进县域城乡间、与大都市圈间交通、物流、通信一体化发展，补"断点"，通"堵点"，融入全国统一大市场的循环之中，打通县域循环"最后一公里"。二是要提速县域新一代信息基础设施建设，加速实现包括县域在内的高速光纤宽带网络和云计算大数据基础设施网络的全覆盖。三是要优化营商环境，深化县域"放管服"改革，建立县域负面清单管理体制，提升县域政府服务效率，依托"互联网+政务服务"，加快推进"一网通办""一码通"，持续简化县域政府工作程序，推动县域政务服务体系标准化、平台化和智能化，降低县域市场准入门槛和企业经营成本，激发县域市场主体活力。

提高县域法治化程度，使县域崛起推动共同富裕实现的支撑。中国几千年来讲究宗法关系,县域更是一张按照差序格局结成的,由血缘、地缘、业缘、物缘、神缘"五缘"编织的熟人社会,经济发展、社会治理大多遵循熟人、半熟人社会的运行逻辑,传统"五缘"关系凸显的人情、社会圈子、亲属关系等社会文化因素对社会秩序的影响十分突出,影响社会资源配置的效率,阻碍了市场在资源配置中决定性作用的发挥。因此,提高县域的法治化程度,变县域的"熟人社会"为"陌生人社会",特别是农村地区,逐渐弱化人脉、人情关系影响,打破县域熟人社会对市场经济发展的桎梏,构建县域"亲""清"新型政商关系。

(四) 扩大县域中等收入群体,协调联动共同富裕

促进共同富裕,最艰巨最繁重的任务仍然在农村。共同富裕的短板在农村,难点也在农村,"三农"问题仍然是社会主义现代化建设的重中之重,农业农村现代化也是实现共同富裕的关键所在。因此,以农业农村现代化驱动县域崛起,增加居民收入,通过育中、培中、促中、扩中,使县域中更多的人口进入中等收入群体,扩大中等收入群体规模,在县域形成"两头小,中间大"的橄榄型社会结构,协调联动共同富裕的实现。

县域橄榄型社会结构的形成,需要通过"提低扩中限高"的收入分配政策来达到目的。扩大劳动者在国民收入中所占的比重,提高低收入群体的收入水平;发挥市场在资源配置中的决定性作用,发挥土地、资本、管理、知识、信息、数据等各类要素在财富创造中的积极性、创造性,贯彻能者多得,切实贯彻按要素分配的原则,扩大中等收入人群;反对垄断、打击腐败,通过所得税、利得税、房产税、遗产税等税收政策,合理调节高收入群体的收入。"提低扩中限高"收入分配政策的实施,促进县域"两头小、中间大"的橄榄型社会结构的形成。

从户籍属性来看,中国总体上还是一个"农民社会",全国超过50%的农业户籍人口在县域,二元结构、贫富差距、公共服务的不充分不平衡集中在县域;一方面,与大城市相比,县域人口往往低收入群体集中,尽管经济发展较好的百强县人均GDP已经达到中高收入国家水平,但大部分县域人口收入偏低,尤其是县域农村人口,大多属于低收入群体;另一方面,相对于大城市而言,县域农村人口比重较大,甚至有一部分县域的主要经济来源就是农业收入。因此,通过农业农村现代化,培育中等收入人群,使更多的抗风险能力远远高于穷人的中产阶层立足长远,在县域进行长期投资,静候花开,无疑是县域崛起进而实现共同富裕的驱动力之一。

（五）克服"穷人心态"，激发县域居民共同富裕的内生动力

长期以来，生活在县域中的广大居民，基于生活环境局限形成的"小富即安""听天由命"和"穷人心态"的观念比较普遍，导致居民视野偏狭，观念和思维走不出"老少边"县域的"大山"和小农经济的"沟壑"，实现共同富裕的内生动力缺失。俗话说：观念决定思路、思路决定出路；又说：观念改变命运，思路决定出路。不管何种说法，观念的改变对于县域崛起推动共同富裕实现意义重大。因此，实现县域崛起、推动共同富裕实现的关键，在于克服县域居民封闭的"穷人心态"和"大山思维"，清除县域中普遍存在的"搭便车"心理和县域崛起中容易出现的"公地悲剧"，增强县域居民中的市场经济意识和现代化的开放性思维观念，激发出蕴藏在广大县域居民心中的"我要富裕、我能富裕"的内生动力。

众所周知，县域要崛起，需要千千万万的个体发挥自身的主观能动性，去创造。而在一个充满"穷人心态"的社会氛围中生存的人群，经常以悲观的心态低估个人决策和努力在命运中扮演的角色，从而很容易陷入一种"宿命论"的悲观思维，贫穷就像具有强有力的地球"磁场引力"或者太阳系的"黑洞"一样，将那些缺乏雄心改变自己命运的人吸入"黑洞"之中，被吸进"贫困陷阱"，且很难摆脱，从而产生"贫困"的代际传递，向上的社会流动受到阻隔。虽然贫困是一种结构性的社会问题，但任何结构都不可能脱离行动者而独立存在。贫困者每天要为吃饭穿衣的基本生活发愁。因此，贫困者通常在决策时容易短期行为，采取"快战略"，正如心理学家 Jay Belsky 所发现的，在充满压力或无秩序的艰苦环境中长大的女孩，会更早地生育小孩。穷人未必不知道"长期投资"的重要性，而是因为"等不起"或"等不到"长期投资的回报，往往因为家庭成员的一次病痛或者一次天灾人祸就会返贫。因此，贫困不仅容易给人带来相对剥夺感、被排斥感，而且容易被边缘化，故容易丧失信心，采取"短视"的生存策略，缺失创新和进取的动力。

不平等影响着人们的行为方式，而行为上的差别又会扩大不平等。消除城乡之间存在的发展不平衡不充分的矛盾，克服贫困行为方式，在广大的县域中营造出一种乐观向上、创新进取的社会氛围，激发出每个人追求致富的欲望和向上流动的潜能，阻止因为行为上的差别导致收入差距扩大、社会阶层流动性固化等影响县域崛起的负能量，提升县域中人们的合

作意愿，弥合县域中撕裂的组织或社群的团结，使断裂的阶梯成为合作的阶梯。

观察和衡量县域崛起推动共同富裕实现的一个重要标志，就是要看县域中的那些弱势群体的物质文明怎么样、贫困人口过得怎么样，还要看县域中那些先富起来的人的精神文明做得怎么样。如果县域中那些经过脱贫攻坚后脱贫人口都能过上体面的生活且无返贫的风险，那些先富起来的人能够乐善好施、文明达礼，那么县域崛起有望、共同富裕可期，因为有了"物质丰裕"和"精神文明"的奠基，县域何愁不崛起、共同富裕何愁不实现呢。

三 县域崛起推动共同富裕的路径选择

（一）坚持中国共产党的领导，党建引领县域崛起

中国共产党的领导是推动共同富裕逐步实现的保障，县域崛起推动共同富裕的实现需要在党的领导下统筹规划，因此，必须要加强党在基层治理、乡村振兴、县域经济发展以及干部队伍建设中的引领作用，发挥党建在县域崛起、共同富裕实现中的中坚堡垒作用。

首先，加强基层党建工作，发挥党在县域崛起中的引领作用。顶层设计事关县域崛起的方向、路径和质量，强化党在县域治理模式、县域经济发展、县城城镇化建设、城乡融合发展等工作中的规划和引领，探索共建共治共享的县域社会治理模式。加强党对县域崛起推动共同富裕的领导，强化县、镇、村三级党组织书记第一负责人的责任，确保党在县域规划制定、要素保障、人才选拔、组织领导、考核监督等的全面领导。

其次，加强党在乡村振兴中的引领作用，推动乡村振兴，促进城乡融合发展。乡村振兴使县域崛起的关键一着，推进乡村振兴的深度、广度、难度都不亚于脱贫攻坚，其本质特征和最大政治优势是党的领导。要加强党对乡村振兴工作的领导，在乡村振兴工作中发挥"集中力量办大事"的中国特色社会主义制度优势，以乡村振兴实现县域崛起进而推动共同富裕实现。

最后，加强党对人才工作领导，为县域崛起造就一大批德才兼备的人才队伍。人才是第一资源，县域的崛起，关键在人才，没有人才的支撑，县域崛起推动共同富裕实现只能是一句空话。因此，加强党对人才工作的

领导，一方面贯彻落实党的选人用人政策和标准，注重县域的人岗相适，打造高素质、专业化、负责任的县域人才和干部队伍；另一方面加强基层组织建设，提升县域内企业、农村、社区等基层党组织的标准化，加强对基层人才、干部队伍的考核考察，坚持党要管党、全面从严治党，提高基层人才干部队伍的纪律意识，完善基层腐败治理机制，构建县域风清气正的政治环境和"亲""清"的政商关系。

（二）"反弹琵琶"，加快以县城为中心的县域城镇化

经过改革开放以来新农村建设、脱贫攻坚等一系列解决"三农"问题的战略实施，农民的绝对贫困基本上解决了，2021年年末常住人口的城镇化率达到64.72%，但中国依然是一个农民大国，农村的人口总量仍达5亿多人，县域农村居民的人均可支配收入仍然只有城镇居民人均可支配收入的39%，农业从业人员还占就业总人口的23.6%，约1.8亿劳动力，城乡之间巨大的发展差距成为中国走向现代化最大的软肋。县域在国家治理体系中具有承上启下的功能，处于打通为人民服务的"最后一公里"的地位，其交通、通信、教育、医疗、文化体育、养老、环境保护等公共基础服务设施的好坏，直接关系到县域崛起的速度和推动共同富裕实现的进度。因此，实现县域崛起，必须从县域的中心和"节点""县城"突破，率先实现县城这个"节点"崛起，然后通过"节点"的引领和扩散效应，实现县域全面崛起。

2021年年底，我国有县级市394个，2000多个县城，近2万个镇，为缓解人口密集、交通拥挤、住房昂贵、环境污染等城市病提供了一个开放的通道，也为乡村人口流入城镇成为非农人员、减少农耕者人数，改善乡村居住人口的结构，实现乡村生活复兴和县域崛起，提供了广阔的空间。因此，加强县域"中心"和"节点"县城的基础设施建设，推进以县城为中心的城镇化速度，吸纳聚集人口、形成规模特色产业、扩大县城就业和内需，以县城发展促进县域崛起。提升县域公共服务能力，实现城乡融合，缩小乃至消除城乡收入差距，为县域崛起、推动共同富裕实现提供物质前提。

（三）引导工商资本下沉县域，高质量发展县域经济

长期以来，工商资本始终将利润的增殖环节放在县域之外，大量工商资本沉积在大中城市，县域成为工商资本不愿投入的遗忘之地，即使在脱

贫攻坚进程中通过定点扶贫、东西部协作扶贫、"万企帮万村"的方式进行县域的工商资本，也是抱着被迫心态、缺乏长期打算，且产业链不长、可持续性差，从而出现县域"产业悬浮"。因此，要真正发挥县域崛起推动共同富裕实现的主力军作用，就必须撬动工商"资金紧箍"，引导工商资本下沉县域，打通县域共同富裕的"中梗阻"，做长做强"县域共同富裕产业链"。

产业是县域崛起的基石，推动县域产业发展是县域崛起的关键。而产业发展需要产业链的形成，"散点式""满天星式"的产业布局形不成气候，既浪费资源又没有规模经济、范围经济，缺乏竞争力。因此，只有通过工商资本下沉到县域的县城中，以资本的强大力量聚集县域人口、形成产业链，促进以县城为中心的县域崛起，做大县域共同富裕蛋糕，推动共同富裕实现。县域具有空间广阔、资源丰富、环境幽雅的后发优势和发展潜力，有承接因"大城市病"困扰而引发的成本趋高、创新热情减退带来的产业转移潮流的天然优势，因此县域崛起正当其时。作为县域中心的县城充分发挥比较优势，突出县域特色和优势，积极承接大城市溢出的人口、技术、产业，大力发展文化旅游、资源加工、原材料生产等特色产业，形成新的范围经济、规模经济新增长点。

制约县域发展的"瓶颈"是工商资本的不足。长期以来，工商资本因其趋利性拒斥投向县域。因此，以县城为中心的县域通过完善发展产业的配套设施，优化县域营商环境，抓住新一轮科技革命的浪潮，大力发展数字经济，推动新业态、新模式发展，通过完善的产业平台和配套设施，推动创新创业园区、经济开发区等平台设施建设，吸引工商资本流向县域，在保护县域生态、文化价值的基础上，推动县域产业发展。

（四）实施人才强县战略，加强县域发展的人才引进和人才培养

县域崛起关键在人才，人才是创造财富源源不竭的动力和推动共同富裕的中坚力量。因此，要实施人才强县战略，加强县域人才引进和人才培养。由于大城市的吸引，县域人才往往流向大城市，造成了县域人才单项外流、县域人才短缺、专业型人才匮乏，同时县域人才的稳定性较低，有很大一部分人才只是在县域过渡，因此，实施人才强县战略，一方面要进行人才培养；另一方面要引进人才，留住人才。具体而言：

首先，要培养多样化的县域本土人才。加大县域教育的投资力度，注重提高县域教育的质量，发展多样化的教育模式，大力发展乡村农民职业教育，培养专业型人才，加强科研院校、科研机构对县域人才的技术指导和科技培训。

其次，县域应该积极引进人才，留住人才。实施更加积极的引进人才策略，积极吸引优质的青壮劳动力，县域可以借助其独特的比较优势吸引技术型人才，县域内农村地区根据其特色种植产业，吸引专业技术型人才。同时，县城应营造能够留住人才的环境，一方面，要营造居住友好型县城，调控青壮劳动力收入房价比，优化县城的居住环境；另一方面，针对返乡人才，要制定社会保障等方面的人才引进优惠政策，提高其各项福利待遇，促进人才引进和留住人才。

（五）以县城数字化建设为抓手，数字赋能县域崛起

数字技术作为一种通用目的属性技术（General Purpose Technology，GPT），是赋能型的新生产要素和新生产力，和水、电、空气一样无处不在，驱动社会生产变革进而推动全要素生产率（TFP）大幅提升，具有强外部效应和溢出效应，通过在教育、医疗、适老、就业等过程应用，优化县域资源配置，促进社会公平，在赋能县域崛起、推动共同富裕实现过程中发挥的作用越来越大。县域作为数字化建设的"洼地"，也是数字化发展的机遇和着力点。抓住县城这个数字化发展的"节点"，以县城的数字化建设推动县域数字经济、数字治理全面发展，成为县域崛起推动共同富裕实现的技术路径。

数字赋能县域崛起，首先要在县城构建起数配机制，形成数字县城。在县域产业发展上，建立起县域发展与工商资本精准匹配的信息平台，通过数字化、智慧化，引导工商资本布局县域、下沉市场，链接起一个灵敏的县域与社会关系网络，赋能县域崛起。

数字赋能县域产业发展，将数字资源与实体经济深度融合，打造"大数据+特色农业""大数据+旅游业""大数据+康养产业""大数据+休闲产业""大数据+服务业"等，加快数据要素不断融入县域经济中的生产、流通、分配、消费等各个环节，赋能传统产业转型升级，做大做强县域经济，为县域崛起推动共同富裕提供产业支撑。

数字赋能县域治理，建立起以党建为引领的县域治理红链机制，通过县域治理的智慧信息大脑，以数字化、智慧化链接起县域发展中的企业、政府、社会组织和居民多元参与的协同治理机制，建立一个"共同参与、共享发展、共同富裕"的经济共同体和治理共同体，解决县域治理中"最后一公里"的难点、痛点,实现县域居民办事不再难、"最多跑一次""最多跑一地"甚至"一指办完事"。

数字赋能县域公共服务,破解公共服务二元体制,实现公共服务均等化。城乡差距最突出的表现是公共服务的不均衡,优质教育、优质医疗、公共文化、科技信息、体育艺术等大量的公共服务优质资源集中在城市,而县域中优质的公共服务资源非常稀缺。因此,县域崛起首先需要在县域增加优质的公共服务资源供给,在做好城市优质公共服务资源下沉到县域的同时,运用数字技术为增加县域优质公共服务资源供给提供了强大的支撑。在做好县域数字技术基础设施建设的基础上,将优秀的教育资源、医疗资源、文化资源、科技资源数字化、智能化、云端化,推进线上、云上优质医疗、优质教育、优质文化、优质科技等,使那些即使位于老少边的县域居民,也能够从线上、云上获得一流的公共服务,享受到和大城市居民一样的教育、医疗、文化,推动县域崛起和共同富裕实现。

(六)加强县域生态文明建设,提升共同富裕的品质

良好的生态环境往往是县域地区的一大比较优势,"绿水青山就是金山银山",生态环境的保护与实现共同富裕具有内在统一性,美好的生态环境既有利于财富增长,又有利于提升人民群众的生活品质,进而提高共同富裕的品质。对于县域而言,加强生态文明建设,一方面,有利于吸引城市人才;另一方面,有利于提升县域人口的生活品质,进而促进县域崛起,推动共同富裕。

第一,县域应注重生态保护,正确处理生态保护与经济增长的关系。习近平总书记指出,保护生态环境就是保护生产力,改善生态环境就是发展生产力,不能以牺牲环境为代价换取一时的经济增长。因而县域要处理好经济发展与环境保护的关系,既要发展经济,又要保护环境,二者不可偏颇。因此,县域崛起要加强空气质量治理,为县域居民提供蓝天白云和健康的空气;加强绿地生态保护,保护好县域居民的绿水青山;加强水资源保护,保护县域用水的清洁。同时,在县域内要倡导低碳生活,减少碳排放,降低对环境的污染。

第二,构建绿色产业体系,让"绿水青山"变成"金山银山"。县域内可以大力发展绿色农业、绿色旅游业等产业,在保护环境的同时,挖掘县域中生态环境的经济效能,实现经济效益与生态效益同步提升。加快乡村农业供给侧结构性改革,生产绿色环保的农产品,既保护环境,又提升农产品的竞争力；开发县域的生态旅游业，发挥县域地区生态环境较好的比较优势，既激励县域保护环境，又发展县域经济。

第三，提高县域治理污染能力，打造低碳县城。完善县城内垃圾处理体系，实施垃圾分类的举措，进行可回收垃圾的回收再利用，将危险性的垃圾集中专业化处理。增强县城污水处理能力，加强污水收集管网建设，提高净化水资源的技术能力。进行县城低碳改造，减少化石能源的燃烧，大力发展绿色资源，减少汽车尾气、工业废气的排放，以"双碳"目标引领县域绿色发展。

总之，县域应注重生态保护，构建绿色产业体系，提高县域治理污染能力，进而提高县域人口的生活质量，提升共同富裕的品质和成色。

参考文献

《习近平出席中央农村工作会议并发表重要讲话》，《老区建设》2021年第1期。

《习近平在会见全国优秀县委书记时的讲话》，《人民日报》2015年9月1日第2版。

《中共中央关于党的百年奋斗重大成就和历史经验的决议》，《人民日报》2021年11月17日第1版。

《中华人民共和国国民经济和社会发展第十四个五年规划和2035年远景目标纲要》，《人民日报》2021年3月13日第1版。

董雪兵：《县域共同富裕的难点审视与路径选择》，《国家治理》2022年第10期。

高强、程长明、曾恒源：《以县城为载体推进新型城镇化建设：逻辑理路与发展进路》，《新疆师范大学学报》（哲学社会科学版）2022年第6期。

郭爱君、毛锦凰：《新时代中国县域经济发展略论》，《兰州大学学报》（社会科学版）2018年第4期。

国家统计局：《中国统计年鉴2022》，中国统计出版社2022年版。

何晓斌：《以县域为基础的现代化和共同富裕》，《探索与争鸣》2021年第11期。

李培林：《乡村振兴和逆城镇化》，《中国乡村发现》2022年第2期。

李泉：《中国县域经济发展40年：经验与启示》，《石河子大学学报》（哲学社会科学版）2019年第1期。

廖志慧：《扩权赋能激发县域活力》，《湖北日报》2021年10月14日第3版。

吕鹏、付伟、高刚、焦长权：《深入推进万企兴万村　打造县域共同富裕产业链》，《农民日报》2022年3月5日第5版。

唐任伍、武天鑫、温馨：《数字技术赋能共同富裕实现的内在机理、深层逻辑和路径选择研究》，《首都经济贸易大学学报》2022年第5期。

唐任伍、孟娜、叶天希：《共同富裕思想演进、现实价值与实现路径》，《改革》2022年第1期。

唐任伍、许传通：《乡村振兴推动共同富裕实现的理论逻辑、内在机理和实施路径》，《中国流通经济》2022年第6期。

习近平：《决胜全面建成小康社会　夺取新时代中国特色社会主义伟大胜利》，《人民日报》2017年10月28日第1版。

习近平：《在庆祝中国共产党成立100周年大会上的讲话》，《人民日报》2021年7月2日第2版。

习近平：《在全国脱贫攻坚总结表彰大会上的讲话》，《人民日报》2021年2月26日第2版。

习近平：《扎实推动共同富裕》，《求是》2021年第20期。

许宝健：《习近平关于县域治理的重要论述及其实践基础》，《行政管理改革》2022年第8期。

张五常：《中国的经济制度》，中信出版社2009年版。

中共中央办公厅　国务院办公厅：《关于推进以县城为重要载体的城镇化建设的意见》，《中华人民共和国国务院公报》2022年第1769号文。

中共中央、国务院：《关于支持浙江高质量发展建设共同富裕示范区的意见》，《人民日报》2021年6月11日第1版。

生态建设篇

中国县域生态文明建设述评

赵建军　杨　洋[*]

党的十九届五中全会明确提出，要"推进以县城为重要载体的城镇化建设"。中共中央办公厅、国务院办公厅印发了《关于推进以县城为重要载体的城镇化建设的意见》，明确提出要科学把握功能定位，分类引导县城发展方向，要充分遵循县城发展规律，立足资源环境承载能力、区位优势、生态功能定位，统筹县域生产生活、生态安全需要。县域生态文明建设是一场涉及县域生态空间发展格局、生态治理、生态经济、生态环境改善和生态文化的系统工程，生态文明建设跨区域、跨部门、跨领域，做好生态文明建设的战略部署、总体布局，有利于支撑县域之间形成合理分工、优势互补，推动区域协调发展；引领县域在形成基层社会治理新局面，提升县域生态系统质量和稳定性，推动生态环境质量改善，形成县域生态经济体系等方面取得卓有成效的成绩。

一　县域生态文明建设的内涵

县域生态文明建设是以习近平生态文明思想为指引，以"绿水青山就是金山银山"为发展路径，以解决百姓最关心的环境问题、建设美丽乡村为重点，提供优质生态产品为己任。县域作为实施乡村振兴战略的主体，发挥县域差异化的资源禀赋优势，合理布局县域整体的生产、生活、生态三大空间，在发展中保护，在保护中发展，协同推进县域生态保护和经济发展。

---

[*] 赵建军，中共中央党校（国家行政学院）教授，南开大学—中国社会科学院大学21世纪马克思主义研究院研究员。
　　杨洋，中共中央党校（国家行政学院）博士研究生。

怎么理解生态文明的内涵，习近平总书记在十八届中央政治局第六次集体学习中指出："生态文明是人类社会进步的重大成果。人类经历了原始文明、农业文明、工业文明，生态文明是工业文明发展到一定阶段的产物，是实现人与自然和谐发展的新要求。"这里生态文明是超越于工业文明的更高级的人类文明新形态，这种文明新形态在主体向度上体现出人人参与、人人共享的人民性，在目的性上体现出人与人、人与社会、人与自然的和谐共处，在发展目标上不以资本为目标，而是以人的自由全面发展和个性解放为宗旨的共同富裕为目标。生态文明建设是一项跨时空、跨区域、跨领域系统工程；是多要素、多部门协同联动的治理体系、治理能力现代化的系统工程。生态文明建设从表面上看是经济社会发展方式的转型，但实际上是围绕着人类文明社会发展形态与规律变化而展开的一场调节中央与地方之间权责关系、政府与人民之间利益关系、人民与人民之间利益关系、人与自然之间平衡关系朝着更加理性、更为科学、更加和谐的新文明实践活动。

作为覆盖我国国土面积90%的县域，是国家行政机关的基层枢纽，县级政府扮演着作为省、地市和乡镇、村社生态文明建设承上启下的关键角色，发挥着县域综合性行政掌控与协调权能，从而确保生态文明建设细化目标的可执行可操作。2019年，生态环境部公布了《国家生态文明建设示范实现建设指标》《国家生态文明建设示范市县管理规程》和《"绿水青山就是金山银山"实践创新基地建设管理规程（试行）》等文件，从生态制度、生态安全、生态空间、生态经济、生态生活和生态文化等方面量化了县域生态文明建设指标，该指标使县域生态文明建设内容更加富有条理性，更加清晰。

二 县域生态文明建设的发展进程

县域生态文明建设依据我国改革开放之后社会经济的发展历程，经历了末端环境治理、保护与发展并行、生态系统全面战略部署的过程。生态治理手段从先污染后治理、到源头严防、过程严控、结果严惩的全领域、全过程管控；从区域性、行业性治理到全方位治理的演化历程。县域生态文明建设的力度、广度、深度在不断强化、深化和细化。这里我们把县域生态文明建设大致划分为三个阶段：生态治理起步阶段（1978—1991年）、保护与发展并行阶段（1992—2012年）、生态文明建设全面部署阶段（2012年以来）。

生态文明建设起步阶段（1978—1991年）：我国环境问题逐步显现，江河污染、太湖、巢湖、滇池等局部生态恶化现象开始暴露。1984年5月，国务院作出《关于环境保护工作的决定》，指出保护和改善生活环境和生态环境，防治污染和自然环境破坏，是我国社会主义现代化建设中的一项基本国策；1989年12月，七届全国人大常委会第十一次会议通过《中华人民共和国环境保护法》，并在全国各省、自治区、直辖市和相关部门成立环保机构，解决日益增多的环境问题。这个阶段生态文明建设的概念尚未形成，治理是对已爆发的各类重大环境问题的治理，即末端治理，政府就像灭火队，哪里有环境事件就扑向哪里，迅速解决问题，投入和成本逐年加大，但治理效果并不理想，甚至环境问题爆发的频率还越来越高。

生态文明建设保护与发展并行阶段（1992—2012年）：随着乡镇企业的崛起，大批资源型、高能耗、高污染、高排放在乡村拔地而起，造成农村生态环境严重恶化。特别是2001年中国加入世界贸易组织，中国成为"世界工厂"，工业化加速，污染排放总量不断增加，县域生态环境持续恶化。我们一方面在加大污染防治力度，2012年环境治理投入占GDP比重上升到1.6%，资金达到8253.6亿元。另一方面也开始探索发展方式的绿色化转型。1993年，生态农业从局部向全国范围拓展，全国确定了51个生态农业试点县。至1995年底，全国省级试点县达100余个，各种生态示范点超过2000个，国家级生态农业示范县已达150个。1998年经过五年建设的全国51个生态试点县取得了显著的经济、社会和生态环境效益，试点县的国内生产总值、农业总产值和农民人均纯收入年均增长率分别达到8.4%、7.2%和6.8%，比全国同期平均水平高出2.2%、0.6%和1.5%。但此阶段的生态治理并没有遏制住污染的势头。

2002年党的十六大报告明确提出，"要壮大县域经济，并将可持续发展能力不断增强，生态环境不断得到改善，资源利用效率显著提高，促进人与自然的和谐"列为全面建设小康社会的四大目标之一。生态文明的意识已经蕴含其中，但当时还没有用"生态文明"这个词汇；党的十七大不仅明确提出了"生态文明"这个词，而且从国家整体建设高度提出生态文明建设理念，提出在全社会树立生态文明理念；2011年，环境保护部、财政部联合下发《国家重点生态功能区县域生态环境质量考核工作实施方案》。2005年8月，时任浙江省委书记的习近平同志在浙江湖州安吉考察时，首次提出了"绿水青山就是金山银山"的科学论断，指出要规划先行，既要金山银山，又要绿水青山的前提，也是绿水青山变成金山银山的顶层设计；这一论断直接带动了县域经济由传统的工业经济进入县域循环经济、生态经济、绿色经济，同时更加重视县域生态环保体制机制的制度建设，开启了以县域为行政单位的生态文明建设的开端。

生态文明建设全面战略部署阶段（2012年以后）。2012年以后，生态文明建设进入了国家全面战略部署阶段，在目标任务、体制机制、法律制度、环境指标、生态产品价值实现等方面构成了生态文明建设的总体布局。

党的十八大报告第一次将"生态文明建设"作为专门的部分提出来，并把它上升到了"五位一体"的国家战略层面。把"中国共产党领导人民建设社会主义生态文明"写入党章，中国共产党成为全世界第一个将生态文明建设纳入执政党的行动纲领，同时党的十八届四中全会通过的《中共中央全面推进依法治国重大问题的决定》将生态文明制度建设提升到依法治国的高度，这不仅是对以往生态文明建设的总结和提升，更是对今后一段时期生态文明建设的方向性指导。2018年，生态文明建设写入宪法成为环境保护的国家意志，生态文明建设上升为国家战略的高度，植根于祖国的每一寸土地。

生态文明建设的总体布局包含了生态文明建设的目标任务、体制机制、法律制度、环境指标建设、生态产品价值实现。

一是生态文明建设的目标任务。2014年4月15日，习近平总书记在中央国家安全委员会第一次会议上将"生态安全"纳入国家安全体系；党的十九大报告将生态文明确定为"千年大计"。党的十九届五中全会在2035年阶段目标中明确提出"广泛形成绿色生产生活方式，碳排放达峰后稳中有降，生态环境根本好转，美丽中国建设目标基本实现"。广泛形成绿色生产生活方式、生态环境根本好转体现在我国生态环境发生本质性改变，还清生态环境历史旧账，不产生新账，区域经济发展与环境保护协调发展、人类系统与自然系统可持续共生、满足人民群众高质量的生活需求；"美丽中国"作为社会主义现代化强国的目标，社会主义主要矛盾已经发生质的转化；首次将"优质生态农产品"纳入民生范畴；提出实施乡村振兴战略，以生态文明引领乡村振兴，是党中央着眼于全面建成小康社会，实现中华民族伟大复兴而提出的重大决策。

二是生态文明建设的体制机制。2015年9月，国务院印发的《生态文明体制改革总体方案》涉及六大理念、六大原则和八类制度。八类制度包括自然资源资产产权体系、国土空间开发保护体系、空间规划体系、资源总量管理和节约体系、资源有偿使用和补偿体系、环境治理及市场体系、绩效考核和责任追究制度体系、生态文明制度体系。这些制度的设立为县域生态文明建设提供了保障机制，加大了县域生态文明建设执法的力度、深度和广度。

三是生态文明建设的法律制度。生态立法方面我国先后颁布制定了以《中华人民共和国宪法》的相关规定为指引、以《环境保护法》为"基本法"、以30多部环境专项法律为主体支撑、以130多部环境行政法规、近2000项国家环境标准以及宪法、民法、刑法、行政法、经济法、国际法、诉讼法等众多法律中关于环境保护的绿色规定为辅助配合的环境法律体系，形成了生态立法从零星到系统化、环境执法从束手无策到令行禁止、环境司法从被动到主动、环境守法主体从单一迈向多元。

四是环境指标建设。党的十八大以后，国务院先后出台了《大气污染防治行动计划》（气十条）、《水污染防治行动计划》（水十条）、《关于印发土壤污染防治行动计划》（土十条），"气十条""土十条""水十条"的颁布细化了污染排放的指标，让环境治理战略转化成治理行动方案；2013年5月环境保护部公布了《国家生态文明建设试点示范区指标（试行）》，确定了29个生态文明县三级指标；2013年，国家海洋局公布了首批"国家级海洋生态文明建设示范区"名单，入选了11个县；2014年，生态环境部印发《国家生态文明建设示范村镇指标（试行）》的通知；2017年，生态环境部印发了《国家生态文明建设示范区管理规程（试行）》和《国家生态文明建设示范县、市指标（试行）》，指标包含生态系统保护、生态环境改善、生态经济建设等。国家生态文明建设示范县、市指标的颁布为县域生态文明建设的内容和量化体系奠定了基础。

五是生态产品价值实现。"绿水青山就是金山银山理念"是生态文明思想的核心理念。践行"两山理念"是实现绿水青山就是金山银山常态化、可持续性的重要法宝，是生态产品价值增值的有效路径。截至2021年，自然资源部公布了33个生态产品价值实现的典型案例；2021年中共中央办公厅、国务院办公厅印发《关于建立健全生态产品价值实现机制的意见》中指出，"着力构建绿水青山转化为金山银山的政策制度体系，包含建立生态产品调查监测机制、生态产品价值评价机制、生态产品价值实现推进机制、健全生态产品经营开发机制、生态产品保护补偿机制、生态产品价值实现保障机制,推动形成具有中国特色的生态文明建设新模式"。县域生态文明建设在党和国家的一系列战略部署下呈排山倒海般气势,自此"生态资源价值实现""生态资源交易""生态农产品供给"等以"两山理念"为引领的县域生态经济正以星星之火之势燎原。

三 县域生态文明建设的成就与挑战

(一) 县域生态文明建设的成就

生态文明建设的战略部署、总体布局引领县域在形成基层社会治理新局面、国土空间开发保护新格局、提升生态系统质量和稳定性、推动生态环境质量改善等方面取得了卓有成效的成绩。县域生态文明建设的目标任务是形成生态资源可持续发展和经济协调发展的生态空间安全格局、产业机构、生产方式、生活方式。

截至2021年,生态环境部命名了362个国家生态文明建设示范区(县),137个绿水青山就是金山银山实践创新示范基地,全国百强县入选国家生态文明建设示范县的有35个;生态环境部发布的国家生态文明建设示范县指标涵盖9个一级指标(包含生态空间、生态环境、生态制度、生态经济、生态文化和生态生活)和35个二级指标,这些指标的制定能够有效核算县域生态文明建设的成效和水平,划定和落实生态空间格局,提高资源的利用效率,加快生态环境质量的改善和提高,促进区域经济绿色化发展,为后续不同地区的生态文明建设模式提供重要数据参考。

在生态空间方面,针对县域水源涵养、发挥水土保持、防风固沙、洪水调蓄和生物多样性保护四种生态调节服务功能,自然保护区、风景名胜、世界文化遗产、国家重点生态功能区、湿地保护与建设、国家公园等国家生态安全空间保护区域先后成立。近五年,优良等级生态系统面积占比年均增幅为1.28%,生态系统服务功能得到提升;截至2021年,已经正式设立三江源、大熊猫、东北虎豹等第一批国家公园五个,涵盖近30%陆域国家重点保护野生动植物种类。以县域为行政单位的国土生态空间规划措施成效明显。

在生态环境方面,一是三大污染防治攻坚战取得了显著的成效。空气质量指数平均达标天数大于300天的超过80%的区域;南水北调作为我国跨流域跨区域配置水资源的骨干工程,提升了华北地区水资源承载力,引江济汉工程作为南水北调配套建设的生态补偿工程，涵盖污染治理、水源保护、移民安置、文物保护、生态补偿等诸多配套的一项系统性工程，用来调节上中下游的蓄水和补水，南水北调工程二期建成后，辐射 200 多个县域受益；2016 年以来，农村中 86.7% 的秸秆变身为肥料、饲料、燃料、能源等，秸秆综合利用逐渐替代直接焚烧，土壤污染得到有效遏制；二是在生态系统保护方面，我国构建了十大生态安全屏障。2019 年，我国生态质量优和良的县域面积占国土面积的 44.7%，森林覆盖率达 22.96%，森林蓄积量 175.6 亿立方米；草原面积近 4 亿公顷，约占国土面积的 41.7%，是全国面积最大的陆地生态系统和生态屏障；各级、各类自然保护地超过 1.18 万个，保护面积覆盖我国陆域国土面积的 18.0%、管辖海域面积的 4.1%。全国生态环境污染情况总体稳定，污染物排放逐步减少。

在生态制度方面，2018 年 3 月，十三届全国人大批准了国务院机构改革方案，设立自然资源部、生态环境部等机构，重组和优化了生态环境监管职能。县域生态环境治理和生态处罚力度逐步完善。生态文明建设本质是对现行资源配置的重组优化和利益关系的深刻调整，生态制度体系的建设是县域生态治理水平提高的体现，也是调动广大社会公众积极参与生态治理的有效路径。"先污染后治理"的路子在我国已经没有的存在的土壤，县域先后建立了水污染治理机制、大气污染治理机制、生态突发事件的应对处理机制、环保信用体系机制、生态系统检测机制、党政领导干部考核机制等。2021 年 1—12 月，全国共下达环境行政处罚决定书 13.28 万份，罚没款数额总计 116.87 亿元，案件平均罚款金额 8.8 万元，罚款总数自 2015 年实施以来呈逐年上升趋势；2015—2018 年，19 个省 76 个设区的市共制定环境保护地方性法规 83 部；围绕生态文明建设的"四梁八柱"体系逐步在县域生根发芽。

在生态经济方面，"两山理念"成为引领生态经济发展的重要法宝。围绕生态优质农产品供给、生态产品价值实现机制、生态产业经营等在内的生态经济体系的初步形成。

一是 137 个绿水青山就是金山银山示范基地总结打造了八大"两山理念"转化模式；自然资源部推出了三批生态产品价值实现典型案例，总结提炼了生态产品价值实现的 33 种典型做法；农业农村部选出了 139 个国家级农业可持续发展先行示范区；丽水市、长沙县率先在全国推动开展生态生产总值（GEP）核算体系，推动生态产品价值转化的实践路径，为提供优质生态产品奠定了良好基础。

二是生态产品价值实现机制的建立，包含生态补偿机制、生态产品核算机制、生态金融的成立；先后建立横向生态补偿机制、国家重点生态功能区转移支付、湿地生态补偿法、第三轮草原生态保护补助奖励政策、水基金模式、水质交易模式等。新安江流域横向生态补偿试点，开了跨省流域横向生态补偿模式创新的先河。2012 年，新安江下游千岛湖水质富营养化趋势明显，为实现跨流域治理，我国首个跨省流域横向生态补偿机制拉开帷幕。首轮试点为期 3 年，每年设置补偿基金 5 亿元，随后在全国推广。截至 2022 年，我国已在涉及 18 个省份的 13 个跨省流域建立了流域横向生态补偿机制，长江、黄河等全流域横向生态补偿机制开展首轮生态补偿试点，国家重点生态功能区转移支付从 2008 年的 60 亿元增加到 2019 年的811 亿元，累计投入资金 5241 亿元，成为中国乃至全球最大的、持续性政府生态补偿项目、限制开发给县域经济带来的负面效应随着生态转移支付资金的积累，生态经济效益逐渐显现；2021 年 10 月，十三届全国人大常委会通过的《国务院关于 2020 年度国有自然资源资产管理情况的专项报告》，第一次摸清了自然资源国有资产家底。

三是生态金融。2022 年，在浙江成立了"两山银行"，对"绿水青山"进行了统一规划和管理，让"绿水青山"的复绿投入，通过平台核算、服务、运营、金融、技术服务赋能，实现生态资产的增值、生态产品的交易、生态补偿的获取等；围绕县域生态环境修复治理的 PPP 模式、EOD 模式在探索前行。

四是生态产业化经营。2021 年，农业农村部公布 31 个全产业链 63 个全产业链典型县。农业全产业链建设是围绕优势农产品贯通产加销、融合农文旅、对接科工贸、拓展生态产业的多种功能，目前全国涌现出余村、鲁家村、西递村、韩家村等一大批美丽乡村，靠生态种植、生态旅游等实现把优美环境转化为财富生态产业化经营。

在生态文化和生态生活方面，生态文化和生态生活的核心是回归人与自然和谐相处的本质，代表的是社会主义先进文化建设，生态文化的建立和生态生活的推广提升了人们的环保意识、健康意识、生物安全意识，提高了人们的健康素养、科学文化素养。"中国长寿之乡""国家森林康养基地试点县""中国花木之乡""全国森林康养基地试点县"等自然遗产保护丰富了人们的精神生活，推动了生态旅游产业的发展，形成了人们新的生活方式，人们在美好生活环境里，可以获得精神感受、知识获取、休闲娱乐、艺术创作等精神享受。生态文明建设呈现的人与自然和谐共生的价值理念展现了我国的责任与担当。

（二）县域生态文明建设面临的挑战

生态文明建设已经不仅是一个地区性、局部性、暂时性问题，而是人类共同的、整体的、长期的发展目标。县域生态文明建设的推动是党中央关于生态文明建设决策部署制度化、精细化、规范化、科学化、严格化落到实处的战略规划。

生态文明建设看似是由经济发展引起的生态环境问题，实则是对工业文明的生产方式、发展方式、运作机制的批判和超越。生态文明作为一种新时代的文明形态，是对工业文明的无节制消费主义、生产过程中的不计成本、不考虑环境承载力、向落后地区转移高污染产业，以及人类至上主义、追逐自身利益最大化等的全面超越。因而生态文明建设是对人类生产生活方式的根本性革命，是一项艰巨的长期的世代工程。

以上问题是县域生态文明建设面临挑战的根源。生态文明建设是长期的、整体的、复杂的系统工程，县域作为承上启下的基层机构，推进生态文明建设的过程实际上就是县域构建基层社会治理能力新格局、提升现代化治理水平的过程。推进县域生态文明建设面临的问题具体表现在：

一是县域生态治理急于求成，治标不治本。重点解决已经暴露出的资源环境问题，见效快。而少于深究导致资源环境问题的根源，从源头防控，领导干部任期往往3—5年，县域发展规划很难有长期布局。

二是生态文明建设常常是跨区域、跨部门的，但政府管理部门职责还是部门化的管理机制。缺乏多部门体制机制合作的设计，对于跨部门的公共职责没有明确的界定，跨区域的协同缺少有效监督。长期以来的行政管辖和习惯使得政府工作人员不适应跨部门、跨区域工作方式。

三是生态资源过度保护问题。在中央生态保护政策下，县域政府为了不踩生态红线，还存在层层加码的情况，控制用地指标，扩大保护面积，过度保护损害了社会资本参与生态经济体系的积极性。

四是生态补偿机制问题。越是资源丰富的地区越是穷，这反映了生态资源参与社会财富分配的机制、通道不畅。如何践行"两山理念"？打通"两山理念"转化的体制机制、路径、要素，是破解自然资源有偿使用，推动人与自然和谐共生的重要法宝。

五县域生态环境内仍将处于生态系统脆弱、质量水平不高、由于农业生产导致的水土流失、土地沙化、石漠化现象依然严重，东、中、西部、东北县域的经济转型在逐步摸索发展中，环境污染问题在一段时间内仍然难以消除，重点生态保护区域的人类活动干扰问题依然突出。

六是人才流失问题。人才是县域可持续发展的智力保障。县域生态文明建设所需要的高技术人才和先进的管理理念不是仅靠政府和外来企业所能解决的，培育自身内驱力和成长的持久力是县域生态文明建设有效落地的可靠保障。

四 县域生态文明建设的未来展望

县域作为国家走向强盛的基石，长期处于产业链、价值链的中低端，承载了较多的高污染、高耗能产业，历史遗留问题没有解决，新的时代社会问题又接踵而至。在工业化、信息化、城镇化、农业现代化发展"四化"联动同步中，县域生态文明建设面临着前所未有的机遇和挑战。如果说县域生态文明建设将近40年的历程是从城市化进程为主到开启生态文明新时代，那么在进入生态文明新时代以后，县域将是生态文明新时代的主要建设者、贡献者。

扎实推动生态文明建设，要通过消除县域之间的不平衡不充分发展来实现生态系统整体发展的稳定性、可持续性和代际公平性；抢抓"双循环"发展机遇，紧密结合城镇化建设、脱贫攻坚、乡村振兴的战略部署，在宏观层面上加强顶层设计，统筹布局，在微观层面上进一步细化和完善县域生态文明建设工作机制和生态治理政策，未来县域生态文明建设对策建议如下：

一是进行中长期县域生态文明建设顶层设计和发展规划，注重县域绿色产业发展的内生动力和可持续性，做强做优做大绿色产业，规避产业同质化思路。充分发挥县域承上启下、综合性行政掌控的优势，把生态文明建设作为县域政府的重点工作，作为乡村振兴战略的实施重点。

二是生态环境治理方面，（1）加强完善生态环境治理的系统性整体性协同性运作机制，构建跨地区、跨流域、跨部门生态文明建设协同治理机制，破解部门垂直化条块化运作机制，防止片面强调局部生态环境修复情况，停止发展，出现过度保护现象；（2）完善市场化机制，鼓励社会资本尤其是闲置资金进入县域生态环境治理领域，建立闲置资金进入县域流通体系优惠政策，构建生态资本积累机制；（3）加大企业部门法治意识，激发责任主体依法经营的自觉性、内驱力。

三是建立全民共同参与生态环境保护和治理的县域常态化体制机制，搭建政府、企业、民众共同参与的治理体系平台，形成社会面广泛协同治理的新局面。运用大数据、人工智能等现代技术手段与基层社会治理进行深度融合，实现协同治理、有效治理、差异化治理、精细化治理和精准化治理；建立个人生态治理激励机制，来引领形成绿色消费、绿色生活，比如根据积分制计算个人可使用的碳排放量，运用个人积分可以兑换绿色产品、享受小额无抵押贷款等。

四是加大自然资源消耗的使用成本，将生态环境服务功能的价值评估体系、生态产品供给直接成本和（部分）机会成本与生态产品价值挂钩，形成以县域为单位的生态产品交易市场；建立生态系统有偿使用制度，拓宽生态产品价值的转化路径，加大绿色产品和绿色服务的供给，满足绿色消费的需求。

五是提升县域数字化建设水平，推动县域产业数字化、县域数字政务生态化、完善县域数字经济营商环境，发挥数字经济的资源要素配置效率和优化能力，推动运用互联网、大数据等技术对生态系统质量、生态问题、生态服务功能、生态资产的精准化、定量化管理。

六是加强县域管理干部及广大农民的学习培训，完善再就业培训体系，深入学习习近平生态文明思想和"两山理念"实践转化机制，开展系统的生态文化、生态制度和农业高科技的培训，为县域生态文明建设培养骨干农民。

七是加强县域"两山理念"实践转化的政策扶持。生态文明建设的可持续生命力是生态产业化、产业生态化，"两山理念"实践转化路径有三个方面：一是生态资源保护得到补偿，生态系统实现调节服务功能；二是资源环境的使用权益可以通过市场交易实现其价值，碳排放权、排污权、水处理权实现市场广泛交易；三是通过经营开发加工生态产品发展生态产业实现其转化价值。生态产业化、产业生态化是生态产品向生态产业转化的有效路径，打造以数据端贯穿四端（供应端、物流端、销售端、回收端）为一体的绿色供应链体系，是构建循环经济、绿色经济，形成生态产业化、产业生态化的最佳模式。

县域生态文明建设是构建国土生态安全空间的基石，是推动新时代东中西东北部产业结构调整、形成国内国际双循环、实现美丽中国的重要载体。县域生态文明建设要以生态产品价值实现为突破口，打通"两山"转化的路径、通道，以技术、管理、制度、资源环境等要素破解以生态产品交易市场、生态产业发展壮大为核心的体制机制创新，实现生态资本积累、壮大县域人才队伍。

参考文献

《中国共产党一百年大事记》，中华人民共和国农业农村部官网，http://www.moa.gov.cn/ztzl/jdybn/。

蔡昉、潘家华、王谋：《新中国生态文明建设70年》，中国社会科学出版社2020年版。

高吉喜、徐梦佳、邹长新：《中国自然保护地70年发展历程与成效》，《中国环境管理》2019年第4期。

郇庆治：《生态文明建设试点示范区实践的哲学研究》，中国林业出版社2019年版。

李玲、王小娥：《绿色发展观下地方政府生态责任的缺失和重构》，《福州大学学报》（哲学社会科学版）2017年第6期。

李雅云、王伟：《生态文明制度建设十二题》，中共中央党校出版社2020年版。

李影、李宝林、祁佳丽、袁烨城、蒋育昊、刘岩、刘海江：《国家重点功能区转移支付对生态系统格局变化的县域对比分析》，《生态学报》2022年第11期。

马本、孙艺丹、秦露：《中国生态保护政策的县域经济效应——来自国家重点生态功能区的证据》，《中国环境科学》2022年第9期。

王万山：《中国生态经济的发展现状与趋向》，《生态科学》2001年第6期。

赵建军：《实现美丽中国梦，开启生态文明新时代》人民出版社2018年版。

赵建军、杨洋：《绿色供应链的系统性解析》，《环境保护》2021年第7期。

中国人学学会、北京大学人学研究中心、海南大学三亚学院：《生态文明、全球化、人的发展》，海南出版社2009年版。

中华人民共和国生态环境部：《2021年生态环境公报》，http://www.gov.cn/xinwen/2022-01/24/content_5670106.htm。

构筑"绿""金"联动发展新格局

张嘉颖　霍子文　吴丽娟　吕　峰*

一　研究背景与方法

（一）研究背景

党的二十大报告将实现高质量发展作为中国式现代化的本质要求之一，并进一步指出，高质量发展是全面建设社会主义现代化国家的首要任务。中国经济已由高速增长阶段转向高质量发展阶段，以创新、协调、绿色、开放、共享的发展理念引领我国经济走高质量发展之路，是新时代我国经济建设最鲜明的特征。

良好生态环境是影响高质量发展的重要因素和内生变量。生态系统和经济系统是人类生存与发展联系最为紧密的两个系统，两者是相互作用、交互耦合的关系。在经济社会发展初期，社会生产力水平低下，经济增长能极大地提升居民的生活质量，因此，早期福利经济学家将国民收入和财富作为最重要的考量因素。随着经济社会的进一步发展，单一的经济水平已不再能满足居民生活质量和高质量发展的度量。一方面粗放式的经济增长带来生态环境的负面影响日益凸显；另一方面生态环境通过环境选择、人口驱逐和政策干预限制城市的经济发展，使经济发展与生态环境的相互协调和融合成为实现高质量发展的重要要求。因此，研究生态系统和经济

---

* 张嘉颖，助理工程师，广州市城市规划勘测设计研究院政府规划编制部规划师。

霍子文，高级工程师、注册城乡规划师，广州市城市规划勘测设计研究院政府规划编制部主任。

吴丽娟，高级工程师，广州市城市规划勘测设计研究院政府规划编制部主任工程师。

吕峰，高级工程师，广州市城市规划勘测设计研究院政府规划编制部主任工程师。

系统发展的耦合协调关系，即"绿""金"联动发展的现状和规律，对实现绿色可持续的高质量发展具有重要意义。

县域是我国国家经济的基础组成单元，其发展具有一定自主权，体制改革先行先试相对于更高级别的行政单位也较为容易，是我国充分发掘发展潜力、解决区域不平衡不充分发展问题的主战场，更是推动高质量发展的中坚力量。从县域尺度切入，能够更精准地刻画我国区域生态与经济联动发展的规律，有利于对高质量发展的空间分异和深层次机理进行探讨，为解决区域不平衡、不充分发展问题提供参考借鉴。对于县域自身发展而言，也有助于其转变发展理念，补足发展短板，显化生态潜力，走出一条适合自身禀赋的高质量发展路径。

（二）研究方法

在经济发展方面，国内生产总值（GDP）已成为全球通用的经济核算指标。在生态发展方面，GEP是借鉴GDP的概念提出的，通过核算生态系统产品与服务在生态系统之间的净流量，评估生态发展状况。由此，本报告选取GEP和GDP作为县域"绿"（生态）和"金"（经济）发展水平的测度指标，并通过耦合分析模型评估县域"绿""金"联动的发展状况。耦合度模型广泛运用于经济发展与生态关系的相关研究中，如城市化与生态环境、经济增长与环境、生态资产与经济贫困、新型城镇化质量与生态环境承载力等，能够有效测度不同系统间的互动关系，具体方法如下。

1. 耦合度模型

首先，进行数据预处理。本报告强调各县域"绿""金"协调在全国范围内的相对发展情况，因此，采取各县域的GEP综合评价指数和GDP总值在全国范围内的排名作为评价数据，通过数据归一化处理，分别得到GEP和GDP的综合评价值，以便进行耦合分析。归一化公式：

$$\mu_i = \frac{x_i - x_{\min}}{x_{\max} - x_{\min}} \tag{1}$$

式（1）中，μ_i为县域的GEP或GDP综合评价值。x_i为县域的GEP综合评价指数和GDP总值在全国范围内的排名，$x_{\min}$为全国最后一名的排名，即2843，$x_{\max}$为1。

其次，分析GEP综合评价值和GDP综合评价值的耦合关系。耦合是指两个或两个以上的系统通过相互作用彼此影响，以致协同的现象。借鉴物理学中容量耦合概念和容量耦合系数模型，推广得到多个系统相互作用的耦合度模型。

$$C = m\{(\mu_1 \cdot \mu_2 \cdots \mu_m)/(\mu_1+\mu_2+\cdots+\mu_m)^n\}^{1/m} \qquad (2)$$

在式（2）中，μ（$n=1, 2, \cdots, m$）为各子系统评估值，m 为子系统的个数，C 为耦合度，且 $C \in [0, 1]$。在本报告中，有经济发展和生态发展两个变量，故 $m=2$。其中，μ_1、μ_2 分别为 GEP 综合评价值和 GDP 综合评价值。

2. 综合发展指数

耦合度模型只能测度出系统间发展水平是否统一，但无法说明这种水平的高低，因此需要引入综合发展指数，计算公式为：

$$T = a \times \mu_1 + b \times \mu_2 \qquad (3)$$

在式（3）中，T 为综合发展指数，a、b 为待定系数，通过相关文献研究认为生态发展与经济发展的贡献相同，取 $a=0.5$，$b=0.5$。μ_1、μ_2 分别为 GEP 综合评价值和 GDP 综合评价值。

二 全国县域"绿""金"联动发展的总体格局

通过综合计算，得出全国县域"绿""金"协调发展情况。

（一）全国县域"绿""金"发展的协调情况

从耦合度来看，全国各县域的"绿""金"协调发展情况整体较好，但大部分地区仍有较大潜力。在空间分布格局方面，耦合度较高的地区在长江中下游平原的上海、江苏、浙江、安徽和华北平原的北京、天津、山东、河北、河南集中连片。此外，还有成渝城市群、珠三角地区、长株潭地区和内蒙古南部。耦合度较低的地区主要分布在西藏地区、青海地区、新疆南部、四川西部、内蒙古北部和黑龙江北部地区，这些地区生态条件十分优越，但经济发展尚未完全跟上，"绿""金"发展仍处于磨合阶段。

（二）全国县域"绿""金"发展的综合水平

综合发展指数揭示了县域生态与经济发展水平的高低，反映"绿""金"发展的整体情况。全国各县域的"绿""金"发展程度虽然差异明显，但在空间大格局上整体分布较为平衡。

我国县域的生态和经济发展水平在空间格局上差异显著：在经济发展方面，我国东西部地区差异明显，呈现"胡焕庸线"特征，GDP高值地区主要分布在长三角、珠三角、京津冀和成渝城市群，沿海地区优势显著，大部分省会城市县域或城市中心县域高于其他县域；在生态发展方面，GEP综合评价指数较高的区域主要分布在大小兴安岭地区、藏南地区、川西地区、长江中下游平原、昆仑山东段等地区。

然而，综合生态与经济发展来看，经济发展的"胡焕庸线"特征被弱化，东北地区、西部地区等具有优质生态资源但经济欠发达、人口较稀疏地区的价值获得了凸显，其中内蒙古与陕西、云南和贵州等交界地区及广东西部地区表现尤为突出；华北地区的山西、河北以及西北地区的甘肃和青海是"绿""金"整体发展的价值洼地，这些地区多为水资源缺乏地区，自然资源优势不大，与此同时，早期矿产和工业发展对环境造成一定破坏，但经济转型尚未完成；东南地区整体优势弱化，但发展较为均衡，原因是城市中心地区普遍存在快速城市化建设侵占部分生态资源的现象，城市外围县域生态资源保存和利用较好，但经济较为滞后，两者形成了互补。

（三）全国县域"绿""金"发展的相对差异

从各县域GEP和GDP的综合评价值对比来看，生态优势（$\mu_{GEP} > \mu_{GDP}$）的数量略低于经济优势（$\mu_{GEP} < \mu_{GDP}$），全国生态优势的县域占48.5%，经济优势的县域占51.5%。但生态优势的县域总面积远大于经济优势的县域总面积，这意味着我国未来生态产品价值转化的空间和潜力仍十分巨大。从空间分布来看，生态优势地区主要分布在西北地区、东北地区、西南地区及各省外围地区，其中西藏、新疆、青海、云南、四川、内蒙古、贵州和黑龙江分布最为广阔。经济优势地区主要有三种：（1）长三角、珠三角、京津冀和成渝四大城市群，城市群一个地区经济力量在空间上的集中表现；（2）沿海地区和各省会城市周边地区，在政策优惠的催化下，这些地区实现了经济快速增长，但快速的城市化扩张也侵占了生态资源；（3）华北平原和黄土高原的部分地区，以及东北地区的部分县域，多属于矿产资源型城市，由于资源的长时间、高强度开采，普遍面临生态系统破坏强度较大的问题。

三 全国县域"绿""金"协调发展的类型与机制

对全国各县域的"绿""金"发展耦合度、综合发展指数和相对发展情况进行综合考量，归纳得到四种"绿""金"协调发展的现状类型：高质均衡型、一般均衡型、经济优势型和绿色优势型。具体划分方法如下：首先，以耦合度中位数为依据，将县域划分为绿金均衡发展和绿金不均衡发展两类。其次，在绿金均衡发展的县域中，综合发展指数高于四分位，且 GEP 和 GDP 的综合评价值没有短板的为高质均衡型县域，其余为一般均衡型县域；在绿金不均衡发展的县域中，GDP 综合评价优于 GEP 综合评价，即 $\mu_{GEP} < \mu_{GDP}$ 的为经济优势型县域；GEP 综合评价优于 GDP 综合评价，即 $\mu_{GEP} > \mu_{GDP}$ 的为绿色优势型县域（见图1、图2）。

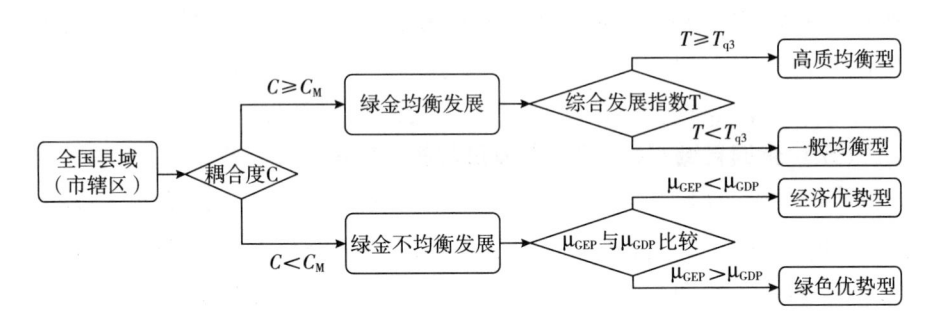

图1 县域"绿""金"协调发展类型分类逻辑

注：C_M 为 C 的中位数，T_{q3} 为综合发展指数 T 的第三四分位数。

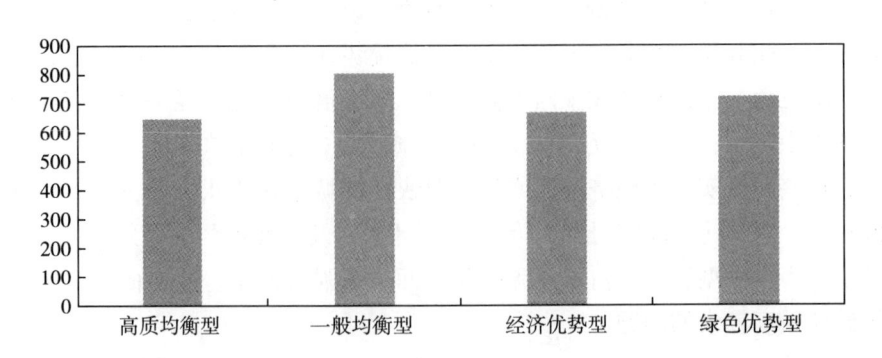

图2 县域"绿""金"协调发展类型的数量统计

(一) 高质均衡型县域特征与发展机制

高质均衡型县域实现了良好的绿金协调发展，起到县域高质量发展标杆引领作用。

空间格局方面，高质均衡型县域主要分布在东南沿海地区和长江中下游平原地区，局部形成 4 个集聚区，分别为以上海、苏州、杭州最为突出的长三角地区，以佛山、广州、深圳最为突出的珠三角地区，以成都、重庆最为突出的成渝都市圈和以长沙、武汉、岳阳最为突出的湘鄂交界地区，这些地区多为环湖、沿江或沿海的平原或丘陵等适合城市建设的地带，种类上主要为市辖区、平原县和丘陵县，相当一部分地区处于成熟的城市群范围内，既能享受经济集聚发展的优势，又拥有优渥的生态资源。

发展特征方面，从 GEP 综合评价分项来看，与其余三类县域相比，高质均衡型县域的生态价值在物质产品和文化服务方面的表现都最为优异，但调节服务方面次于绿色优势型县域，反映了高质均衡型县域的生态资源优势可能不及绿色优势型县域，但在生态产品价值转化方面的能力最为突出，经济发展与生态价值转化实现了良好联动。高质均衡型县域因地制宜打造出县域发展的多种模式，具有很高的借鉴学习意义。初步总结高质均衡型县域的发展机制如下。

一是着力推进产业高质量转型，实现生态经济协同共进。随着新常态形势的到来，部分县域先人一步成功转型。以"安吉模式"为例，作为习近平总书记"绿水青山就是金山银山"理念的诞生地，近年来浙江省安吉县把生态环保理念贯穿第一、第二和第三产业协同发展。安吉县发展也曾面临诸多掣肘，比如最大的问题就是高能耗、低效益企业占据大量土地资源。对此，安吉创新探索了"亩均论英雄"改革，根据亩均税收、亩均增加值等多项亩均效益指标，将企业分类分级并在用电、用地、政策奖补等资源要素方面实施差别化配置，促进低效产业"腾笼"与高效产业"换入"，腾出的空间留给绿色家居产业、生命健康、新材料等生态友好、经济效益高的优质项目。此外，安吉还通过创新探索"碳效码""平台招商""共富产业园"等形式，鼓励产业向高质量绿色发展转型。

二是大力推进生态产品价值转化，让生态产业成为经济发展增长极。充分利用山水阳光、绿色自然的生态资源优势发展生态经济，打造农业和生态旅游业品牌，让生态产品成为经济发展的增长极。以"寿光模式"为例，作为平原农耕区的传统农业大县，山东寿光县大力推进农业产业化，在技术研发、产品营销、食品加工和物流运输等环节发力，向蔬菜产业链上下游不断拓展，蔬菜产业链条逐步完善。蔬菜产业呈现规模化、专业化和组织化的发展态势，带动了相关工业和服务业的腾飞，以农业为特色跻身全国经济百强县。

三是通过经济反哺生态，重新织补生态安全网络。对于处于改革开放发展前沿地带或省会城市的县域，在实现工业和城市化粗放发展的同时，城市建设与原有生态本地缺乏良性互动，山水林田等自然要素受到干扰和污染。其中部分县域率先意识到生态问题，及时通过生态修复等方式，重新构建城市生态系统。以上海浦东新区为例，经过30余年的高速发展，浦东新区从昔日的一片荒地滩涂变为如今的全国经济第一强区，但原有的河网、湿地和海岸带等在一定程度上受到了污染破坏。近年来，浦东新区通过高耗能高污染企业专项整治、水环境治理、河长制、公园城市及海岸带修复等一系列行动计划，在生态治理方面取得了很大的成绩，曾经"臭"名远扬的张家浜成为上海第一条生态景观河。从2018年至2020年，浦东新区森林覆盖率从14.94%上升至18.21%。近期，浦东新区着力推进"一张图""一街镇一图""一村居一图"的"生态档案"建立，摸清生态"家底"数据，为创新探索林长制、精细化生态资源管理奠定基础。

（二）一般均衡型县域特征与发展机制

一般均衡性县域是四种县域中高质量发展路径较难明晰的类型，其经济发展与生态发展虽然较为协调，但两者优势都并不突出，城市发展驱动力不明确，甚至出现绿金双低的情况。

在空间格局方面，一般均衡性县域分散分布在广大内陆地区，但与经济优势型县域相比碎片化程度较弱，仍有很多连片分布的地区。其中，安徽、甘肃、贵州、江西、山西和陕西是该类型县域数量占比最多的地区。其中，有许多县域既与区域经济发展中心有一定距离，又不在生态保护片区的最深处，处于"两不是"的尴尬区位。

在发展特征方面，从GEP综合评价分项来看，与其余三类县域相比，一般均衡性县域生态在三个维度的价值转化最为平衡，没有明显短板，但表现居全国中下游位置，优势都不突出。初步总结一般均衡型县域的形成机制如下。

一是错失对外开放的发展机遇。受区位、资源和交通设施等诸多因素影响，中部地区的县域近十几年来都处于相对不利位置，并没有抓住改革开放的发展机遇，对外开放相对滞后，在经济全球化的大背景下处于边缘位置。根据经济发达地区发展经验，民营经济是市场经济中最活跃、最具增长潜力的因素，但在中部地区部分县域行政本位浓厚，政策也相对保守，民营经济发展起步较迟，层次较低，发展粗放，对生态环境也造成了不利影响。

二是绿色转型缺乏内生动力。近年来，多个大中型城市陆续发动"人才争夺战"，导致就业机遇、生态环境和配套政策都不占优势的部分县域人口流失严重。在推动经济社会发展全面绿色转型的背景下，这些县域既缺乏足够的人才或龙头企业引领，又没有富足的经济资金推进转型，且生态资源在原有粗放发展中受到破坏，陷入转型动力不足、支点缺乏的困境。

三是处于政策研究最容易忽视的范围。一般均衡型县域既缺乏发展亮点，又没有显著的发展短板，既不是资源集聚的沿海地区或大城市中心地带，又不是需要紧迫扶持的贫困地区，放在全国尺度可以说是"普普通通、平平无奇"，历来容易被学术研究和政策制定者所忽略。尽管近年来政策频频强调中小城市和小城镇发展，但与鼓励大城市改革探索、对贫困地区精准扶贫等政策相比，更聚焦鼓励这些地区充分发掘自身特色潜力，偏向"撒芝麻面"的方式，许多县域仍停留在发展的"迷茫期"。

（三）经济优势型县域特征与发展机制

经济优势型县域经济发展势头良好，但大多采取了一种"先发展，后治理"的模式，导致生态环境被破坏，生态发展与经济发展失衡。

空间格局方面，经济优势型县域整体分布较为分散和碎片化，所有省份均有分布。却除了华北平原外，几乎没有连片分布地区。其中，河北、宁夏、辽宁以及上海和天津两个直辖市是分布较多的省份。种类上与高质均衡型县域相似，主要为市辖区、平原县和丘陵县。

发展特征方面，从 GEP 综合评价分项来看，与其余三类县域相比，经济优势型县域的物质产品和调节服务价值综合排名最为落后，但文化服务价值尚可，仅次于高质均衡型县域。反映出这类县域生态资源总体条件一般，但经济发展优势有效促进了生态产品的文化服务价值转化。初步总结经济优势型县域的形成机制如下。

一是生态本底脆弱，生态基础条件相对薄弱。以华北平原和黄土高原地区为例，这部分地区开发较早，在人类干预的影响下自然植被逐步贫瘠，水系和原地形被破坏。华北平原和黄土高原均为"黄土地"，土质较为疏松，容易产生水土流失和盐碱地问题；同时灌溉水源不足，春旱严重，且千沟万壑的地貌导致难以开展机械化播种作业，也不利于农业发展，在生态产品价值转化方面具有天然劣势。

二是依赖煤炭产业、重工业起家的资源型发展路径。以"煤炭大省"山西省为例，许多县域发展长期依赖煤炭资源，煤矿建设所需的露天采场、运输道路、矸石堆场等占据了大量土地，开采过程中对低下水资源和地表等土地资源造成了难以修复的破坏。虽然早期开发带来了很多经济效益，但也造成了对资源的高消耗和对生态环境的高污染，如今留下了很大一笔历史遗留"生态账单"，在生态修复方面面临很大挑战。

三是经济密度高度集中，生态资源空间不足。这种类型的经济优势型县域主要分布在深圳、上海等一线城市中心的老城区，如深圳福田区、北京东城区和上海嘉定区等，这些地区面积本就不大，一方面，经济开发起步早，人口密度大，建设用地占比很高，挤占了本就不充裕的生态空间；另一方面，高度集聚发展，单位面积土地上经济效益，相比之下呈现以"金"带"绿"的发展状态。

（四）绿色优势型县域特征与发展机制

绿色优势型县域生态资源价值突出，但其价值尚未充分转化，经济发展水平有较大的提升空间，是未来发展的潜力县域。

空间格局方面，绿色优势型县域主要分布青藏高原、内蒙古高原、云贵高原等高原地区，以及横断山脉、大小兴安岭及四川盆地、柴达木盆地的外围山区。其中，在我国西部的西藏、甘肃、青海和北部的黑龙江、吉林、内蒙古是绿色优势型县域分布较多的省份，西藏、青海、新疆、黑龙江四省区绿色优势型县域数量占比超过50%，其中西藏这一比例高达89%。绿色优势型县域多为山区县，属于生态保护的重要屏障，远离区域经济发展中心，生态产品价值难以得到充分转化。

发展特征方面，绿色优势型县域的调节服务在四类县域中调节服务价值最为突出，但文化服务价值较为落后，物质产品价值尚有提升空间，反映出生态资源优势十分突出，但尚未有效转化为经济效益，其生态优势尚未转化为产业发展优势。初步总结绿色优势型县域的形成机制如下。

一是基础设施建设落后。基础设施建设是经济发展的物质环境基础，具有巨大的乘数效应。有研究表明，自然地形条件复杂地区产生的维护成本是自然地形简单地区产生维护成本的45倍之多（郑林昌，2010）。绿色优势型县域多位于山区地带，交通等基础设施建设难度大、成本高，且县域资金基础本就薄弱，十分依赖外部的资金和项目支持，在农产品运输和生态旅游发展面临较大阻碍。以西藏墨脱县为例，墨脱县是我国西藏自治区境内原始森林资源最为丰富的县，森林覆盖率高达84%，也是垂直落差巨大的地区之一，达7000多米，基础设施建设难度极大。墨脱公路到2013年10月底才开始通车，成为全国最后一个通公路的县域，至今尚未实现铁路通行。

二是技术进步短板显著。一方面，技术进步对自然资源优势有很大影响，技术程度越高，自然资源对经济发展的约束程度越低，技术紧固在很多方面弱化了自然资源的优势。然而技术创新需要巨大的初始成本，绿色优势型县域资金实力普遍较弱，错失了技术进步推进经济发展的窗口机遇。另一方面，科技创新是经济发展的重要内生动力，能够使生产要素投入产出更加经济合理，以生态物质产品为例，在农产品的"微笑曲线"中，直接出售初级农产品的所产生的附加值和带来的效益是最低的，而分布在产业链两端的精细加工和品牌销售环节是最高的。绿色优势型县域因科技创新短板，多为直接出售的初级农产品，附加值高的生产环节外流，导致价值转化不足。

三是政策扶持相对滞后。绿色优势型县域多位于原主体功能区规划中的重点生态功能区，多为限制开发或禁止开发的功能区域，强调生态保护性政策，严格控制开发强度，实施更加严格的产业准入和环境要求。这些政策虽极大地促进了调节服务价值的增加，但对物质产品和文化服务两个更有益于反映在经济发展中的维度价值促进不大，反而在各类配套条件都尚未完善的经济发展初期，在一定程度上起到了抑制作用。然而，调节服务价值向来容易受到忽视。直到近年来探索如碳交易、生态补偿等政策，才通过跨区域补偿的方式初步显化了调节服务的主要价值，但总体依旧处于"摸着石头过河"的阶段，以资金"输血式"为主，提升县域发展内生动力的"造血式"补偿仍在探索，长效机制仍待持续完善。

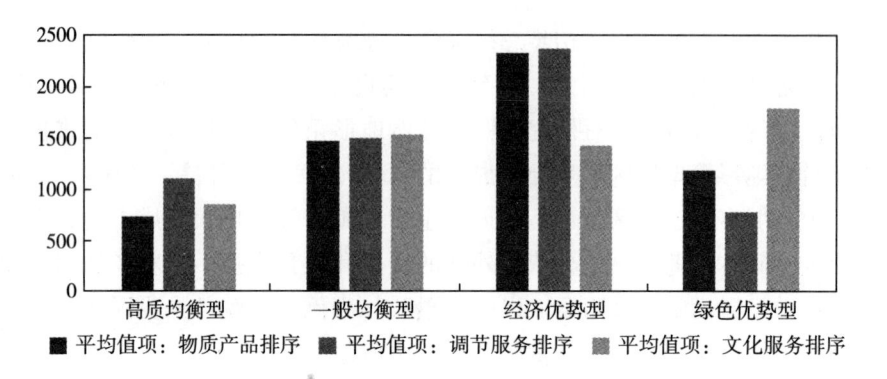

图3　不同类型县域的 GEP 三大维度平均排名情况

四　推进县域"绿""金"联动发展的对策建议

县域需推动生态与经济互促共进，寻找绿金联动新路径。县域在发展模式选择中，要防止盲目跟风现象，避免发展模式的千篇一律。首先需了解自身生态与经济发展的协调情况，在此基础上找准方向，精准施策，走出一条适合自身特色的高质量发展路径。

（一）高质均衡型：打造高质量发展标杆

高质均衡型县域应充分发挥生态和经济协调高质量发展的标杆作用，进一步精益求精，打造生态价值转化的精品项目，率先实现"双碳"目标，发挥标杆引领作用。

一是推进创新探索，强化标杆引领。可借助方案征集、专家咨询等途径吸收先进理念，推进高品质生态设计，打造世界级、示范性生态项目；支持生态领域的新技术研发和新方法推广，以科技创新引领生态价值转化；打造"双碳"行动先行示范，以生态牵引转变生活生产方式；选取园区探索"生态—创新"联动的发展模式，以生态优势吸引创新要素，以创新发展反哺生态建设，探索"绿""金"联动发展的新模式。

二是发挥区域"领头羊"作用，强化责任担当。及时总结绿金协调高质量发展的经验，归纳提炼可复制、可推广的好做法；发挥"领头羊"的优势，牵头推进地理区域、流域协同治理，辐射带动周边县域，实现生态共建共享，强化区域责任担当。

三是进一步查缺补漏，实现更全面的协调发展。进行全域生态评估，通过查缺补漏，进一步提升县域的生态环境与经济发展质量。

（二）一般均衡型：寻找破局点集中发力

一般均衡型县域需发掘自身亮点，选准突破点进行发力，如促进具相对优势的农产品生产和营销，同时积极向上争取财政补贴资金作为支持。

一是整体谋划，集中发力。研判机遇，借鉴示范标杆的发展经验，摸清家底，结合自身亮点，整体谋划发展战略，完善基础设施，选取突破口，以点的发展撬动面的发展，通过集中发力实现发展转型。

二是提升产业发展的效率和质量。转变粗放发展的方式，通过强调产业发展的效率和质量，实现"腾笼换鸟"，重新盘活土地资源。比如在农业上，整合碎片化的土地资源，集约经营，推广农业技术应用，提升生态物质产品的生产效率和质量。同时，选取重要区域进行生态修复，稳定调节服务价值，为高质量发展铺路。

三是拓展思路，创新发展策略。加大政策支持力度，吸引社会资本参与生态建设，发挥市场优势，盘活潜力资源；实行"一县一品"计划，推出农业、文旅产品，通过短视频、直播带货等新方式助推产品"走出去"。

（三）经济优势型：推进产业生态化发展

经济优势型县域具有经济优势，应将更多经济资源向生态建设倾斜，通过土地整治等方式促进生态资源增量提质，提升生态价值转化成效。

一是对标示范标杆，补足突出短板。着力系统性推进生态治理，土地环境综合整治，对华北平原、黄土高原水土流失较为严重的地区，通过山上缓坡修梯田、沟里新建淤地坝、荒坡陡处搞绿化等方式，治理水土流失、恢复生态环境，补足生态本底薄弱的短板。

二是推进生态修复和产业生态化，经济反哺生态。推进矿山、废弃地、河流污染区等地区的生态治理，恢复生物多样性；因地制宜实施土地复垦，提升生态空间的数量和质量；坚持底线优先，建立负面清单，提升准入门槛，清退生态核心区的工业企业，鼓励生态友好型建设项目。

三是推进全域增绿，见缝插绿。构建生态廊道，提升生态空间的连续性、系统性；梳理土地资源，通过创新策划、生态设计实现土地再利用，如改造抛荒地、废弃地等为高品质生态公园；有条件的地区探索垂直绿化、屋顶绿化等创新方式，增加城市绿化。

（四）绿色优势型：推进生态产业化发展

绿色优势型县域生态资源或农业产品的优势显著，应凭借生态优势发展生态旅游、特色农旅、绿色制造业等，推动三次产业实现联动发展。

一是完善基础设施，补足发展条件短板。完善交通和服务设施，提升支撑服务的能力，提升生态优势地区的可达性和服务水平，夯实高质量发展的基础。

二是创新推进生态产业化，寻找新的增长极。发掘生态物质产品的亮点，打造拳头产品，实行品牌化营销；积极发展"生态+"关联产业，如康养、旅游、休闲农业等，因地制宜引进民宿、农场等新业态；对接国际需求，进行相关生态物质产品的国际标准认证，提升生态产品知名度，以实现更高附加值的生态产品价值转化。

三是拓展生态补偿机制，助推"绿水青山"价值转化。推广运用"两山贷""生态贷"等生态金融产品，为生态价值实现项目提供金融支撑；助力完善生态指标考核、交易和生态补偿的相关机制，拓宽生态价值转化渠道。

五 总结与讨论

本报告选取 GEP 和 GDP 作为县域"绿"和"金"发展水平的测度指标，并通过耦合分析模型评估县域"绿""金"联动的发展状况。结合评估结果，对全国各县域的"绿""金"发展耦合度、综合发展指数和相对发展情况进行综合考量，归纳得到四种"绿""金"协调发展类型，包括高质均衡型、一般均衡型、经济优势型和绿色优势型，分析每类县域背后的发展机制。主要结论如下：

（1）从耦合度来看，全国各县域的"绿""金"协调发展情况整体较好，但大部分地区都仍有较大潜力，其中长江中下游平原和华北平原的地区耦合度相对较高，西部地区和东北地区的耦合度相对较低。

（2）从"绿""金"发展综合水平来看，全国各县域的"绿""金"发展程度虽然差异明显，但在空间大格局上整体分布较为平衡，经济发展的"胡焕庸线"特征被弱化，东北地区、西部地区等具有优质生态资源但经济欠发达、人口较稀疏地区的价值获得了凸显。

（3）从"绿""金"相对发展差异来看，生态优势的县域总面积远大于经济优势的县域总面积，这意味着我国未来生态产品价值转化的空间和潜力仍十分巨大。

（4）县域"绿""金"协调发展的类型与机制来看，高质均衡型县域主要分布在东南沿海地区和长江中下游平原地区，通过产业高质量转型、推进生态产品价值转化及经济反哺生态的方式，实现生态与经济发展协同并进，未来应着力聚焦立标杆、强引领；一般均衡型县域分散分布在广大内陆地区，由于错失对外开放的发展机遇、绿色转型缺乏内生动力且处于政策研究最容易忽视的范围，是四类县域中最迷茫的群体，未来应整体谋划，寻找破局点集中发力，探索适合自身禀赋的高质量发展路径；经济优势型县域整体分布较为分散和碎片化，主要有生态本底薄弱、依赖资源型发展路径和经济建设高度集中三种类型，未来应创新推进产业生态化；绿色优势型县域主要分布在我国的高原地区及山地地区，受到基础设施建设不足、技术进步短板和政策扶持相对滞后的影响，生态资源保存良好，但价值尚未充分转化，未来应创新推进生态产业化，提升生态价值转化能力。

在生态文明建设的背景下，研究生态与经济发展水平耦合协调关系对推进生态协同价值转换和高质量、可持续发展具有重要意义。研究发现，许多经济欠发达、GDP 较低的地区，反而生态资产富足、GEP 较高，在生态价值转化方面蕴含了巨大潜力。随着生态产品价值逐渐显化，生态价值转化实践探索步入深水区，我国未来县域高质量发展将大有可为。

参考文献

曹诗颂、赵文吉、段福洲：《秦巴特困连片区生态资产与经济贫困的耦合关系》，《地理研究》2015 年第 7 期。

韩增林、赵玉青、闫晓露：《生态系统生产总值与区域经济耦合协调机制及协同发展——以大连市为例》，《经济地理》2020 年第 10 期。

刘耀彬、李仁东、宋学锋：《中国城市化与生态环境耦合度分析》，《自然资源学报》2005 年第 1 期。

吴玉鸣、张燕：《中国区域经济增长与环境的耦合协调发展研究》，《资源科学》2008 年第 1 期。

张引、杨庆媛、闵婕：《重庆市新型城镇化质量与生态环境承载力耦合分析》，《地理学报》2016 年第 5 期。

郑林昌：《中国自然地形、交通运输成本与区域经济发展作用机理研究》，北京交通大学出版社 2010 年版。

林业碳汇及其影响因素分析

——以广东省为例

王小兵　李晓晖　聂危萧[*]

一　研究背景

林业碳汇是落实"双碳"战略目标的创新举措。当前中国处于全力建设生态文明的关键时期，在山水林田湖草是生命共同体的理念下，生态系统的完整性及其对二氧化碳的固定效应受到越来越多的关注。2020年9月，中国对世界庄严承诺，力争"在2030年实现碳达峰，2060年实现碳中和"，彰显了中国在生态文明建设和社会绿色发展变革中的重要决心。2021年是中国碳中和战略启动的元年，林业碳汇作为支撑"双碳"战略目标的重要抓手之一，是在综合国际CDM机制和中国CCER（自愿减排机制）机制后，为数不多针对碳汇领域的重要创新措施，在中国"双碳"目标的落实和实践中将发挥出重要作用。

林业碳汇是助力"绿水青山转变为金山银山"的核心抓手。森林是水库、钱库、粮库，现在应该再加上一个"碳库"，表明了森林生态系统在碳汇固定方面的重要性。2021年3月，中央财经委员会第九次会议指出，要有效发挥森林、草原、湿地、海洋、土壤、冻土的固碳作用，提升生态系统碳汇增量，做好"十四五"碳达峰关键期和窗口期工作。林业碳汇作为我国应对气候变化的重要组成部分，是国内温室气体自愿减排机制的重

---

[*] 王小兵，高级工程师、注册城乡规划师，广州市城市规划勘测设计研究院低碳生态规划研究中心主任规划师。李晓晖，教授级高级工程师、注册城乡规划师，广州市城市规划勘测设计研究院低碳生态规划研究中心主任。聂危萧，高级工程师、注册城乡规划师，广州市城市规划勘测设计研究院低碳生态规划研究中心主任规划师。

要支撑措施，也是国内统一碳市场积极鼓励和重点支持的项目类型之一，是林业实现"绿水青山转变为金山银山"的有效市场途径和抓手。

林业碳汇是广东省实现"绿色与高质量发展融合"的地方诉求。广东省自然资源呈现"一链两屏多廊道"空间格局，拥有丰富的森林、湿地、河湖、海湾、海岛等自然资源，形成了北部环形生态屏障和广东省外围生态屏障，以及通山达海的重要河流水系和重要山脉组成的生态廊道网络系统，具有典型的岭南山地特色。当前，在国土空间新发展格局和新发展理念下，林业碳汇是新时期广东面向高质量发展的实践创新，是广东省探索"绿色与高质量发展融合"的重要地方举措。

二 研究综述与方法

（一）相关概念与内涵

1. 森林碳汇

森林碳汇是指森林通过植物吸收大气中的二氧化碳并将其固定在植被或土壤中，从而减少该气体在大气中的浓度。森林碳汇专指森林生态系统中的碳能量的吸收和固定过程，只具有自然属性。目前，森林碳汇被认为是世界上最为经济的"碳吸收"手段，也是世界各国应对气候变化的最佳途径，森林碳汇交易是实现这一途径的有效方法。

此外，从交易场景来说，并非所有的森林碳汇都可以用于交易，按照CCER机制和相关碳排放管理办法规定，只有权属清晰的森林碳汇项目才可以用于市场交易。

2. 林业碳汇

林业碳汇是指通过实施造林再造林和森林管理等方式，达到减少毁林、保护林地和湿地的目标，进而吸收大气中的二氧化碳，并与政策管理以及碳汇交易相结合的过程、活动和机制。林业碳汇既具有自然属性，又具有社会经济属性，具有相对广泛的交易场景。目前，林业碳汇作为利用市场化的生态补偿机制反哺林业的有效方式，可以实现社会效益、生态效益、经济效益的相统一，是当前我国有效的森林生态产品价值实现机制。

3. 林业碳票

林业碳票指的是在某一行政区域内，将产权清晰的一片林子固碳释氧功能作为资产进行交易、质押的凭证，可在碳汇市场上出售给碳排企业，相对于林业碳汇，其适用性和可交易性更为广泛。林业碳票交易作为林业碳汇的衍生产品，通过借助互联网和大数据技术搭建社会市场销售平台，计算某一行政区域内林木的碳汇量并面向社会公众进行销售，其本质上也是一种自愿减排交易，是更为适应地方生产生活方式的碳排放权交易方式。

（二）国内外林业碳汇的发展历程与综述
1. 国外林业碳汇发展历程与综述

二氧化碳等温室气体的排放是导致全球气候变化和温室效应的主要原因，引发了全球气温上升、冰川融化和海平面上升等一系列问题，成为当今最严重的全球性环境问题之一。为缓解温室效应引发的一系列全球性环境生态问题，国际社会从20世纪90年来以来就开展了一系列针对温室气体排放的联合行动：

（1）1992年，国际社会在《联合国气候变化框架公约》中提出温室气体减排的要求，并对碳汇进行定义。

（2）1997年，《京都议定书》首次认定森林的间接减排作用为有效减排方式，并提出了清洁发展机制（CDM）项目，即发达国家可从发展中国家购买造林再造林项目的碳汇减排量，用于抵减本国的温室气体排放量。

（3）2001年，《波恩政治协议》和《马拉客什协定》颁布，同意将减少毁林、造林再造林活动引发的温室气体源排放和汇清除的净变化纳入附件国家温室气体排放量的计算。

（4）2009年，《哥本哈根协议》强调了林业增汇减排的重要性和具体措施，2015年以前，国际碳汇市场交易类型自愿交易居多；2015年之后，林业碳汇交易逐渐多元化，强制市场交易量明显增加。

（5）2016年，《巴黎协定》将林业作为单独条款，要求2020年后各缔约方采取积极行动，保护和恢复森林资源，增加森林碳汇。由于CDM的应用范围更加广泛，可行性高，国外专家学者研究视角聚焦在碳排放市场的合理性、林业碳汇项目、林业碳汇项目方法学等方面。

（6）2017年第71届联合国大会审议并通过了《联合国森林战略规划（2017—2030年）》，首次以联合国名义做出的全球性森林发展战略规划，对推动林业碳汇项目开发，森林可持续发展都具有重大意义。

2. 国内林业碳汇发展历程与综述

我国是世界上最大的发展中国家，也是全球温室气体排放量位居前列的国家，2019年碳排放量达到100万亿吨。面对国际社会的广泛压力，我国政府积极采取诸多应对气候变化的政策和措施，并鼓励社会各界积极参与。

自 2003 年起，为贯彻落实对国际社会关于温室气体削减和碳减排的承诺，我国在原国家林业和草原局的基础上，先后新增设立了国家林业局碳汇办、气候办、能源办等一系列应对气候变化管理机构，并成立了亚太网络中心和全国性公募碳汇基金会。与此同时，国内学者也积极参与林业碳汇相关的学术科研，各领域学者对碳汇的概念展开了广泛讨论。

2005 年《京都议定书》的生效，进一步推动了我国林业碳汇项目的市场化交易进程。对于碳汇交易，我国学者对交易市场的机制的研究较多，各领域学者重点围绕碳汇市场交易的影响、林业碳汇项目的经验总结、林业碳汇的市场框架等方面进行了探讨。近年来，林业碳汇的产权归属问题开始成为新的学术研究热点。2006 年，为响应《京都议定书》提出的清洁发展机制（CDM），"中国广西珠江流域再造林项目"在广西成功落地，也成为全球首个 CDM 碳汇造林项目。2009 年，我国开始编制全国碳汇计量监测体系、营造林项目方法学、林业碳汇审定核查指南等相关技术标准。

2010 年，全国首家以增汇减排、应对气候变化为目标的全国性公募基金会——中国绿色碳汇基金会成立。2012—2013 年，随着 CDM 项目发展的停滞，中国自愿减排体系（CCER 项目）应运而生，此后国内林业碳汇项目开始采用 CCER 机制，并在全国碳交易试点市场上开展交易。2021 年，我国第一个林业碳汇国家标准《林业碳汇项目审定和核证指南》发布并开始实施，标志着我国林业碳汇能够顺利进入碳汇交易市场，并获得碳汇交易价值。

3. 广东省林业碳汇发展历程与现状

广东省林业碳汇市场一直是我国最为活跃的林业碳汇交易地区。早在 2008 年，中国绿色碳汇基金会在广东省龙川县和汕头市实施碳汇造林项目，率先探索林业碳汇自愿减排发展道路。自 2011 年开始，广东开展大规模碳汇工程造林建设，林业碳汇交易工作加速推动。2013 年，广东省正式启动碳排放权交易，并相继出台了《广东省碳排放管理试行办法》《配额管理实施细则》等行业规范文件，将林业碳汇纳入广东省碳排放权管理机制中。2014 年，广东长隆碳汇造林项目通过国家发改委的审核，成为全国首个可进入国内碳市场交易的林业碳汇 CCER 项目。

2015 年，广东省启动建立了广东省碳普惠核证自愿减排机制（PHCER），出台《广东省碳普惠制试点工作实施方案》，尝试为 CCER 碳交易市场试点提供产品，林业碳汇作为早期可交易产品被纳入其中。截至2021年6月30日，广东省备案的PHCER减排量达191.97万吨，项目类型以林业碳汇为主，占比达92%。

（三）国内林业碳汇核算方法与外延
1. 我国备案的林业碳汇项目方法学

目前，国家发改委已经备案涉及林业的5个项目方法学，CCER林业碳汇项目需根据这5个方法学开发才可申请项目备案和减排量签发，具体包括碳汇造林项目方法学、森林经营碳汇项目方法学、竹子造林碳汇项目方法学、竹林经营碳汇项目方法学和可持续草地管理温室气体减排计量与监测项目方法学，具体内容如下，其中，可持续草地管理温室气体减排计量与监测项目方法学不常用。

碳汇造林项目方法学适用于以增加碳汇为主要目的的碳汇造林项目活动（不包括竹子造林）的碳汇计量与监测。其适用条件有三方面要求：①项目用地需是2005年2月16日以来的无林地；②项目计入期最短为20年，最长不超过60年；③土地不属于湿地和有机土的范畴，土壤扰动面积比例不超过地表面积的10%，且20年内不重复扰动，不炼山造林等。

森林经营碳汇项目方法学适用于以增加碳汇为主要目的的森林经营活动的碳汇计量与监测。其适用条件有两方面要求：①项目用地需是乔木林地（郁闭度≥0.20，连续分布面积≥0.0667公顷，树高≥2米的乔木林），林地属人工幼、中龄林；②其他条件与碳汇造林项目基本相同。

竹子造林碳汇项目方法学适用于采用竹子进行造林的项目活动的碳汇计量与监测。其适用条件有三方面要求：①项目用地不属于湿地，土壤扰动面积比例不超过地表面积的10%；②种植的竹子最低高度能达到2米，且竹竿胸径（或眉径）至少可达到2厘米，地块连续面积不小于1亩，郁闭度不小于0.20；③不得炼山造林、不采用全垦的征地方式、不清除原有的散生林木等。

竹林经营碳汇项目方法学适用于以增加碳汇为主要目的的竹林科学经营管理活动的碳汇计量与监测。其适用条件有两方面要求：①项目用地需是符合国家规定的竹林（郁闭度≥0.20，连续分布面积≥0.0667公顷，成竹竹竿高度不低于2米、竹竿胸径不小于2厘米。当竹林中出现散生乔木时，乔木郁闭度必须小于0.2），且不属于湿地和有机土壤；②其他条件与竹子造林碳汇项目基本相同。

可持续草地管理温室气体减排计量与监测项目方法学适用于为在退化的草地上开展可持续草地管理措施活动的碳汇与监测。其适用条件有三方面要求：①项目用地开始时为多用于放牧或多年生牧草生产的草地，且已退化并将继续退化；②参与项目农户没有显著增加做饭和取暖消耗的化石燃料和非可再生能源薪柴；③项目边界内的粪肥管理方式没有发生明显变化，不将项目边界外家畜粪便运入项目边界内。

2. 国内林业碳汇项目的开发流程

国内林业碳汇项目的开发具有一套严格的流程，根据规定，共包括项目设计、项目审定、项目备案、项目实施、项目监测、项目核证、减排量与备案签发七个步骤。

项目设计是指由项目业主或咨询公司开展调研和开发工作，识别项目的基准线，论证额外性，预估减排量，编制减排量计算表、编写项目设计文件（PDD）并准备项目审定和申报备案所有必需的一整套证明材料和支持性文件，报地方林业主管部门审批。项目审定是指由具有资质的CCER林业碳汇项目审核机构，依据《林业碳汇项目审定和核证指南》（GB/T 41198—2021），按照规定的程序和要求开展独立审定并出具项目审定报告。项目备案是指项目经审定后，项目业主向国家主管机构申请项目备案，国家主管机构委托专家进行评估，并依据专家评估意见对自愿减排项目备案申请进行审查，对符合条件的项目予以备案。

项目实施是指项目业主根据项目设计文件（PDD）、林业碳汇项目方法学、造林或森林经营项目作业设计等要求，开展营造林项目活动。项目监测是指项目业主或咨询机构按备案的项目设计文件、监测计划、监测手册实施项目监测活动，测量造林项目实际碳汇量，并编写项目监测报告（MR），准备核证所需的支持性文件，用于申请减排量核证和备案。项目核证是指由具有资质的CCER林业碳汇项目审核机构，依据《林业碳汇项目审定和核证指南》（GB/T 41198—2021），按照规定的程序和要求开展独立审定并出具项目减排量核证报告。减排量与备案签发是指由项目业主直接向国家主管机构提交减排量备案申请材料，国家主管机构委托专家进行评估，并依据专家评估意见对自愿减排项目减排量备案申请材料进行联合审查，对符合要求的项目给予减排量备案签发。

整个开发流程中参与主体可分技术咨询机构、审定核证机构、国家主管部门和项目主业四类。其中项目设计、项目监测中的参与主体是技术咨询机构，主要为碳汇相关科技公司及高校、政府下属研究机构，无相关资质要求；项目审定、项目核证中的参与主体是审定核证机构，这类机构需经由国家主管机构备案，目前具有林业碳汇项目审核资质的机构有六家；项目备案、减排量与备案签发中的参与主体是国家主管部门；项目实施中的参与主体是项目业主，项目业主必须为企业法人，目前 CCER 林业碳汇项目主要由政府和企业合作推动。

3. 地方林业碳票项目方法学

地方林业碳票项目方法学是各地立足自身森林资源禀赋，探索出的适用于地方林业碳汇交易的基质，主要采用森林年净固碳量来衡量森林碳汇能力，并将碳汇量用于市场交易。林业碳票项目方法学适用于某一行政区域内权属清晰的林地、林木碳减排量的交易、抵押、兑现、抵消。林业碳票项目主要适用于除开发 CCER、FFCER、VCS 的森林外的其他生态公益林、天然林或商品林，均可用于林业碳票开发和交易，以此从碳交易市场获得额外补偿。目前，我国林业碳票项目方法学还处于推广探索阶段，在福建、广西、贵州等地有落地实践。

（四）基于 GEP 视角的林业碳汇价值核算方法

生态系统生产总值（GEP）也称生态产品总值，是指生态系统为人类福祉和经济社会可持续发展提供的各种最终物质产品与服务价值的总和，主要包括生态系统提供的物质产品、调节服务和文化服务的价值。

从 GEP 视角来看，林业碳汇价值属于生态系统生产总值中的调节服务价值，具体核算内容主要为森林生态系统中的林地、林木固碳释氧能力。从林木吸收二氧化碳合成有机物质的过程来看，其主要作用在于降低大气中二氧化碳浓度，并通过光合作用释放氧气，维持大气氧气浓度稳定，这一过程与生态系统生产总值的固碳释氧过程完全吻合。

因此，选取固定二氧化碳价值、释放氧气价值作为林业碳汇价值的核算指标，两个指标都可运用 CEP 核算方法中替代成本法来计量，其中，固定二氧化碳价值还可以运用市场价值法来计量。

具体而言，固定二氧化碳价值的成本替代法有两种核算途径：一方面可以通过计算造林的成本来替代固定二氧化碳价值方法来核算；另一方面也可以通过植被净初级生产力计算出来的林木干物质总量乘以固碳价格来计算，其固碳价格根据市场交易价格来测算。释放氧气价值的成本替代法核算，主要通过计算人工制造研究区内林木释放氧气量的成本，来替代林木释放氧气量价值的方法来核算。

三 广东省林业碳汇情况分析

(一) 广东省地区森林资源本底情况

1. 森林资源现状

森林生态系统是地球陆地最大的碳汇系统。广东省自然资源本底丰富，全省形成了"一链两屏多廊道"的国土空间保护格局。其中，森林资源是广东省重要的资源要素，全省17.97万平方千米的土地上拥有林地面积1.63亿亩，森林覆盖率达到58.74%，森林蓄积量6.24亿立方米。其中，肇庆的森林面积、森林蓄积量较大，分别占广东省总量的36.73%和41.49%。目前，广东省已建成县级以上自然保护地1359个，已成功创建了11个国家森林、19个国家园林城市、24个国家森林县城，基本建成了珠三角国家森林城市群。

此外，广东省是全国最早将林业碳汇项目纳入碳汇交易的省份，在CCER机制和广东省碳普惠核证自愿减排机制（PHCER）两个交易机制层面，截至2022年8月，广东省林业碳汇碳普惠核证减排量累计成交503.73万吨，成交金额1.15亿元。

2. 林草覆盖类型

广东省森林植被类型丰富，主要集中分布在东部和北部山地丘陵区以及中西部台地。从林地类型看，主要以阔叶林、针叶林为主，其中又以阔叶林分布最为广泛。具体构成中，阔叶林和针叶林占到广东省林地面积比例的73.5%，是典型的优势植被物种。

从空间分布上看，广东省森林覆盖率与森林资源分布情况相似，呈现西北高东南低现象，西北部肇庆城市森林资源密布，覆盖率达70%以上。东南部地区佛山、中山毗邻珠江入海口，耕地资源开发强度高，森林覆盖率相对较低，仅为20%左右。

(二) 广东省林业碳汇潜力分析

1. 森林碳汇计量方法

不同的森林碳汇计量法会带来不同的森林碳汇结果，目前较为常见的森林碳汇计量方法包括森林碳汇实物计量法、森林碳汇货币计量法两种。

森林碳汇实物计量法类似于生态系统生产总值（GEP）中的成本替代法，通常包括生物量和蓄积量两种核算方式。其中，生物量计量是通过对单位面积的森林生物量及其在各林木中的分配比例和平均含碳量综合计算的结果，蓄积量计量是利用森林蓄积量数据推算出生物量，并以此测算出森林碳汇量的总量。

森林碳汇货币计量的原理类似于生态系统生产总值（GEP）中的市场价值法，主要有成本法和市场法两种模式。其中，成本法估算是采用在评估日期的林木生产材料和技术手段等价替换成与森林碳汇具有同等功效的价值成本。市场估算法是通过寻找同类型被出售的物质的无形资产，将所核算的森林资源与这类资产进行评估对比，通过赋值反算其价值量。

结合广东省森林资源情况，在森林碳汇的核算过程中，实物计量法更为契合，通过广东省森林生物量或蓄积量的核算，可以较为准确地对广东省森林碳汇情况进行估算。

2. 森林碳汇容量与潜力计算方法——实物计量法

第一种情况：森林碳汇量只计算林木生物量固碳量。

林木生物碳储量 = 森林蓄积 × 扩大倍数 × 容积系数 × 含碳率

$$= V \times 1.9 \times 0.5 \times 0.5$$

其中，V 为森林立木蓄积量，1.9 为蓄积扩大系数，0.5 为容积系数、0.5 为树木含碳率。

第二种情况：森林碳汇量包括林木生物碳储量、林下植物碳储量和林地碳储量。

森林全部碳储量 = 树木生物量固碳量 + 林下植物固碳量 + 林地固碳量

$$= V \times 1.9 \times 0.5 \times 0.5 + 0.195(V \times 1.9 \times 0.5 \times 0.5) + 1.244(V \times 1.9 \times 0.5 \times 0.5)$$

其中，V 为森林立木蓄积量；1.9 为蓄积扩大系数；0.5 为容积系；0.5 为树木含碳率；0.195 为林下植物固碳量换算系数；1.244 为林地固碳量换算系数。

3. 广东省森林碳汇核算结果

基于森林碳汇实物计量法核算方式，2022 年广东省森林蓄积量为 6.24 亿立方米，经初步测算，广东省森林碳汇储量达到 3.1 亿吨，森林生态效益总值 1.36 万亿元。[①]

[①] 数据结果与广东省林业局公布数据一致。

四 广东省林业碳汇价值影响因素分析

（一）广东省地区林业碳汇价值的影响因子分析

林业碳汇的增加主要有两种主要路径：一是持续稳定增加林地总面积；二是不断提升单位面积的森林质量。前者主要通过植树造林等活动来实现，后者则需要立足林地现状结构，遵循"因地制宜、适地适树"的原则，通过配置合适的树种，优化林地"乔—灌—草"结构来实现。

从生态系统生产总值（GEP）的维度来看，影响林业碳汇价值总量的影响因子也主要分为两大类型：一是林业储碳总量因子；二是单位面积的林业碳汇净价值因子。在碳价波动平稳的时候，林业碳汇价值总量的多少主要由森林生态系统中的林木实际碳存量决定。

国内学者对林业碳储量影响因子的相关研究中，研究方法可大体分为两大类别。一类是定性分析法，依据相关学者的研究经验将林业碳汇供给因素分成了自然、社会、经济等几个方面（李怒云，2016）。另一类则是数理模型构建法，通过分析统计学规律研究林业碳汇的各影响因素，比如CENTURY模型、VAR模型等。CENTURY模型通过模拟中国森林植被的碳储量和碳密度，揭示我国森林生态系统碳储量的空间格局（赵敏，2004），VAR模型通过判断相关林业碳储量影响因子来综合测算林业碳汇总量和价值量。此外，部分学者从碳汇供需意愿视角切入，以碳排企业和农户为研究对象，研究了轮伐期、木材价格、贴现率和劳动力价格等因素对碳汇成本的影响，进而对林业碳汇净价值进行核算。

综合上述林业碳汇影响因子，本报告从生态系统生产总值（GEP）视角出发，以GEP调节服务功能中固碳吸氧功能为切入点，对广东省林业碳汇的影响因子进行梳理。研究发现，森林生态系统固碳能力会受到森林的年龄、降水、地形、火灾、氮沉降等因素的影响，还受森林采伐、气候变化、大气CO_2浓度升高、火灾以及虫害等自然因素和人为因素的强烈影响。森林生态系统的固碳能力取决于碳素输入速率和碳素输出速率的对比。净生产量估算（NPP）减去因土壤、动物和凋落物的CO_2排放过程所损失的有机碳后，得到净生态系统生产能力（NEP），可反映森林生态系统的固碳能力。

（二）广东省地区林业碳汇价值的空间分布特征

从生态系统生产总值（GEP）的视角来看，森林生态系统的固碳能力和碳储量存在空间差异，湿热地区森林生态系统的净初级生产力（NPP）、土壤呼吸强度和凋落物矿质化速率大于干冷地区森林生态系统的相应值。因此，在广东等湿热地区的森林生物量碳库的作用更为重要，在干冷地区森林土壤碳库的重要性却明显增强。

综上所述，广东省森林碳汇与区域气候温度、净初级生产力（NPP）增长率、森林树龄关系密切，森林固碳和碳储量存能力与森林生物量碳库、土壤呼吸强度和凋落物矿质化速率等因子相关。

从广东省森林生态系统平均生物量和林业碳汇价值空间分布来看，呈现外围高、中间低，东、北、西部高，南部低的趋势。根据区域森林生态系统平均生物量的大小，整个广东省森林碳汇可分为三个圈层：韶关、清远、梅州、云浮、湛江等粤东西北外围圈层区域森林生态系统的生物量和林业碳汇价值量最高；肇庆、惠州、河源等区域森林生态系统平均生物量和林业碳汇价值次之；广州、深圳、江门、佛山、东莞等珠三角核心城市区域森林生态系统的平均生物量和林业碳汇价值最低。全省森林生态系统生物量和林业碳汇价值量的大小和空间分布与区域森林自然条件呈正相关性，与人类活动和城市化率呈现负相关性。

广州、深圳、江门、佛山、东莞等珠江三角洲城市，作为我国城市化和工业化进程发展最快的地区之一，在快速城市化和工业化过程中，城市建设用地的不断扩张、城市生态环境的污染导致了区域森林植被平均生物量、净初级生产力（NPP）的变化，进而影响区域植被的固碳放氧能力，造成区域林业储碳量的持续减少，区域林业碳汇价值逐年降低。

（三）广东省地区林业碳汇价值提升的空间应对策略

总体而言，广东省森林生态生产总值中的固碳释氧能力（林业碳汇价值）总体水平较高，空间分布特征为以珠三角为中心向四周递增的趋势。因此，在森林碳汇价值提升方面，外围韶关、清远等林业碳汇高价值区域应加强森林生态系统的保护与维育，优化提升林地结构和林相品质；广州、佛山、深圳等珠三角核心区域应加强城市森林生态系统的结构优化，加大高碳汇植物种植比例。

空间上，全省各市均需要从控制建设用地扩张、改善用地结构布局、布局高碳汇林地来实现森林碳汇价值的总体提升。同时，在保障国家粮食战略安全和未来耕地指标的基础上，对低质量耕地实施有序退耕还林，以此提高森林面积，增加林业碳汇能力。在建设实施层面，面对林地增量困境，提质增效是实现林地增汇的有效途径，通过加大森林抚育、修复退化林地，来提高广东省森林生态系统质量和碳汇水平。在开展山上造林过程中，禁止进行全垦，禁止炼山，应实施疏伐、林相结构调整等措施，提高林分质量，确保森林健康生长，从群落结构角度提升碳汇水平，减少碳泄漏。

城市森林的碳密度及固碳率与郁闭度呈正相关关系。树木平均胸径与固碳率呈负相关关系，同时树龄对森林碳储量的影响表现为：过熟林<近熟林<幼龄林<中龄林，综合调控群落郁闭度、密度、树龄等因子，增加生物量，提高生态效益。因此，在广州、深圳、佛山、东莞等珠三角建设用地集中的城市地区，应推进科学绿化和优化城市森林生态系统结构，禁止大规模更换绿化树种，通过优化城市绿色空间格局、配置高碳汇植物树种来提升城市森林碳汇，减少碳排放强度。

此外，在全省森林优势树种和高碳汇树种的选择上，应合理配置阔叶林、针叶林、针阔混交林的比例，通过复合型林地树种搭配，尽可能采用近自然林群落模式，改造现状单一纯林，优先使用乡土树种和地带性树种，重视珍贵树种的应用。按照"乔、灌、草"复层群落结构配置，促使林下幼苗更新，诱导现有群落向复层—异龄—混交的群落模式发育，提高生态系统的稳定性，减少后期养护管理，进而提高群落的碳密度。

五　小结

本文以广东省为研究对象，在国家"2030 碳达峰、2060 碳中和"的背景下，选取林业碳汇价值作为切入口，借鉴当下生态系统生产总值（GEP）的核算方法和过程，探索林业碳汇价值的地方实践方法。

本报告对当下林业碳汇项目方法学的发展以及林业碳汇市场情况进行了解读，系统梳理了林业碳汇发展的国内外历程，以及林业碳汇核算与生态系统生产总值（GEP）核算的关系，初步构建了一套基于生态系统生产总值（GEP）的林业碳汇核算方法体系。在此基础上，研究以广东省为例，探索影响广东省林业碳汇的关键影响因素，并讨论林业碳汇影响机制及其价值提升的空间应对策略。通过对林业碳汇具有正面促进作用且影响强度较大的因子的研判，为未来广东省各主要城市的生态保护与建设、林业碳汇发展建设提供参考借鉴。

参考文献

陈星霖：《林业碳汇经济价值评估及影响因素研究》，福建农林大学，2018年。

陈英：《林权改革与林业碳汇供给法律促进机制的耦合与对接路径探究》，《西南民族大学学报》（人文社科版）2020年第8期。

范刘珊、王文烂：《推动林业碳汇可持续发展》，《中国社会科学报》2021年第3期。

顾贝：《非〈京都议定书〉框架下中国林业碳汇市场的开发研究》，硕士学位论文，南京林业大学，2011年。

广东省林业局：《广东省森林保护管理条例》，2022年。

国家林业局办公室：《林业局办公室关于印发〈联合国森林战略规划（2017—2030年）〉的通知》，中华人民共和国中央人民政府，2017-08-31，http://www.gov.cn/xinwen/2017-08/31/content_5221450.htm。

胡剑锋、黄柳清、陈春彦：《现代化国际城市视角下福州市碳汇林发展路径研究》，《低碳世界》2022年第4期。

黄宰胜：《基于供需意愿的林业碳汇价值评价及其影响因素研究》，福建农林大学，2017年。

李刚：《建立健全林业碳票定价机制 打通森林资源—资产—资本转化通道》，《中国经贸导刊》2022年第6期。

李怒云、李金良、袁金鸿等：《加快林业碳汇标准化体系建设 促进中国林业碳管理》，《林业资源管理》2012年第4期。

李怒云、苏迪：《我国林业碳汇的发展趋势与展望》，《中华环境》2018年第9期。

梁晓菲：《论〈巴黎协定〉遵约机制：透明度框架与全球盘点》，《西安交通大学学报》（社会科学版）2018年第2期。

欧阳志云、朱春全、杨广斌等：《生态系统生产总值核算：概念、核算方法与案例研究》，《生态学报》2013年第21期。

王琳飞、王国兵、沈玉娟、阮宏华：《国际碳汇市场的补偿标准体系及我国林业碳汇项目实践进展》，《南京林业大学学报》（自然科学版）

2010年第5期。

王祖华、刘红梅、关庆伟等：《南京城市森林生态系统的碳储量和碳密度》，《南京林业大学学报》（自然科学版）2011年第4期。

武曙红：《我国CDM造林和再造林项目方法学及案例研究》，北京林业大学，2006年。

肖绍军、陈学璋、黄学军：《广东省林业碳汇交易探讨》，《福建林业科技》2016年第2期。

续珊珊、贾利、李友华：《森林碳汇影响因素的灰色关联分析——基于辽宁等20个省、区面板数据的实证分析》，《林业经济》2010年第3期。

杨洪晓、吴波、张金屯等：《森林生态系统的固碳功能和碳储量研究进展》，《北京师范大学学报》（自然科学版）2005年第2期。

张莹：《我国城乡环保一体化发展的法律对策研究》，《中南林业科技大学学报》2017年第3期。

Goldstein A, Ruef F, "View from the Under Story: State of Forest Carbon Finance", 2016.

Jotzo F, "Michaelowa A. Estimating the CDM Market under the Marrakech Accords", *Climate Policy*, 2, 2002.

Manley B, Maclaren P, "Potential Impact of Carbon Trading on Forest Management in New Zealand", *Forest Policy and Economics*, 24, 2012.

碳交易市场建设现状与发展趋势

萧敬豪　吴　婕　王小兵[*]

一　研究背景

应对全球气候变化，碳定价工具与碳中和目标已经成为全球大部分经济体未来发展的重要议程。截至2022年5月，127个国家已经提出或准备提出碳中和目标，覆盖全球GDP的90%、总人口的85%、碳排放的88%（中国国际发展知识中心，2022）。碳定价作为推动碳中和目标落地的重要举措之一，从1997年《京都议定书》签订并提出ET、JI、CDM、碳税等碳管理框架以来，不同经济体基于经济发展与地区文化基因，逐步形成了以碳交易、碳税、碳信用、碳边境调节机制等多样化的碳定价工具与支持政策。

2021年6月，中国全国统一碳排放权交易市场正式启动，标志着中国碳交易市场从试点探索走向全国统一大市场。2022年7月13日，生态环境部召开全国碳市场建设工作会议，全面总结第一个履约周期的运行经验与成效。本报告在全国碳市场启动一周年之际，通过分析近期全球碳交易及其他碳定价的发展趋势，研判我国采取碳排放权交易的挑战，试从建立更加信息化碳排放监测核查与多元化的监管机制、重启更加灵活的CEER机制、拓宽准入完善碳金融体系、探索碳交易与碳税的"组合拳"等方面

---

[*] 萧敬豪，高级工程师、注册城乡规划师，广州市城市规划勘测设计研究院低碳生态规划研究中心主任规划师。
吴婕，高级工程师、注册城乡规划师，广州市城市规划勘测设计研究院低碳生态规划研究中心副主任。
王小兵，高级工程师、注册城乡规划师，广州市城市规划勘测设计研究院低碳生态规划研究中心主任规划师。

提出我国碳交易市场优化建议。

二 趋势瞭望：全球碳市场及其他碳定价工具

碳定价是政府通过财税等激励或限制，以定价的方式对本国或全球企业温室气体排放进行管控的政策工具。通过将碳排放导致的气候变化成本，通过限额生产、环境税收等方式纳入企业、居民的运营、生活成本之中，从而推动地区的绿色发展转型与节能减排目标实现，支撑低碳增长与碳中和目标。

碳中和行动仍滞后于目标。相对于覆盖全球碳排量88%的127个国家已经提出或准备提出碳中和目标，但目前全球各地碳定价机制所覆盖全球碳排量仅23%。截至2022年4月，全球共有68个碳定价机制在运行，另有3个计划即将投入使用；其中包括37项碳税和34个碳排放交易系统；2021年全年碳定价收入约为840亿美元，增长达60%（世界银行，2022）。

（一）快速增长与动荡的碳交易市场

碳排放交易系统，也称为"限额与交易"，是在政府对经济部门的温室气体排放总量管控下，按照企业或个人碳排放限额或其使用盈余，进行无偿分配或有偿交易的交易体系。超限额排放的企业或个人需要对其额外排放行为支付成本；而低于限额的企业或个人，通过出售盈余限额获得收益。从而推动企业或个人开展节能减排。

目前，全球的碳交易体系，主要包括中国的全国碳交易系统及试点系统、欧盟排放交易系统（EU-ETS）、新西兰碳交易体系（NZ-ETS）、澳大利亚碳定价体系（ACPM）、日本东京都总量控制和交易计划（Tokyo-CAT）、美国区域温室气体减排行动（RGGI）、美国加州总量控制与交易计划（CCAT）等34个碳排放交易系统。从类型上包括跨国的碳排放权交易体系，如欧盟排放交易系统；全国碳排放权交易体系，如中国全国交易系统、新西兰；地区性碳排放权交易体系，如中国广州、武汉等碳交易试点系统。

由于全球越来越多的碳排放份额，采用拍卖方式等有偿方式获得（而非免费分配），2021年，全球碳排放交易系统收入增长36.7%，首次超过碳税收入，且发展中国家正成为主要的卖方市场。例如，新西兰在2021年加大了碳排放份额的拍卖力度，开始通过运营碳排放交易系统获得额外收入。其中欧盟碳排放交易系统产生的收入约占所有碳定价收入的41%，英国和德国约占碳定价总收入的16%以上。

全球大部分地区的碳交易市场价格，受全球经贸与地区热点事件影响，变化剧烈。以欧盟碳配额价格为例，2008年受国际金融危机爆发影响第一次暴跌，由高位40多美元/二氧化碳，下跌至10美元/二氧化碳左右。在两三年间缓慢回升至20多美元/二氧化碳水平后，受2011年股市崩盘影响，开始第二次长期下滑，直至欧盟碳排放交易系统改革后才第一次进入较长的上升周期，并从2021年进入快车道，一年间从30欧元/吨攀升至90欧元/吨以上。然而，2022年受俄乌冲突影响，碳配额被抛售，于3月2日暴跌至最低的55欧元。

（二）有待进一步提价的碳税

碳税是庇古税的一种典型应用，是政府对排放温室气体的生产行为征收的一种环境税，通过填补碳排放私人和社会成本之间的缺口以减少碳排放的负外部性。目前全球开征碳税的国家或地区约35个，代表性国家包括瑞士、加拿大、爱尔兰、新加坡等地。全球碳税在不同地区价格差异较大，瑞士碳税达120美元/吨二氧化碳，爱尔兰、加拿大、不列颠哥伦比亚碳税在35—50美元/吨二氧化碳，拉脱维亚、南非、新加坡碳税总体低于10美元/吨二氧化碳。

大多数碳税管辖区在去年都提高了碳税，2022年全球碳税价格平均提高了约6美元/吨二氧化碳，瑞士、爱尔兰、不列颠哥伦比亚省、加拿大其他省份、南非等碳税达到历史最高水平。例如，瑞士碳税在2019年进入平稳期后，由于近年温室气体排放量没有达到既定目标时，基于自动调整机制（不达标，即提税），2022年提升至约120美元/吨二氧化碳，较2021年增幅达25.6%。爱尔兰则按照碳税调整计划，碳税自2015年以来持续提升，2020年快速上涨，至2022年超过40美元/吨二氧化碳，约为2015年的1倍。

据世界银行报告显示（世界银行，2022），碳价格须达到50—250美元/吨二氧化碳，最合适的值为100美元/吨二氧化碳才能实现1.5℃的目标，目前各国碳税价格不足以支撑实现气温上涨不超过1.5℃的目标，未来几年全球碳税仍有较大的提升可能。例如，新加坡已经提出，每三年提升一次碳税价格，由2022年5新加坡元/吨二氧化碳，逐步提升至2025年的 25 新加坡元/吨二氧化碳，2027 年的 45 新加坡元/吨二氧化碳，2030 年的 50—80 新加坡元/吨二氧化碳。加拿大将在 2030 年，将碳税价格从 15 加元/吨二氧化碳提升至或超过 170 加元/吨二氧化碳的水平。同时，俄乌冲突带来的能源价格异动，对部分地区的碳税价格提升计划造成冲击。例如德国拟修改法律撤销"在 2035 年之前能源行业实现温室气体排放中和"的目标，印度尼西亚已宣布推迟征收碳税，墨西哥已经宣布豁免适用于汽油和柴油的碳税。

（三）正在形成的新壁垒：欧盟碳关税

碳边境调节机制（Carbon Border Adjustment Mechanism，CBAM），也被称作碳关税或碳边境调节税，是指在实施国内严格气候政策的基础上，要求进口或出口的高碳产品缴纳或退还相应的税费或碳配额（陈美安和谭秀杰，2022）。

在过去的一年中，欧洲不断在向碳边境调节机制过渡。2021 年 7 月，欧盟委员会提出碳关税"立法草案"，提交给欧洲议会和欧盟理事会进行审议。2022 年 6 月 22 日，欧洲议会通过碳市场改革、碳边境调节机制的相关草案文本，延迟征收碳关税的时间，但扩大了碳关税征收行业及范围，并要求在欧盟层面设立一个统一的碳关税执行机构。草案提出，从 2027 年开始逐步征收碳关税，到 2032 年完全取消欧盟相关行业获得的免费碳排放配额；碳关税征收范围从钢铁、石油产品、水泥、有机基础化学品和化肥，扩大至有机化学品、塑料、氢和氨，以及制造商使用电力产生的间接碳排放。

欧盟碳关税机制的落地，将对中国出口高碳产品的企业带来较大压力。据华盛绿色产业发展研究院测算，欧盟碳关税实施后，中国出口欧盟的相关企业将增加 6%—8% 的成本。海关总署数据显示，2023 年 1—5 月，中国有机化学品、铝、塑料及其制品、钢铁、肥料出口欧盟的贸易额，分别占其总出口贸易额的 20.5%、15%、12%、8.8%、1.7%。以宝钢为例，欧盟推出的碳关税举措将影响该公司未来产品的出口，若按照 80 欧元/吨二氧化碳征税预估，该公司每年将被征收 4000 万—8000 万欧元（约合人民币 2.82 亿—5.64 亿元）的碳边境税（宝钢股份，2022）。

同时，将电力间接碳排放纳入统计，将加大对中国制造业出口的困难。2020 年，中国煤电装机容量占全部发电装机容量的 49.1%，中国的电力碳排放因子高于欧盟平均水平。

（四）稳步发展的碳信用

碳税与碳排放权交易更加偏向对高碳排放企业的约束，而碳信用机制则侧重对减排项目的鼓励。随着市场规模增长，碳信用在实现排放目标方面的作用正受到越来越多的关注。

世界银行《2022年碳定价状况和趋势报告》认为，目前全球碳信用机制，主要基于国际信贷机制、国内信贷机制和独立信贷机制三类信贷机制开展。其中国际信贷机制，按照《京都议定书》和《巴黎协定》等国际条约建立，包括早年的CDM等清洁发展机制。国内信贷机制是指国家、地区或各级政府建立的信贷机制，例如中国的CEER，中国广东省的PHCER等。独立信贷机制，则包括由非政府实体管理的标准和信贷机制。

企业通过购买碳信用额度，达到碳中和或实现减排承诺的方式，可以树立良好的社会形象，提升社会认可度。企业自发制定气候目标是推动碳信用额度需求不断增长的主要力量；而押宝碳信用的机构投资者，也共同支撑了碳信用市场的进一步发育。投资机构、金融机构在碳信用市场中的作用显著增强，在实施初期为项目开发商提供资本和风险对冲机制。在这些共同作用下，碳信用市场在2021年发行量、交易量、交易价格均大幅上涨，全球平均碳信用价格从2.49美元/吨二氧化碳当量上升至2021年的3.82美元/吨二氧化碳当量。同时，投资者对森林和土地使用的信贷产品兴趣得到增强。

三 中国碳交易市场发展趋势与对策建议研究

（一）中国碳交易市场：从地方试点到全国统一

价格导向的碳税和数量导向的碳交易市场，在完全竞争、完全信息等立项条件下，是等价的和可以相互替换的（石敏俊等，2013）。但在现实世界里，在碳交易与碳税的学术交锋从未间断，部分学者从政府征税的技术和经验、碳税较稳定的价格信号等方面考察，认为以碳税为基础建立起碳定价机制更加适合市场机制（Metcalf，2009；Avi-Yonah，2009；Wittneben，2009；Mann，2009）。同时，部分学者从碳交易通过数量目标管控以适应严峻减排形势、长期价格趋向稳定、通过交易带动经济红利等方面考察，认为碳交易市场更适合目前全球可持续发展目标（Stavins，2008；

Murray，2009；Keohane，2009）。

在这些学术交锋中，中国逐步建立起以碳交易为主体，碳信用为补充的碳定价机制，大致分两个阶段。第一阶段从 2011 年到 2021 年 6 月，为地方试点阶段，分别在深圳、上海、北京、广东、天津、湖北、重庆和福建八个省市进行了碳排放权交易试点。第二阶段从 2021 年 7 月至今，是全国碳市场与地方试点并行，并逐步走向全国统一碳排放权交易市场的阶段。目前已经建立起以二氧化碳排放权为标的，产生了碳配额、核证减排量（CER）以及各试点的地方性碳信用机制，在碳排放核算、配额分配、核查、履约清缴这些制度方面积累了宝贵经验，也为全国碳市场的启动奠定了很好的基础。2013 年至 2021 年 6 月，中国共完成 2.41 亿吨碳交易，碳交易市场交易总额约为 58.66 亿元。

（二）作为碳调控工具的碳交易市场的优势

从全球碳定价的发展趋势可以看到，相对于征收碳税，碳交易虽然制度设计复杂，监测、核查、管理的成本相对较高，但其直接作用于企业碳排放量，减排目标明确，由此逐渐受到全球经济体的青睐，2021 年全球碳排放交易系统收入已经超过碳税收入。

中国碳交易机制，在理论上有利于政府、控排企业、非控排的金融机构和社会资本参与到碳达峰的工作中。中国政府强有力的宏观调控能力与大纵深的社会治理能力，是中国改革开放以来经济社会快速发展的重要保障，也是中国采用并推动碳交易市场交易的重要基础。建立碳市场不仅有助于与全球碳市场相衔接，而且碳交易灵活的调整方式，通过碳配额的总量、有偿比例，自愿核证减排量的低效比例等指标管控，也为中国在"百年未有之大变局"中，对双碳目标实现进程和节奏的掌控力度更强。

对于控排企业，结合政策设计碳交易制度可以更加直接地为企业减排带来正向激励。企业通过采用先进的节能减排技术，在降低自身碳排放的同时，可以在碳市场出售富余的碳配额获益，能够起到激励企业进行节能减排技术创新和绿色投资的作用。而对于金融机构和社会资本等非控排企业，碳交易相对碳税更具备金融化的条件，能够更有效地提升资源配置效率，活跃市场流动性。

（三）向全国碳市场过渡中的不足与挑战

从各地试点走向全国统一碳市场的建设过程中，叠加俄乌冲突爆发等全球能源供应与价格变动，全国碳市场的建设，存在以下方面的不足与挑战。

1. 顶层设计尚未上升至法律层面，碳管理工作仍权威仍不足

碳排放权交易市场作为全国碳调控的政策工具，其高效运行需要有较强的执行力和较高的违法成本支撑。目前全国碳市场仅以部门规章的形式进行立法，法律效力较弱。如《碳排放权交易管理办法（试行）》，规定违法处罚不超过3万元，对企业来说近乎没有成本。对于一家年排放1000万吨的企业来说，按照目前58.00元/吨的交易价格，通过伪造碳排放数据将排放量降低10%，则该企业当年可减少0.58亿元支出，与3万元的罚款相比，近乎可以忽略不计。2022年3月，生态环境部在通报相关机构碳排放报告数据弄虚作假的典型问题案例也指出，部分咨询、监测机构受利益驱使铤而走险，利用弄虚作假手段帮助企业篡改碳排放数据。

2. 碳配额相匹配的行业长期减排目标未全面出台，导致碳配额难以形成稳定的稀缺性

虽然2030年碳达峰明确清晰，但国家层面的行业长期减排目标尚不明确，导致碳市场难以规划、确定长期减排要求和总量目标。同时，目前碳配额免费分配比例偏高，2019—2020年配额实行全部免费分配，导致配额充裕的减排企业缺乏交易意愿。宽松碳排放配额总量设定下，当减排企业通过初始分配取得的碳排放配额数量就可以免去其排放需求时，往往导致配额价格低迷甚至零交易。如欧盟碳排放权交易体系和美国区域温室气体行动在碳市场初建阶段，就因为配额过度分配导致配额价格几乎跌至零。

3. 交易主体与交易单一，市场扩容面临的碳核算体系滞后

2021年7月16日，全国碳市场正式启动上线交易，在第一个履约周期共有2162家燃煤发电企业被纳入全国碳市场的范围，覆盖了45亿吨二氧化碳排放量，约占我国碳排放量的四至五成。虽然目前覆盖范围较大，但单一的交易主体和交易品种，难以实现行业间优势互补。同样的发电行业，同质化程度较高，碳交易要么拥堵要么空虚，难以形成稳定的成交量。如2022年7月12日，全国碳排放配额（CEA）总成交量仅58吨，总成交额仅3364元。但碳市场扩容，同时面临着在不同行业差异化的产品生产过程中，直接、间接产生的碳排放核算统计核算体系难以快速建立健全的问题。与燃煤发电企业相类似的碳排放核算方式不同，即使是同一行业，不同地区采用不同生产工艺、生产原料所产生的碳排放系数千差万别，如何进一步规范碳排放统计核算的统计标准和统计口径是摆在全国碳市场扩容面前的大难题。

4. 交易存在明显的履约驱动交易

试点碳市场履约日一般集中在 6 月份左右。减排企业主观上没有形成常规化的交易思路，控排机构参与碳市场交易主要以完成履约为主，导致碳市场交易大部分发生在履约前的一个月。以 2018 年为例，碳交易试点在 5—7 月（履约期附近月）的碳市场交易量均占全年交易量的 40% 以上；除湖北和广东外，其他省市 5—7 月的交易量占比均超过 60%。

5. 碳信用、碳抵消机制尚未得到长足发展

自愿减排机制是全国碳市场重要的补充机制，中国已经建立自愿减排机制，在 2015—2017 年签发超过 5000 万吨减排量，时至今日仍在支撑试点碳市场和自愿碳中和市场，此前签发的 CCER 价格已经从 10—15 元/吨涨至 30—40 元/吨。但 CCER 机制改革进展缓慢，至今仍未有明确的时间表和改革方向，从 2017 年暂停申请后，至今仍未明确重启时间表。

（四）对中国碳交易市场建设提出针对性的建议

1. 建立更加数字化的碳排放监测核查与更加多元化碳交易监管机制

碳排放监测与核查的技术方法与数据质量，是碳交易高效建管的底层机制，从数字化、多元化等方面加强建设。

推动更加数字化的碳排放监测。结合数字孪生城市、智慧城市建设，探索以地区双碳智慧能源平台建设为试点，推动碳排放监测核查的数字化工作。目前，北京海淀、上海浦东、广州、深圳、厦门、无锡等地已经开展或计划开展碳管理平台的建设工作。通过智慧平台建设，建立健全全国碳平台数据建设标准，推动碳数据从年度向季度，从季度向逐日，从逐日向实时监测不断迈进，加强碳排放数据的质量管理。

加快完善电解铝、水、钢铁等碳核算标准，稳妥推动全国与试点碳市场扩容。碳市场覆盖范围从单一发电行业逐步扩大到八大重点行业，是中国碳市场发展不可逆转的大趋势，应加快完善全国不同地区不同生产工艺下的电解铝、水泥、钢铁、化工、造纸等高耗能行业的碳排放核算标准，为稳妥推进全国碳市场扩容夯实技术基础。同时综合考虑减排潜力、数据基础、产业政策及欧盟碳关税影响等，电解铝、建材（水泥）、钢铁行业将较先纳入。在建设全国碳市场的同时，各地碳市场也在持续发力，谨慎扩容。例如，湖北碳市场已经完成了 11 个行业的覆盖；天津碳交易市场也覆盖了钢铁、化工、石化、油气开采、建材、机械设备制造等 14 个行业；

广东碳市场拟扩大控排行业范围，将陶瓷、纺织、数据中心等纳入碳市场。结合各地试点市场的发展趋势，提前布局，做好将试点中纳入碳交易的行业向全国碳市场融合的工作基础。

探索建立更加多元化长效的碳交易监管机制。目前生态环境部既发放配额，又负责数据质量审核和配额履约相关事项，多部门的碳管理闭环尚未建立。应加强对全国碳市场各个环节的监管，有效防范市场风险，建立国家发改委与生态环境部共同制定"十四五"时期碳配额总量目标，逐年核定年度碳配额方法指标，生态环境部强化碳排放监测、报告与核查体系（MRV）建设，证监会系统、税务部门等共同参与碳市场监管，工信部门参与行业碳减排管理，自然资源部门参与碳汇建设，通过建立多部门协同监管的多元化长效监管机制来完善监管体系。

2. 重启CCER机制，结合全国统一登记，各地分级审批的灵活机制

虽然目前全国的CCER机制改革的相关安排尚未公布，但全国CCER注册登记系统和交易系统的招标信息已经为市场重启CCER机制释放了利好信号。重启的CCER机制，建议从产品类型与登记审批模式进行革新。重启CCER机制过程中，应重点加强以下两方面建设。

一是建立全国统一登记，各地分级审批的灵活机制。在全国层面，结合国土空间一张图平台，建立可视化、可量化、可溯源的CCER空间管理系统，为各省审批CEER项目提供核查依据，避免同一项目在不同自愿减排系统的重复申报计算。在此基础上，授权各省政府开展CCER审批的权力，进一步简化项目审定和减排量核证程序，在确保CCER质量的前提下，尽快重启温室气体自愿减排项目和减排量受理。

二是结合国际碳定价发展趋势，扩充CEER产品类型。加快CCER项目交易管理办法的修订工作，完善CCER方法学，根据全国碳市场的需求制定能够维持市场均衡的抵消规则，逐步提高CCER使用比例。在整合PHCE等各试点地区资源核减产品的基础上，明确CCER项目适用类型，向非水可再生能源、新型储能、CCUS、智能电网技术等新兴低碳技术倾斜，开发并探索CCER参与国际碳市场。

3. 拓宽交易准入，积极探索丰富碳金融产品

一是允许更多的机构投资者、社会资本进入，激活碳市场。目前全国碳市场的机构投资者活力不足，履约驱动交易仍然是目前碳交易的主流。在引入社会资本激活碳市场方面，各地试点开展大量有益的尝试。例如上海早在2014年就明确提出了针对机构投资者的准入条件规则。随着市场参与者的扩容，逐步企稳回升，上海碳市场机构投资者参与的交易量占到了总交易规模的 2/3 以上。全国碳市场应适度拓宽交易准入需求，而非增加准入限制，通过引入专业碳资产公司、金融机构和个人投资者，提高市场交易流动性。

二是积极探索，创新丰富碳金融产品。中国在地方试点中已经推出融资工具、衍生产品和其他金融工具三大类。融资工具主要包括碳质押融资和碳回购融资两类，衍生产品以上海试点的配额现货远期为主，其他金融工具主要包括借碳（托管）、碳基金、碳债券、碳信托、结构性存款等。但与传统金融衍生品相比，碳金融衍生品的设计仍不够完善，存在专业化程度不高收益风险比较低等问题，碳金融产品创新亟待加强。以上海为例，通过将碳市场建设和碳金融建设主动纳入上海的国际金融体系，推动自愿减排市场、碳普惠市场与强制减排市场的互联互通，积极推进碳回购、碳质押、碳指数、碳信托和碳基金等碳金融创新，探索和完善碳掉期、碳远期等衍生品交易，打造有国际影响力的碳市场定价中心，从而形成多层次复合型碳市场格局。下一阶段中国碳交易应进一步吸纳各试点地区的碳金融建设经验，聚焦碳交易与碳金融融合发展，丰富围绕林地、湿地等自然资源生态碳汇开发的生态修复、全域土地综合整治等融资工具，加快推动期权、期货等碳金融衍生品，鼓励更多企业开展中长期减排项目与减排技术投资，发挥碳金融的支撑与撬动作用。

4. 应对欧盟碳关税，试点探索碳交易与碳税的"组合拳"

欧盟基于碳排放交易体系和碳边境调节机制的碳管理机制逐步清晰，中国需要探索建立碳交易与碳税的"组合拳"，对于排放源较分散的行业适度探索开征税率较低的碳税，应对碳边境调节机制对中国出口产品逐渐增大的影响。在推进碳市场建设的同时，通过碳税征收将未纳入全国碳市场交易的行业纳入碳管理，提升行业在产品出口的绿色竞争力。例如加拿大阿尔伯塔省的碳定价政策，不仅建立了针对大型排放企业的碳市场机制，同时建立了针对排放分散或者排放较小的小型企业的碳税机制。

四 总结

随着全球碳交易市场收入首次超过碳税，碳交易市场已经进入快速发展的新阶段。但面对俄乌冲突与全球能源价格上涨，碳交易市场价格仍将在一段较长时间内存在剧烈波动的可能。而随着中国碳市场的不断发展，碳交易也必然从各地试点市场走向全国统一大市场，在此过程中，中国碳交易体系将走向更加数字化的碳排放监测核查、更加多元化的监管机制、更加灵活的 CEER 机制、更加完善与丰富的碳金融的建设愿景。同时，面对欧洲碳关税制度，试点探索碳交易与碳税的"组合拳"也是适度补充中国碳管理的重要途径。

参考文献

宝钢股份：《2021 年气候行动报告》，北京，2022 年。

陈美安、谭秀杰：《碳边境调节机制：进展与前瞻》，绿色创新发展中心，2022 年。

石敏俊、袁永娜、周晟吕、李娜：《碳减排政策：碳税、碳交易还是两者兼之》，《管理科学学报》2013 年第 9 期。

世界银行：《碳定价发展现状与未来趋势 2022》，纽约，2022 年。

中国国际发展知识中心：《全球发展报告》，北京，2022 年。

Avi-Yonah S R, Uhlmann D M, "Combating Global Climate Change: Why a Carbon Tax is a Better Response to Global Warming than Cap and Trade", *Stanford Environmental Law Journal*, 3, 2009.

Keohane N O, "Cap-and-trade, Rehabilitated: Using Tradable Permits to Control", *Review of Environmental Economics and Policy*, 1, 2009.

Mann F R, "The Case for the Carbon Tax: How to Overcome Politics and Find our Green Destiny", *Environmental Law Reporter*, 2, 2009.

Metcalf E G, "Designing a Carbon Tax to Reduce U. S. Greenhouse Gas Emissions", *Review of Enviromental Economics and Policy*, 1, 2009.

Murray B C, Richard G N, William A P, "Balancing Cost and Emissions Certainty: An Allowance Reserve for Cap-and-trade", *Review of Environmental Economics and Policy*, 1, 2009.

Stavins R N, "Addressing Climate Change with a Comprehensive US Cap-and-trade System", *Oxford Review of Economic Policy*, 2, 2008.

Wittneben B F, "Exxon is Right: Let us Re-examine our Choice for a Cap-and-trade System over a Carbon Tax", *Energy Policy*, 6, 2009.

发展案例

广东省佛山市顺德区
以水兴城筑未来　水韵凤城展魅力

河流是城市的灵魂，水是顺德的文化基因。自古以来，顺德水道纵横，806平方千米的土地遍布近千条河涌，孕育了"一船蚕丝去，一船白银归"的传奇，造就了"南国丝都""广东银行"等美誉。改革开放以来，更是孕育了城市的远大抱负，"世界美食之都""中国家电之都"等无数荣誉纷至沓来。然而随着经济的发展，河涌整治问题成为阻碍城市品质提升的因素之一。对此，顺德全面落实"绿水青山就是金山银山"生态理念，推动"治水大会战"，全力写好"以水美城、以城聚才、产城融合"大文章，通过治水推动城市蝶变，让美回归顺德，以期用良好的城市环境引来企业、留住人才，提升顺德的城市竞争力。

一　行至"深水区"，攻坚正当时

治水，是一场人、财、物的大比拼，更是一场理念、决策、创新的大会战。一部顺德史，半部治水事。此前的治水属于防洪达标治理、消除河道黑臭，实现水清岸绿的"1.0""2.0"版本，主要问题有：一是治水思维有待提升。此前多是工程思维，以管网、污水处理厂工程等为主，"头痛医头、脚痛医脚"，甚少考虑水环境、水生态等，忽视了治水的目标性和可达性。工程重建轻管，建管养一体化的运营管理模式有待进一步理顺。二是原有设施效能低下。已有污水处理设施年代久远，管网老化严重，相当一部分管网污水雨水错接混接，设置不合理、不科学，导致河涌水倒灌，涉水污染源信息摸排工作难度大，这都使原有污水治理成效"大打折扣"。此外，清岸工作也面临重重困难，沿河违建触及有关人员切身利益，清拆难度大。

行至"深水区",攻坚正当时。顺德力争打破传统落后的治水思路,开启"七大联围、系统治理"的治水新模式,打造"以水兴城"百年工程。

"只要做好了以水兴城,生态环境好了、城市品质高了、市民生活幸福了,人才、企业、资金等发展要素都会主动流向顺德。"佛山市委常委、顺德区委书记刘智勇表示,"以水兴城"是百年工程,顺德将把治水和发展统一起来,让绿水青山充分发挥经济社会效益,实现高质量发展的"水到渠成"。至此,顺德迈向了全流域科学治理的治水"3.0 时代"。

二 大兵团作战,一盘棋治水

治水是一项复杂的系统工程,牵扯面广、涉及的部门、事项多,为有力强化指挥、调度、保障的中枢作用。2020 年年底,顺德区成立了以区委书记、区长为双总指挥的以水兴城建设指挥部,坚持集中力量、集中资源、集中攻坚,实现高位统筹和高效运转,打破原有的分条块、分部门的"九龙治水"模式,实行大兵团作战,一盘棋治水。

自"以水美城、以水兴城"战略实施以来,顺德区认真贯彻落实市委关于"坚定不移推进生态文明建设,努力书写佛山绿韵水乡新篇章"的工作部署,出台以水兴城建设行动方案,有序实施清岸、清源、提质、净水、美岸、智慧、兴城、爱河等治水"八大行动",提出"四先四后"原则:先摸排后设计、先清拆后施工、先试点后推广、先治水后治城。高标准编制专项规划,以生态宜居为目标,奋力开拓顺德治水兴水新篇章。

三 建设先摸排,"治围"尤为重

黑臭在水里,根源在岸上,关键是排口,核心是管网,基础是排查。但过去治水更多是"边摸排、边建设",导致治水反反复复,效果不佳。为了摸清试点联围排水系统的"家底",顺德下了重本,历时 6 个月,高峰期投入工程技术人员 1086 人,投入三维激光扫描仪、船舶式 CCTV、暗涵无人机、水下机器人等设备 372 台套,从"源、网、厂、河、城"5 个维度全方位摸排试点联围,经复核摸排成果准确率达 98.21%。以全域纳入试点的陈村为例,自 2021 年底起,已通过大兵团、地毯式摸查掌握全镇污水厂站、管网、河涌及排口、污染源、人口经济分布五大方面的信息，并形成"一张图"及数据分析模型。

不仅如此，顺德坚持摸排先行和信息化建设同步，利用大型无人机倾斜摄影技术，构建全域77.59平方千米三维数字底板，实现直观、真实和高效的数据可视化交互。

为摒弃工程思维，充分运用摸排成果建模进行定量分析，做深做细技术方案。首先是围绕治水目标可达，顺德将工程方案划分为7个专篇15个专题，用2个多月先后组织30余场专题研讨会，论证具体工程措施与水质达标之间的逻辑桥梁，确保每一项工程措施针对性强和充分必要。经过大量严谨、细致、科学的论证，顺德初步总结出"挤外水、收污水，大分流、小截流"的治水总体思路，构建"封闭的污水系统、开放浅层的雨水系统、高效的截流系统、全要素的智慧管控系统"四层排水系统目标。

中国工程院院士任南琪对顺德本次试点联围本底排查报告和工程可行性研究报告给予高度评价，认为是"迄今为止，地方政府从水资源、水环境、水生态和水安全角度能做到的非常系统、有高度、全面深入的报告"。

与此同时，为贯彻落实全流域科学治水，顺德根据珠江三角洲下游网河受洪潮影响形成以围为独立的引水排水单元的特点，以围为单位，将涉及全区12个堤围的区域分为七大联围，将流域涉及的所有主支涌、上下游、左右岸大小河涌一并治理。

摸排家底、联围治理，意味着真正摒弃工程思维、考核思维、碎片思维，实现从碎片化治理转变为系统治理，从底数不清到摸清家底，从技术路线不明到形成科学技术路线，彻底解决水环境问题。

四　铁腕强执法，聚焦抓示范

按照"先清岸、后建设"的原则，清岸行动是顺德治水大会战的切入点、突破口和开路先锋，为日后污水处理设施建设打开了连片空间，也为未来打造高品质的公共亲水岸道创造了有利条件。

2022年以来，顺德区坚持规范执法，顺德区镇村三级不断掀起清岸高潮，清岸行动进展神速。加强入户宣传，发动村民自拆与依法强拆相结合。出台《顺德区清岸行动违法建设查处工作指引》，形成快查快处机制。出台《顺德区清岸行动后土地利用建设工作指引》，为清岸土地利用提供指引。高效利用清岸信息化 App 平台，连片清拆违建，逐步啃下"硬骨头"。目前全区共拆除违章建筑 12256 处，拆除面积 161.61 万平方米，检查各类涉水企业、单位 13714 家次，拟罚款 863 万元，移送行政拘留 9 宗，移送环境犯罪案件 14 宗，全链条打击涉水违法行为产生良好的震慑效力。

为强化控源截污，顺德区出台《顺德区涉水工业污染源管控标准化指引》，为控源执法工作提供规范指引，累计检查各类涉水企业、单位共计 13714 家次，已立案 97 宗，作出行政处罚决定 50 宗。推进养殖鱼塘改造提升和尾水治理项目，累计完成 6000 亩改造提升。

与此同时，为治水与兴城相结合，水产城融合发展，顺德各镇街高品质推进美岸示范项目和碧道建设。坚持高品质、高标准、低成本的原则，充分利用清岸腾出的滨水空间，打造 10 个美岸示范项目，总面积达 23 万平方米。同时选取陈村三龙湾碧道东平河东岸（花卉世界段）、乐从吉利涌碧道（乐从段）、均安东海水道碧道星槎段作为示范段。

坚持先试点后推广的治水理念，顺德在联围治水试点的基础上，在 10 个镇（街道）分别选取老旧小区雨污分流改造、断头涌治理、箱涵整治、鱼塘尾水治理等 13 个治水项目作为分类示范，为联围治水及大兵团分层次治理提供可参考可复制的范本。

沿着"以水美城、以水兴城，打造岭南水乡的顺德示范"的路线图，顺德全力实施治水"八大行动"，对于池塘养殖年产值占全区农业总产值近七成的顺德来说，治理农业面源污染，必须向池塘养殖尾水污染"开刀"，而新建"三池两坝"成为试点镇街的关键举措。"三池"包括沉淀池、曝气池、生物净化池，"两坝"是经过沉淀池后的 1 号过滤坝以及经过生物净化池后的 2 号过滤坝。

目前，均安镇南浦村、豸浦股份社和新华社区，已联动开展养殖池塘改造提升尾水治理项目，覆盖池塘面积约 1449 亩。通过连片开发养殖鱼塘，并采用"三池两坝"工艺净化池塘尾水，确保尾水水质长期稳定达标和片区水生态环境健康稳定。

五　党建来引领，提质又增效

为将以水兴城与群众的幸福感、获得感紧密联系，顺德区各镇街、各村居推行与各中标单位集中办公和共建临时党支部的工作模式，探索建立起既协同合作又相互监督制衡的对接机制，推动各方高频互动、同频共振、高效运转，让党旗高高飘扬在治水攻坚第一线。通过区镇村三级联动，在各村（居）设置治水专员，充分发挥基层在治水攻坚中的作用，打通落实治水工作的"最后一公里"。

在陈村，自成立镇以水兴城建设指挥部后，全镇机关办所超170名党员干部到达村居一线，与村两委干部"并肩作战"，坚持以党建引领切实走好群众路线，探索出"党员先行、先易后难、以点带面"的三大工作策略，为顺德治水"打版"、贡献"陈村方略"。

在党建带领下，顺德在清岸、清源后推进的提质行动成效显著，通过管网修复、专项治理和升级污水处理设施等方式开展补短板工作，提升污水收集和处理效能，分阶段消除黑臭水体，进一步提高水环境质量。一是提升污水收集和处理效能。截至目前，已完成污水管网建设304.2千米和雨污分流改造9.2千米。成立区镇污水处理厂建设项目推进专班，有序推进龙江、乐从、陈村等污水处理厂扩容前期工作。二是全面推进农村黑臭水体治理。2022年顺德区计划完成27条农村黑臭水体的整治验收工作，目前10条已验收，7条已基本完成整治并陆续铺排水质监测和验收，其余10条正处于施工阶段，预计年内可分阶段完成整治验收。三是深入推进排水设施"三个一体化"管理。目前排水公司承接群力围污水处理厂、103个农村污水处理站、约1800千米污水（合流）管网、157个地埋式一体化泵站和8个污水提升泵站的统一管养工作，与10个镇街签订《生活污水处理厂、农村分散式污水处理站监管项目协议》，将目前未能统一移交运营的BOT污水处理厂、配套管网和泵站纳入区排水公司的统筹监管中。

当前工作进展速度之快、群众反响之热烈，离不开顺德坚持"大兵团作战，一盘棋治水"，更得益于无数治水先锋活跃在清岸行动一线，用心用情走好群众路线，深入推进全民节水行动和联围治理，开展"世界水日·中国水周""水秀湾区·城启未来"等多层次多维度的一系列宣传活动，与村民一起，营造治水共监督、护河同行动、全民共参与的浓厚氛围，聚爱河护河强大力量，全力打造岭南水乡的顺德示范。

"绿水青山就是金山银山"，人民的向往与时代的责任呼唤顺德再现一湾碧水。顺德正将水环境治理与高质量发展牢牢结合，绘就出一幅与水共生、向水而生的和谐美丽画卷。接下来，顺德将继续以功成不必在我的精神境界和功成必定有我的历史担当，既谋划长远，又干在当下，坚决打好治水兴水攻坚战，以优异成绩建设广东省高质量发展体制机制改革创新实验区。

江苏省常州市武进区
实干争先　砥砺奋进
全力打造高质量"创智"武进标杆

　　武进是"苏南模式"的主要发祥地之一，从制造业起步、以实体经济见长，产业底气厚实，共有全部41个工业大类中的31个，666个工业小类中的305个，既有钢铁、化工、纺织等传统制造业，也有轨道交通、智能装备、智电汽车、新材料等新兴制造业，还有数字经济、氢能产业、细胞治疗等未来产业。恒立、新誉、万帮三家企业（项目）入选第七届中国工业大奖、表彰奖候选名单，李克强总理曾实地考察恒立液压并寄语鼓励；2021年荣获中国工业百强区第六、江苏省第一；拥有制造业单项冠军企业13个，为江苏省县区级第一，并连续两年获评江苏省推进高质量发展先进县区。党的十八大以来，武进区坚持以习近平新时代中国特色社会主义思想为指导，将"创新"作为不竭的动力，把"智造"视为制胜的法宝，奋力打造高质量发展"武进标杆"。

一　聚力"集群壮大"，厚植创智武进的扎实根基

　　十年来，武进的工业增加值从2012年的875.14亿元增加到2021年1510.72亿元，年均增长6.3%；规上高新技术产业产值占比从2012年的39.9%跃升到2021年的53.7%，实现了高基数上的高增长。把握大势、发挥优势，武进不断推动先进制造业向智能化、高端化、集群化迈进，着力打响机器人、智电汽车、集成电路、石墨烯、医疗健康5张产业名片。一是机器人产业如火如荼。武进已集聚安川、纳博特斯克、快克智能、金石等研发生产及配套企业70余家，形成从零部件生产到整机装配的完整产

链，机器人本体产量约占全省的70%，国内每4台工业机器人中就有1台"武进造"。今年，武进出台《关于支持机器人产业发展若干政策》，成立机器人产业联盟，推进建设机器人检验检测和认证平台，通过建立产业扶持政策，给予符合条件的企业一次性资金补助（最高不超过2000万元）和奖励（最高不超过100万元），到2025年，将形成完善的研发、检测、制造、集成应用体系，全区机器人产业销售收入预计达到300亿元。二是智电汽车产业蒸蒸日上。以理想汽车为代表的新能源汽车行业异军突起，拥有产业链核心企业68家，集聚形成了较为完整的新能源整车、汽车关键零部件和充电设备产业集群，覆盖了从发动机、变速箱到车架、车身，从车辆内饰到汽车电子，从轮毂到汽车空调，涉及机械、电子、纺织等多个行业。武进的汽车制造业产值由2012年的30.27亿元增加到2021年的296.71亿元，增长8.8倍。2022年以来，武进国家高新区新能源汽车零部件产业园、汇川新能源汽车多合一动力总成、豪森新能源汽车高端装备等一批重大项目先后落地，智电汽车产业发展驶入快车道。三是集成电路产业朝气蓬勃。武进已引进承芯半导体、纵慧芯光等一批在各自领域极具影响力的项目，致力打造武进芯创天地、常州集成电路生态产业园和西电化合物半导体创新中心三大产业平台，培育引进30多家集成电路相关企业，总体呈现设计、制造、封测三业并进态势，其中龙头企业影响力不断增强，承芯半导体已成为全球第二大化合物半导体晶圆制造代工项目，纵慧芯光是全球三家之一、国内唯一手机VCSEL芯片设计制造公司，并积极打造长三角化合物半导体创新基地，为区域集成电路产业发展提供人才培养、技术研发、产业孵化等服务支撑。目前，全区在建集成电路相关项目11个，其中6个预计今年竣工达产。四是石墨烯产业方兴未艾。由江南石墨烯研究院发起的常州新型碳材料先进制造业集群入围工信部2020年先进制造业集群招标（全省共3家），武进集聚石墨烯相关人才团队40多个，相关企业160余家，上市及新三板挂牌企业6家，涵盖石墨烯设备研发、原料制备与应用研究、产品生产、下游应用、市场服务等完整产业链，创造了14项"全球第一"，赢得"全国石墨烯看江苏、江苏石墨烯看武进"的美誉。五是医疗健康产业未来可期。西太湖国际医疗产业园成为"常州国家医疗器械国际创新园"和"国家级孵化器园区"，省药监局审评核查常州分中心落户武进，成功举办西太湖细胞和基因治疗前沿技术发展大会。武进目前拥有以医疗器械为主的健康制造企业近300家，健康服务企业40余家，医疗器械经营类企业近200家，预计到2025

年，医疗健康产业销售收入可达 200 亿元，将形成全市领先、全省有位的医疗健康产业集群。

二 聚力"强链稳链"，激发创智武进的澎湃动力

"专精特新"企业是工业经济发展的"主力军"，"智改数转"是企业提质增效的关键之举。武进以"专精特新"为引领，以"智改数转"为抓手，引导企业着力打造品牌、提升质量，实力再攀新高。目前，武进有国家级专精特新"小巨人"企业34家，省级82家，占比均居全市首位，以及拥有百余家在各类细分行业内占据领先地位的"隐形冠军"企业，带动产业集群规模持续壮大。一是优化资源储备，加快梯度培育。武进构建了较为完善的国家、省、市专精特新"小巨人"梯度培育体系，重点围绕产业链、供应链的关键环节，把一批拥有核心技术的成长性好、专业化水平高、创新能力强、产品服务特色化明显的企业纳入培育库，全区入库企业超800家。二是夯实平台载体，精准保障扶持。目前，武进拥有国家级中小企业公共服务示范平台1家，省级中小企业公共服务示范平台17家，国家小型微型企业创业创新示范基地1家，省级小型微型企业创业创新示范基地10家，为企业提供创业辅导、技术支持、融资担保、人才培训、市场开拓、管理咨询、信息支撑、法律援助等全方位保障。同时，相关部门严格落实省、市、区奖励政策，对已认定的企业精准服务，确保企业不错失任何一个获取资金扶持、资源支持的机会。三是加快智改数转，做强关键增量。积极鼓励和引导企业加快智能装备应用步伐，推进新一代信息技术在企业研发设计、生产制造、运营管理、售后服务中的深度融合、集成应用，促进制造业向数字化、网络化、智能化转变，累计创成省五星级上云企业8家，省四星级上云企业96家、省三星级上云企业177家；50家企业车间获评省智能制造示范车间。2022年，武进编制了《关于推进制造业智能化改造和数字化转型的若干措施》，明确了四大类19条专项政策，并与机器人、集成电路等相关产业政策充分协同，发挥政策叠加效应。

三 聚力"提质增效",激活创智武进的强劲引擎

重大项目、金融资本、创新创业都是推动经济发展的"加速器"。武进坚持虚实互动、软硬一体,为企业转型升级赋能,推动产业高质量发展。一是项目建设驶入"快车道"。聚焦特色优势产业和战略性新兴产业,武进加强与世界名企、重点央企、实力民企、大院大所的洽谈对接,做好产业布局、创新选择的研判,既招引一批旗舰型、龙头型、基地型的重大项目,又引育一批"小而优""小而美""小而强"的优质项目。2013—2021年,武进实际利用外资总额累计超过75亿美元。截至2021年年底,已有20多家世界500强外资企业在武进投资了30多个企业(项目)。武进企业陆续走出国门,实现全球布局,2013年以来,境外投资项目168个,中方协议投资总额1.64亿美元。二是资本扩容步入"上升期"。武进抢抓多层次资本市场深化改革机遇,充实上市后备资源,规范市场主体培育,推动更多高新技术企业股改上市,不断壮大资本市场"武进板块"。党的十八大以来,新增上市公司32家(含2022年上市2家),首发融资360.57亿元,再融资163.35亿元。在国内外上市武进企业累计达44家,总市值超5000亿元。2021年9月29日,武进发布"中证武进发展指数",成为全国第一个发布上市公司指数的县区,标志着资本市场的"武进板块"迈出新步伐。三是创新创业按下"提速键"。作为全国首批双创示范基地,武进组建了百亿产业母基金和面向不同发展阶段、不同规模层级企业的基金体系,全面为龙城英才企业和领军人才创业企业保驾护航。积极推进长三角双创示范基地联盟建设,武进企业获得首张长三角双创券。2022年3月,武进区国家双创示范基地被评优秀等次,全省区域类基地中排名第1位,再次获得国务院督查激励。截至2021年年末,武进拥有独角兽企业1家、省级瞪羚企业68家、国家级高新技术企业达1131家。2021年专利授权21455件,其中发明专利授权1975件,分别是2012年的5倍和4.68倍。武进先后荣获全国科技创新百强区第一名、中国知识产权领域最具影响力县域第二名等称号。

四 聚力"产业生态",提升创智武进的承载能级

一流的产业离不开一流的生态。武进融入"大格局"、突出"高品质"、瞄准"无代差",当好产业生态的护林员、主动服务的店小二,为高质量发展提供坚实保障。一是提升要素供给,呵护企业成长。武进主动对标先进地区经验做法,着眼企业所需,提升要素供给,与工高级行等十余家金融机构签订合作协议,完善银企融资对接机制;精心打造常州基金产业集聚区——龙城金谷(南区),已集聚金融、类金融机构超300家;深化推进"危污乱散低"出清提升行动,加快盘活低效厂房、楼宇、土地;建立完善每月政企座谈会制度,精准解决企业"急难愁盼"问题。此外,武进还清单式滚动推出四批优化举措,在全省率先试点"标准地+承诺制""信用+公共资源交易""标证通"手机CA等"放管服"改革,积极打造市场化、法治化、国际化营商环境,在2021年度省营商环境评价中进入全省第一方阵。二是强化人才引育,用好第一资源。全面打响"非武不栖 进无止境"人才品牌,为常州市唯一入选全国青年发展型县域试点名单的区。常态化开展"资者见智"系列活动,累计为人才企业发放贷款和募集投资超6亿元。升级武进英才"荣誉工程",提供十大类30项服务"一卡通办",建成人才公寓11253套。截至目前,全区累计引进人才22.97万人,高技能人才突破10万人,引进领军型创业人才项目1084个、创新人才263个;2021年,领军人才企业年销售总额超330亿元、纳税超7.8亿元。三是搭建创新平台,完善创新布局。充分发挥科教城创新之核的作用,联动武进高新区、西太湖科技产业园两大国家级、省级高新区,抢抓中以创新园等国际合作机遇,让创新国度与智造名城牵手,打造国际技术合作转移的"桥头堡",形成以重点园区为龙头、高新园区为支撑、产学研深度合作为基础的创新布局。聚焦集成电路、智能制造、新材料等产业需求,布局一批国家级、省级重点实验室以及产业创新中心、制造业创新中心和技术创新中心,截至目前,武进共建有新型研发机构20家,重点实验室38家,企业研究院7家,科技公共服务平台25家,省产研院专业所6家;企业联合创新中心9家。四是完善基础设施,支撑远景发展。武进抢抓长三角一体化发展、"两湖"创新区建设等多重机遇,深入推进国家

级产城融合示范区建设。常宜高速、金武快速路、青洋快速路一期等建成通车；常州地铁一号线（武进设 10 个站）建成投入运行；南沿江高铁（设高铁武进站）正加紧建设施工，高铁武进站建设基本完成；常泰高铁（在武进设常州南站）、盐泰锡常宜高铁（在武进前黄设站）均已规划。2021 年武进荣登全国新型城镇化质量百强区首位。

武进将积极贯彻落实常州市"532"发展战略，拥抱"两湖"时代，扛起首位担当，围绕"两湖"创新、项目攻坚、产业转型、乡村振兴、绿色发展等重点，扎实蓄势、善于取势、合力成势，推出更多可复制、可借鉴、可推广的标志性项目，为现代化建设提供更多的武进经验。

江苏张家港市
从"张家港精神"看县域
高质量发展的力量源泉

张家港市原名沙洲，地处长江下游南岸。1962年常熟划出14个公社和常阴沙农场，江阴划出9个公社，建立沙洲县。1986年沙洲撤县设市，并以境内天然良港——张家港命名，设立张家港市。虽然建县（市）仅有60余载，但这个曾经名不见经传的江边小城却在半个多世纪里实现了从一穷二白到大踏步走向高水平小康的华丽蜕变，创造出一个令人惊叹的"张家港速度""张家港经验"和"张家港效应"。2022年，张家港市实现地区生产总值3302亿元，在全国394个县级市中排名第3位，经济规模超过六成地级市。按常住人口计算，张家港市人均地区生产总值为22.87万元，是全国平均水平的2.7倍，按照世界银行的标准，已达到中等发达国家水平。

张家港市的发展，与中国社会主义建设风雨同程，是中国特色社会主义道路的见证者、探索者和践行者，是中国现代化发展在县域层面的一个缩影。回望张家港市六十多年发展历史，在不同的历史时期，张家港始终走在中国县域发展的前列，综合实力连续30年位居全国百强县（市）前三甲，累计获得国家级荣誉200多项。2022年，央视中秋晚会的主会场就设在张家港美丽的暨阳湖畔，展现港城大地深厚的文化积淀和美丽实景山水，给人们留下了深刻的印象。我们不禁要问，张家港市的凤凰涅槃般的蝶变是如何做到的，其跨越式的发展背后到底有什么秘诀？

一 "张家港精神"——张家港精彩蝶变的基因密码

张家港之所以成功,其核心基因密码就在于十六个字:"团结拼搏、负重奋进、自加压力、敢于争先",也就是"张家港精神",这是张家港能够成功并且在未来能够继续成功的重要法宝,也是这座城市独有的精神图腾和价值符号。

"张家港精神"是改革开放以来县级城市中唯一以城市命名的精神,更是张家港的城市之魂、力量之源。正是在张家港精神的指引下,一代代张家港人砥砺奋进、拼搏进取,成功实现了从"农转工"到"内转外",从"散转聚"到"量转质",从"乡镇企业异军突起"的探索发展,到"两手抓两手硬"的协调发展之路,再到"勇当排头兵、敢为先行者"的高质量发展之路,实现了张家港从"苏南边角料"到"全国明星城"的精彩蝶变。

在建县之初,沙洲县是一个典型的农业县,经济基础十分薄弱,全县生产总值仅为9466万元(当年价),在苏州地区各县市中排名倒数第一,全县只有一部柴油机发电,80%的农民住在茅草房里,被调侃为"苏南的边角料"。然而,就是这样一个县,用了60年的时间,GDP就突破了3000亿元大关,年均增长率达18.7%。其间,张家港市在1995年更被《人民日报》誉为"伟大理论的成功实践",成为家喻户晓的明星城市。张家港从昔日的"穷沙洲"一跃而起,成为全国"两个文明"建设标兵,成为统筹城乡协调发展的新兴现代化港口城市,多年位居全国百强县(市)前三甲。

张家港精神不是凭空产生的,它是张家港人民用心血和汗水亲手创造的思想财富,是时代发展与张家港自身特色相结合的产物,是张家港城市文化特色的最鲜明体现。

"杨舍精神"是张家港精神的雏形。1978年,沙洲县委、县政府所在地位于杨舍镇,镇区面积不足1平方千米,房屋破旧,环境脏乱,工业产值不足500万元,在当时苏州地区6个县的城关镇中排名倒数第一。为迅速改变落后面貌,当时的杨舍镇党委书记秦振华及镇党委一班人带领全镇党员、干部和群众,顽强拼搏,艰苦创业,两个文明一起抓。短短几年时间使杨舍镇发生了巨大变化，一跃成为全国"乡镇之星"。在创业过程中，杨舍镇形成的"为官一任、造福一方，顾全大局、乐于奉献，扶正祛邪、敢于碰硬，雷厉风行、脚踏实地，严于律己、以身作则，自加压力、永不满足"的工作标准和工作作风，被誉为"杨舍精神"，这是张家港精神的雏形。

"南方谈话"直接催生了"张家港精神"。1992年年初，邓小平视察南方重要讲话发表。在这历史发展的关键时刻，张家港市委一班人认识到，经济要腾飞，思想要先行，只有用强大的精神动力武装全市党员、干部和群众，才能解放思想，激励斗志，快速发展，开创大业。于是，张家港市委在"杨舍精神"的基础上进一步概括、提炼、升华，提出形成了"团结拼搏、负重奋进、自加压力、敢于争先"十六个字的张家港精神。

"张家港精神"虽然只有十六个字，但却有着十分丰富的精神内涵。"团结拼搏"，即团结起来，齐心协力，艰苦奋斗，开创大业；"负重奋进"，即肩负重任，迎难而上，勇挑重担，奋勇前进；"自加压力"，即自立自强，自我加压，不留后路；"敢于争先"，即心想长远，永不满足，敢闯敢冒，敢争第一。团结拼搏是基础，负重奋进是要求，自加压力是动力，敢于争先是目标。

张家港精神，是改革开放大潮中的闪亮浪花，是新时代中国特色社会主义的美妙音符，是不断与时俱进的城市精神，是持续自我进化的文明自觉，更是中华民族实现站起来、富起来到强起来的伟大飞跃的县域注脚。正是在张家港精神的激励下，百万港城人民抢抓机遇，拼搏争先，用勤劳和智慧实现了张家港的大变化和大发展，创造了"张家港速度"，点亮了"张家港文明"。

二 从"张家港精神"到"张家港速度"

当一座城市有了精神，便有了发展之基、力量之源，迸发出一个又一个创新的"灵感"，创造出一个又一个发展的奇迹。张家港精神是团结奋进的创业精神，是敢为人先、与时俱进的创新精神。

"张家港速度"体现在项目建设上。在张家港展示馆里，一个个关于"张家港速度"的印记令人动容。1992年1月，张杨公路重建工程启动，至1993年8月，仅用18个月时间全长33千米的张杨公路全线贯通，成为张家港市、也是江苏省第一条双向六车道部分封闭一级快速公路，这条公路见证着张家港从一个港口小城成为全省重要、沿江地带举足轻重的交通枢纽城市。同一年，张家港保税区经国务院批准设立，3 个月，完成 1284 户居民搬迁，5 个多月，建成长江流域最大的县级万吨码头，6 个月，完成 4.1 平方千米保税区的"五通一平"，9 个月，张家港保税区封关运行，张家港创造了令人惊叹的"保税区速度"，中粮集团、陶氏、瓦克、霍尼韦尔、PPG 等 30 多家世界 500 强企业和中集、中核等一批央企国企纷纷落户张家港保税区，成为张家港保税区不断发展壮大的参与者、见证者。

"张家港速度"体现在改革创新上。改革创新是推动高质量发展的关键一招，是张家港能够跳出发展局限、实现加速发展、争创先进的必然选择，更是城市发展的重要动力。敢于争先的"精气神"，成为张家港创新发展的"金钥匙"，而创新又反过来为张家港的发展提供了澎湃动能，使得张家港能够持续保持中高速增长。2022 年，张家港市在江苏省率先推行产业扶持政策"积分制"管理，设立总规模 15 亿元的"张家港人才一号母基金"，启动运营全国首家"科技创新研修院"，创新发布"沙洲科创 C 计划"，国家及科技企业孵化器绩效优秀数量列全国县（市）第一，高标准获评全国首批创新型县市。

"张家港速度"体现在营商环境优化上。张家港市行政审批局主动对接企业需求，依托"保时结"政务服务品牌，提前指导、"容缺预审"，实现"五证齐发"，持续优化营商环境，为项目快速推进节约了宝贵时间。从"3+3"贯通提速机制、"保时结"政务服务品牌，到科技招商项目"帮带办"、重大项目全程代办、企业开办"4+3"服务，一揽子服务"大礼包"相继出炉，有力推动项目招引签约、落地建设的速度和激情，更获评全国城市营商环境创新县（市）。在加快转型升级，推动高质量发展的创新实践中，张家港正全力构建阳光灿烂、水草丰美、适宜招引项目拔节生长的良好生态系统，吸引更多的人才和项目来张家港播种、耕耘、收获。

"张家港速度"体现在产业发展上。1992 年年初，张家港在分析了全国的经济形势以及周边县市的发展态势后，果断喊出"工业超常熟、外贸超吴江、城市建设超昆山、样样工作争第一"即"三超一争"的奋斗目标。到 1992 年年末，张家港工业产值达到 220 亿元，实现了对常熟的历史性超越，外贸出口总量超过了吴江，城市建设则拿下第一个"全国卫生城市"称号。到 1994 年年底，张家港市的经济总量、税收、外贸出口、外资引进等均在苏州市处于领先水平，文化、体育、教育等28个部门的工作被评为全国先进，全面实现"三超一争"的奋斗目标。进入21世纪以来，张家港市进一步深化经济体制改革，为经济发展减少束缚，转变经济发展方式，全力推进新型工业化进程。与此同时，面对资源要素的约束，加快调高、调轻、调优产业结构，推动实现产业层次更高、产业结构更轻、产业质态更优。2022年，全市规模以上工业总产值达到5928亿元，GDP达到3302亿元，地方一般预算财政收入达到219亿元（还原，留抵退税后254亿元）。

"张家港速度"还体现在为民服务上。对于居民生活中遇到的一些琐事、急事、难事，张家港始终坚持"小题大做"，把这些问题的解决作为提升百姓幸福感的新抓手。每年年初，张家港都会由市镇两级财政安排专项资金，实施"民生微实事"项目，以群众需求为导向，通过"群众点菜、政府买单"的方式，"短平快"地解决群众身边的"小急难"。张家港在苏州率先启动养老服务，实现社区居家养老服务中心（站）、区域性养老服务中心全覆盖，启动养老服务"时间银行"，推出村级医疗互助项目，实现"村级医疗互助"全覆盖，绘就了张家港一幅色彩斑斓、可圈可点的民生画卷。正是这些用心用情增进民生福祉的工作，使得张家港成为"中国最具幸福感城市""中国率先全面建成小康社会落伍城市"。

三 从"张家港精神"到"张家港文明"

文明是张家港最闪亮的一面"金字招牌"。作为一座年轻的城市，张家港一直以"举旗帜、聚民心、育新人、兴文化、展形象"为使命，以文明浸润城市，以文化滋养市民，打造更高水平的全国文明城市。

20世纪90年代初，张家港以高度的精神文明建设热情，推动物质文明与精神文明协调发展。在"张家港精神"的激励下，张家港用短短三年的时间夺得了28项全国第一，成为全国瞩目的焦点。1995年，"全国精神文明建设经验交流会"在张家港召开，充分肯定张家港的经验。1997年，张家港市被中宣部正式确定为"全国文明城市创建示范点"。2005年，全国首批文明城市评选，张家港成为唯一获选的县级市。至2021年，张家港更成为唯一连续六届荣获"全国文明城市"的县级市。

城市的底蕴终究由人呈现，现代化新市民才能铸就新时代的城市气质。在持续多年的文明创建中，张家港始终锁定提升人的素质这一核心，以"全民参与、全域覆盖、全面推进"的高度自觉，推进城市文明从"颜值"到"气质"的深刻改变。2018年，作为全国新时代文明实践中心建设的首批试点城市，张家港将新时代文明实践融入文明城市创建全过程，构建全域覆盖的"文明实践共同体"，以高质量文明成果助推张家港高质量发展走在前列。

公共文化事业与文明建设相辅相成。多年来，张家港一直致力于公共文化服务事业，不断强调以文化人、以文惠民、以文兴业，培育时代新人，夯实文明城市的精神根基。一方面，张家港不断完善公共文化基础设施建设。早在20世纪80年代，就建成了苏州地区首批"五位一体"农村集镇文化中心。之后，先后推动建设或扩建市文化馆、图书馆、博物馆、城南文化中心、5G数字剧场、城西文体中心等，同时推进公共体育场馆提档升级，建设城市绿道、张家港湾全民健身户外营地和健身基地等，为人民公共文化生活提供便利条件。张家港首创"书香城市"建设指标评价体系、24小时图书馆驿站、分众化全民阅读引导机制、民间阅读推广人资格认证制度，1800余名阅读推广人每年开展各级阅读活动超过3000场次。截至目前张家港建有19个镇（街）文化中心，37个五星级村（社区）综合性文化服务中心，56个24小时图书馆驿站，35个书场（戏台），33个社会足球场，467条共计685.5千米健身步道，全市人均公共文化设施面积达到0.57平方米。另一方面，张家港不断创新文化供给体系，提供高质量公共文化服务。2011年，张家港在全国率先探索"网格化"公共文化服务模式，在原市、镇、村（社区）三级服务网络的基础上，将各村（社区）按一定标准划分为1051个"文化网格"，使这些文化网格成为政府公共文化服务和广大群众参与文化建设的基本单元，形成市、镇、村、文化网格四级公共文化服务网络，覆盖全市所有区域、所有群众。"文化网格"完善了文化供给的植入方式，而数字化工程的实施，又为文化插上了"数字化的翅膀"，让老百姓足不出户就可以感受到文化的魅力，影响了文化传承、文化民生的主旋律。

从改变环境到培育文明，从厚植精神到涵养文化，从行为规范到内心遵循，从力出一孔到无处不在的精准换挡，张家港一直在遵循着城市高质量发展中的"变与不变"，谱写精神文明建设的辉煌篇章。

四 让"张家港精神"在新时代再放华彩

精神的力量是伟大的。伟大的事业需要并将产生崇高的精神，崇高的精神支撑和推动着伟大的事业。小桥流水，钟灵毓秀；大江澎湃，波澜壮阔。灵秀和豪迈——"硬"和"柔"的互融共进，彰显着张家港的独特魅力。植根于改革开放和社会主义现代化建设实践中的张家港精神，经过张家港一届又一届领导班子的薪火相传和全市人民的接续奋斗，已融入城市发展血脉，成为苏州"三大法宝"之一，被誉为"中华民族精神和时代精神的重要组成部分"，成为中华民族实现站起来、富起来到强起来的伟大飞跃的生动样本。

"张家港精神"，不是一招一式的方法创新，而是根植于发展实际、适时适地、求新求变的思维创新。"张家港精神"中的"拼搏""奋进""争先"等关键词，就是敢为天下先、脚踏实地干的改革实践的生动写照。作为苏州的"三大法宝"之一，"张家港精神"在新时代也要有新内涵，要适应时代的发展不断发扬光大，获得新的发展和升华，敢闯、敢拼、敢创新，在致敬历史中高扬旗帜，在继往开来中立牢标杆，让张家港精神成为新港城的"强引擎"，引导经济和社会更高质量发展，使张家港的城市品牌更加亮丽。

奋斗的脚步从未停歇，崭新的征程已经开启。对历史最好的致敬，是书写新的历史；对未来最好的把握，是开创更加美好的未来。在开启社会主义现代化建设新征程的新时代，没有任何先例可循，并将面临前所未有的机遇和挑战。张家港作为全国的明星城市、改革的先锋闯将、苏州的重要板块，要勇立潮头勇挑重担，昂扬发展之势，立足服务构建新发展格局，抢抓长三角一体化、长江经济带、共建"一带一路"等机遇，着眼全省区域协调发展、苏州市域统筹发展，在高质量发展的轨道上奋勇争先、持续领先，率先建设中国特色社会主义现代县域示范区，用过硬成绩书写崭新篇章，努力交出无愧于历史、无愧于时代、无愧于人民的优异答卷。

未来，随着沪苏通铁路、通苏嘉甬铁路和南沿江铁路"三铁交会"的实现，张家港将拥有县级市中最密集的"公铁水空"网络，成为长三角一体化重要节点和跨江融合的"桥头堡"。上海全球科创中心、长三角一体化、长江经济带、"一带一路"等国家重大战略叠加，南北联动、跨江融合推动省域一体化发展,"沪苏同城化"进一步加速都将持续优化张家港市地缘性优势,为张家港市推动高质量发展、高水平开放、参与全球合作和竞争拓展了新空间、增添了新动能。但与此同时,作为沿海地区开放前沿,张家港市面临着明显的环境制约、资源制约、能耗制约,外部风险挑战也更为直接,"稳规模""调结构"叠加压力更大。因此必须在把握先发优势的同时,更加注重在优化结构、增强动力、补齐短板上取得新突破。这就需要港城人民继续大力弘扬"张家港精神",拿出"样样工作争第一"的雄心壮志,吃透精神大胆干、勇于担当全力干、争先突破创新干,勃发创新之力,用优质资源汇聚澎湃动能,厚植文明之韵,用真心真情编织幸福生活,使张家港在新时代改革大潮中继续勇立潮头,唱响新时代"长江之歌",书写新的发展奇迹!

江苏省无锡市新吴区
实施产业强区战略
打造长三角先进制造核心城区

无锡市新吴区成立于2015年11月,与无锡高新区实行"区政合一"管理体制,位于无锡市东南部,东、南毗邻苏州,总面积220平方千米。2021年,新吴区交出了高质量发展的过硬答卷,各项主要经济指标增速继续领跑无锡全市:地区生产总值2271.06亿元,增速无锡市第一;完成一般预算收入243.3亿元,增速位列苏南6个开发区第一;规上工业总产值突破5500亿元、工业增加值全市第一;全社会固定资产投资突破750亿元。

党的十八大以来,无锡高新区(新吴区)坚持以习近平新时代中国特色社会主义思想为指导,全面贯彻新发展理念,成为无锡市重要的经济增长极、对外开放窗口、科技创新高地和转型发展引擎,连续多年在江苏省高质量发展考核中荣获"推进高质量发展先进县(市、区)"称号。

十年以来,全区综合经济实力实现跨越发展。新吴区地区生产总值从1195亿元提升至2271亿元,增长到2倍;一般公共预算收入从112亿元提高到243亿元,增长到2.2倍;规上工业总产值跨越三个千亿台阶,从2914亿元提升到5555亿元,增长到1.9倍;人均GDP从20万元提升至31.5万元,位居全省城区第一,以全市4.8%的土地面积、8.7%的常住人口,创造了全市15.6%的地区生产总值、35.4%的到位外资和57.2%的进出口总额。成为苏南国家自主创新示范区"8+1"建设框架的重要组成部分,获批国家绿色低碳示范园区、国家知识产权试点园区,开创了多个"全国第一",获得了许多"全国首批"。

十年以来,全区产业质量结构不断优化升级。新吴区全面深入实施产业强区主导战略,以产业高端化、智能化、绿色化、服务化为核心,培育了超千亿产业集群3个、超500亿产业集群2个,物联网产业集聚科技企业 1400 家以上，11 家"隐形冠军"挂牌上市；集成电路产业技术全球领先，产值占全国 1/9；生物医药产业综合实力位居全国开发区前十强；智能装备产业产品门类齐全、规模国内领先，成为国际先进制造业基地，形成了独具特色的"6+2+X"现代产业体系——物联网及数字产业、集成电路、生物医药、智能装备、汽车零部件、新能源六大地标性先进产业；高端软件及数字创意、高端商贸及临空服务两大现代服务业；前瞻布局人工智能、氢燃料电池、第三代半导体等若干个未来产业。

十年以来，全区科技创新能力得到显著提升。新吴区始终坚持创新驱动发展、科技自立自强。集聚科技企业 5000 余家，国家高新技术企业突破 1000 家，准独角兽企业、瞪羚企业、雏鹰企业等数量全市第一，科创板上市企业累计达 8 家，位居全省城区第二，上市企业总数达到 30 家。无锡（国家）软件园、中国微纳国际创新园等 Park 园区全球闻名，集聚"芯火"双创平台等国家级创新平台 10 家、国家级各类科技创新创业基地 21 个、各级众创空间 15 家，全社会研发投入占 GDP 比重 4.6%，达到世界先进水平；万人发明专利拥有量 129.7 件，是全市平均水平的 2.6 倍。全区人才总量达 29.4 万，国省市三级人才项目数连续多年全市第一。

十年以来，全区对外开放成效始终保持前列。新吴区始终坚持全市对外开放主阵地定位，把发展开放型经济作为重中之重，全区进出口总额从 354.5 亿美元提高到 568.7 亿美元，增长 60% 以上，打造了具有重要国际影响的日资高地、韩资板块、欧美组团。SK 海力士、阿斯利康、博世、村田电子等一批重大外资项目深耕做强，超 1700 家外资企业集聚发展，总量占全市的 25%，中日韩（江苏）产业合作示范园区、中欧生命科技创新产业园、无锡国际集成电路创新集聚区等一批中外合作园区加快发展壮大。出口加工区成功获评国家综合保税区，"五个中心"建设深入推进，无锡国际邮件互换局、药品口岸、冰鲜口岸等顺利获批，增值税一般纳税人资格试点企业达到 11 家，服务贸易、服务外包总量均位居全市第一。获批国家外贸转型升级基地（生物医药）等国家级牌子，创成中国（江苏）自贸试验区联动创新发展区等省级牌子，开放合作新格局加速形成。

回顾十年以来无锡高新区（新吴区）的辉煌发展历程，全区坚持实施产业强区主导战略，凝心聚力，多措并举，全力打造产业新高地是全区实现高质量发展的关键之举、成功之钥。

一 强化总体布局，开辟产业发展新赛道

（一）规划引领，优化全区产业发展体系

党的十八大以来，面对日新月异的产业发展新态势，新吴区审时度势、因地制宜，陆续制定出台《全区战略性新兴产业五年双倍增计划实施方案》《无锡新吴区以智能化绿色化服务化高端化为引领全力打造产业发展新高地的工作意见》《无锡高新区（新吴区）推进高质量产业发展三年（2018—2020年）行动计划》《新吴区现代产业"十四五规划"》等各类产业发展纲领性文件，着眼大局、立足本地，把构建现代产业体系作为推动区域经济发展的基石，产业体系实现了从"6+1"基础版、"5+5+2"升级版到"6+2+X"专业版的全面跨越，全区对发展现代产业的方向更明、决心更大、布局更优、举措更实。

（二）政策扶持，打造全区核心地标产业

为支持新吴区物联网产业、集成电路产业（新一代信息技术产业）、生物医药产业等地标产业提升能级、优化结构，打造长三角一流、全国知名的产业集群，近十年来，新吴区相继制定出台《进一步加强物联网产业化推进工作的意见》《促进以物联网为龙头的新一代信息技术产业和生物医药产业快速发展的政策意见》及政策实施细则，《关于支持集成电路产业发展的政策意见》《关于进一步加快推进现代生物医药产业、集成电路、新一代信息技术产业高质量发展的政策意见》，累计投入产业扶持资金100亿元，真金白银支持地标产业发展。

（三）前瞻布局，厚植未来产业发展优势

未来产业是产业发展的潜在增长级，准确把握未来产业发展趋势，将在新一轮区域产业竞赛中抢占制高点，夺取未来发展先机。新吴区是中国光伏产业的发源地，曾经创造了"一位科学家创立一个企业，一个企业带动一个产业"的"尚德"神话。新吴区历来高度重视未来产业前瞻性研究，在"十三五"期间陆续开展了未来产业专题研究，初步形成了发展5G、人工智能、智能网联汽车、区块链四大未来产业的良好局面。步入"十四五"之后，在深入研究未来产业发展趋势的基础上，结合资源禀赋

和自身优势，新吴区确定了人工智能、氢燃料电池、第三代半导体等三大重点未来产业，进一步明确未来产业发展重点领域。

二 坚持科技引领，升级产业发展新引擎

（一）分类管理、梯次并进，全力引育高科技企业

坚持"围绕产业链部署创新链，围绕创新链布局产业链"，构建梯度化科技企业培育模式。以区内龙头高企为重点，全面实施"科技型中小企业—雏鹰企业—瞪羚企业—准独角兽企业—上市企业"的分类扶持和靶向培育机制。坚持"内育外引"，从政策供给、机制构建、资源导入、服务支撑等各方面综合发力，形成从"创业苗圃—众创空间—孵化器—加速器—产业园区"的孵化链条。十年来，全区高新技术产业产值占规上工业总产值比重从61%提高至70%；国家高企数从245家增长至1042家；准独角兽企业、瞪羚企业、雏鹰企业等数量位列全市各板块第一；科创板上市企业达8家，上市企业总数达到30家，居全国前列，科创"新吴板块"强势崛起。

（二）抢抓机遇、协同合作，促进科技产业化发展

抢抓国家战略，主动融入双循环新发展格局和国家区域协调发展战略，高质量全方位融入长三角一体化发展。推动产业链上下游企业对接，加强国内外产学研合作，扩大协同范围，深化合作层次。十年来，全区累计承担国家、省、市科技计划项目700余个，获得国家、省级科学技术奖、无锡市腾飞奖等奖项150余项，累计建立市级以上院士工作站21家，有效发明专利达到9406件，万人发明专利拥有量129.7件，全区企业累计达成超过一千项产学研项目合作，项目合作额突破4亿元，完成技术合同登记372项，技术输出和涉外吸纳共计56.16亿元。引导骨干企业自主开展技术标准创新，参与或主导制（修）订国际标准、国家标准、行业标准及地方标准近150项。

（三）汇聚磁场、形成群落，持续做优创新型生态

创新活动释放活力，连续承办世界物联网博览会系列活动，圆满举办太湖湾生命健康未来大会、阿斯利康中国生态圈大会主峰会等多项重大活

动，举办集成电路产业高质量发展会议。创新载体孵化育成，持续打造并擦亮载体品牌，全面融入太湖湾科创带建设，构筑"一城、五组团、多点"发展格局，全区聚集省级以上孵化器20家、众创空间21家、加速器4家、科技孵化器链条3家，列全市第一。科技金融赋能发展，成功入围全国首批科技金融服务中心建设试点区，启动"高新金融谷"建设，太湖湾科创城基金大厦揭牌，全区累计聚集基金130支，规模达650亿元。建立省市区三级政策贷款体系，累计支持科技项目近3000个，投放风险补偿类科技贷款近100亿元。

三 聚力双招双引，培育产业发展新动能

（一）与时俱进，不断丰富招引内涵

新吴区牢固树立"产业为基、项目为王、人才为先"的核心发展理念，把"招商引资、招才引智"工作作为全区开放发展的第一抓手、投资增长的第一抓手和跨越赶超的第一动力，不断创新招引思路、拓展招引渠道，构建联动招引新机制，培育专业招引人才。出台《新吴区双招双引三年行动计划》，统筹产业招商和科技招商，深入推进招才引智，坚持内外资并举、二三产并举、产学研并举，全力构建市场化、专业化、集成化招引机制。十年间，新吴区招引工作实现了从"外资招商为主""内外资招商并举""产业链招商"到"双招双引"的四步跨越。十年来，全区新招引总投资超亿元以上重大产业项目数突破1500个，其中超百亿元以上重特大产业项目近20个。

（二）多措并举，持续创新招商模式

首创"百渠工程"，以国内外著名投资咨询机构为主攻方向，兼顾各类基金公司、投资银行、行业协会，全方位开拓信息源，累计签约第三方中介机构120家，源源不断地为新吴区提供优质项目招引信息。打造"金巢工程"，积极招引国际一流的工业地产开发商入驻，发挥开发商资金成本低廉、客户资源丰富、建设进度高效等优势，开发存量土地资源，加快优质招商载体建设，持续推动先进制造业发展，开创了一条"借鸡生蛋、以商招商"的崭新之路。实施"云海计划"，开展海外重点区域驻点招商，推动招引工作靠前争先，开拓第一手招商项目信息源。

（三）多点发力，保障优质人才供给

围绕"6+2+X"现代产业布局，加快构建飞凤人才"1+X"政策体系，发布3个产才融合文件，关键人才支持力度达国内领先。打造"飞凤人才"服务品牌，聚焦资金配套、住房安居、子女教育、配偶就业、医疗保健，提升政策兑现效能，落实人才项目全生命周期服务。成立12个产业招商中心，突出"高精尖缺"和"卡脖子"领域招引"链"上人才，为项目发展提供人才支撑，实现从优惠条件吸引人才到人才反哺产业爆发增长。目前，全区人才总量29.4万人，高层次人才5.6万人，累计引育国家级人才130名，培育省"双创计划"人才156名、团队19个，培育市级人才项目256项，区级人才项目425项。

四 推动转型升级，激发产业发展新活力

（一）积极探索，产业提档升级取得新突破

为了持续提升土地用地效益，充分挖掘存量用地潜力，逐步盘活低效用地，有效解决新吴区内工业集中区用地粗放、亩均产出较低等历史遗留问题，2018年新吴区制定出台《推进街道工业集中区提档升级高质量发展的实施意见》，围绕"退区进园""提标改造""提质增效"三个中心目标，全面提升集中区的环境和效益。2021年，新吴区出台《产业园区"三优化三提升"三年行动计划》《财税支持政策指导意见》和《绩效考核实施办法》，全面促进产业结构、综合环境、载体模式进一步优化，促进产出效益、创新能力、管理能力进一步提升，推动产业提档升级、提标增效。目前，新吴区已累计腾退盘活低效工业用地近万亩，替换并注入各类先进制造业项目50余个，工业集中区亩均产出提升40%以上。

（二）真抓实干，"智改数转"工作迈上新台阶

发布了以《新吴区数字经济高质量发展实施意见》为核心的"1+5+N"系列文件，以政策红利推动企业提档升级。坚持标杆引领，持续加强智能工厂、智能车间梯队建设，加快产业园和产业集聚区数字化转型，2021年全区智能制造能力成熟度位列全省第一。目前新吴区拥有灯塔工厂2家、国家级智能制造标杆企业3家、省级智能工厂5家、智能车间

64 个，市级智能工厂 17 家、智能车间 154 个，数量始终处于全国县市区前列。目前，新吴区共有国家级工业互联网试点示范项目 3 个、国家级五星工业互联网平台 1 个、省级重点工业互联网平台 6 个、省工业互联网服务资源池企业 10 家、省级工业互联网标杆工厂 5 个、省星级上云企业 347 家，各项指标遥遥领先。

（三）强化服务，专精特新培育取得新成效

积极落实中央、省、市专精特新企业培育工作部署，强化专精特新小巨人企业培育，从"政策+金融+服务"等方面全面发力，形成了良好的推进机制、政策体系和制度环境，引领和推动中小企业民营企业转型升级高质量发展。制订实施专精特新企业培育倍增计划，设立全区专精特新小巨人企业服务中心，通过政策专家宣讲、政企签约培育、金融机构赋能、企业荣誉授牌、扶持资金发放、典型企业交流等活动，促进专精特新发展。目前，新吴区累计获认国家、省、市单项冠军及各类专精特新小巨人企业总数 202 家次，其中国家单项冠军企业 1 家，国家、省级、市级专精特新小巨人企业各有 19 家、59 家、123 家。

（四）加快融合，服务业发展质量有了新提高

"十三五"以来，全区实施"四化"引领，加快服务业与制造业深度融合，服务业新业态不断涌现。SK 海力士、阿斯利康等企业深耕新吴区，持续布局生命科技、健康医疗等现代化服务业。推动"两化融合"，工业互联网平台建设成效显著，瀚云 HanClouds 工业互联网平台正式上线，江苏极熵入选工信部"制造业与互联网融合发展试点示范项目"，朗新科技、极熵物联工业互联网平台入选省行业级重点工业互联网平台。推动跨境电商试验区建设，跨境销售业务大幅增长，检测维修、保税研发、跨境电子商务等服务业新业态快速发展。推动"互联网+商贸"、百联奥特莱斯、贝贝帕克等积极探索"新零售"，打造智慧零售、智慧商圈等服务新模式。

五 加速产城融合，展现产业发展新风貌

（一）坚持全域统筹，打造产城融合升级版

2018 年，新吴区制订了《推进高水平产城融合三年行动计划》，按照

产城融合发展的新型城镇化路径，加速产业转型升级、城镇功能提升和环境品质改善，建设京杭运河—长江路、伯渎河、新华路三大功能发展轴，重点实施八大工程，打造"产城人文绿"五位一体示范区。2022年9月，新吴区又制定出台了《现代化国家化创新型城区产城融合规划》和《三年行动计划》，确定了一心（太湖创智中心）、一轴（新华路—太湖湾科创轴）、一环（创新量产服务环）、六区（梅村、星洲、鸿山等6个国际产创集群区），并对55平方千米的产业用地进行了更新，为"十四五"时期优化产业布局、节约产业用地进行了合理规划。

（二）强优势补短板，推动产业载体特色发展

持续深化空港园作为无锡参与全球资源配置重要"窗口"地位，苏南国际机场实现年度旅客吞吐量近800万人次。中国物联网国际创新园、星洲工业园等现代产业创新园区发展能级显著提升；SK海力士、阿斯利康、中电海康等科技产业园区不断壮大；新一代信息园、高端装备园等一批品牌产业园脱颖而出。推动产业创新综合载体建设。"十四五"以来，在2021年制定发布《进一步推动科技创业载体高质量发展的实施办法》的基础上，2022年又制定出台《全区工业载体高质量发展三年行动计划》和《全区科技载体高质量发展三年行动计划》，提升载体综合利用水平，突破资源瓶颈制约，实现规模、质量、结构、效益协调发展。十年来，全区累计建成各类载体面积270万平方米。

（三）发挥产业优势，加强地域城乡融合发展

依托新吴区先进制造业发达、新兴产业门类齐全、企业资源丰富的特殊优势，积极调动资源，深入实施"工业反哺农业，城市支持乡村"，将现代科技进步和农业农村发展结合起来，激发乡村发展活力，注重城乡融合发展。充分运用新吴区具备"互联网+农业"新产业新业态发展的特殊优势，在全省率先打造嵌入物联网农业的高标准农田"3.0"版，实现了一产、二产的互促互融。在无锡市率先搭建了"智慧农业云"平台，建成全市首个5G智慧农业示范项目。"十三五"以来，全区大力推动研发型物联网农业企业发展，"互联网+农业"产业产值年均增长超过20%。全区建成益农信息社4家，支持优质农产品上网促销。

六　注重绿色低碳，树立产业发展新优势

（一）推动创新方向向绿而行

按照苏南国家自主创新示范区和国家传感网创新示范区两大国家战略目标要求，聚焦创新创业人才、高新技术企业和重大创新平台建设，科技创新对全区绿色产业持续发展的支撑带动作用进一步放大。经过多年持续引育，涌现出一批技术高端、特色鲜明、发展前景良好的技术型绿色领军企业。朗新科技的"云大物移智链"广泛服务于国家电网和南方电网；金风软件开发的能源互联网大数据云平台实现了能源互联网各项监控功能；英臻科技的独立光伏监控管理平台已在线注册光伏电站100万个，管理光伏资产40G瓦，是国内领先的分布式光伏运维平台。

（二）推动产业结构向绿而优

"十三五"以来，新吴区关停退出了74.3%的化工企业，化工企业数量从"十二五"期末的105家减少到27家。强势推进园区优化提升，累计投入7.4亿元启动62项基础设施提升工程，"十三五"以来累计关停整治低效企业3683家，清理低效标房90.5万平方米，合计削减能耗约4.2万吨标煤，每年减少二氧化碳排放10.9万吨。"十三五"以来，新吴区重点发展具有更高"含绿量""含新量"的战略性新兴产业，实施了能之汇、三贵资源再生等循环经济项目35个，其中超30个项目已全部投入使用并产生资源综合利用效益，合计削减约2.3万吨标煤，每年减少二氧化碳排放6万吨。

（三）推动产业链条向绿而塑

新吴区充分依托现有的资源禀赋和发展特点，坚持围绕绿色发展理念培育产业集群、塑造产业链条，服务全国"绿色增长"。目前，新吴区已初步塑造出三条绿色产业链：一是以尚德、日托为代表的光伏产业链条，年产值接近500亿元；二是以先导、奥特维、三星SDI、格林美为代表的动力电池产业链条，年产值已突破200亿元；三是以博世、隆基为代表的氢能源产业链条，其中博世的氢能源动力产品已经应用于公共交通，在氢能源的技术创新应用方面走在全国前列。"三链"集聚，叠加新吴区在物

联网、集成电路和信息软件方面的产业优势，共同构成了"智慧+绿色"的特色产业集群。

（四）推动生产方式向绿而改

新吴区坚持节约集约发展与产业高质量发展有机统一，大力推行绿色、低碳、循环的生产方式，持续提升产业绿色化水平，深入推进区域产业集群绿色化转型升级，构建绿色产业体系。加快传统制造业绿色技术改造升级，支持企业采用清洁生产技术，采用环境友好的新工艺、新技术，实现投入少、产出高、污染低，推进智能化、信息化、绿色化等有关产业类项目的融通发展。2018 年以来，新吴区对全区 127 家企业实施节能技术改造，有效引导企业通过优化生产方式，降低能源消耗 5% 以上，每年减少二氧化碳排放 2.2 万吨。

下阶段，新吴区将持之以恒实施产业强区战略，狠抓重大项目投入，大力发展战略性新兴产业。巩固扩大物联网、集成电路、大数据、云计算等新一代信息技术产业的领先优势，形成具有全球影响力数字经济高地。推进集成电路、生物医药等优势产业加快发展，培育更多千亿级产业集群。加快装备制造、汽车零部件等传统产业智能化改造，推动制造业加速向数字化、网络化、智能化方向转型升级。坚定不移实施科技创新核心战略，推动创新要素集聚、创新体系完善、创新资源与产业发展良性互动，将新吴区建成具有国际竞争力的先进制造业基地和创新型经济发展高地，稳定保持在全国经济百强区第一方阵，擦亮"新吴智造"品牌成色。

江苏省扬州市邗江区
高质量发展当示范
现代化建设谱新篇

江苏省扬州市邗江区，地处苏中沿江地区，因公元前 486 年吴王夫差开邗沟、筑邗城而得名，南临长江、北接邵伯湖，是长江经济带、大运河文化带的"交汇点"。邗江区域面积 553 平方千米，常住人口 72.62 万人。现辖 6 个镇、8 个街道、1 个国家级高新区、1 个省级开发区，共有行政村 91 个、社区 56 个。在 2022 年"中国市辖区高质量发展百强"中列第 19 位，2018 年度、2020 年度荣获"省高质量发展先进区"称号。

2022 年以来，邗江区认真贯彻中央和省、市决策部署，始终以新发展发展理念为指引，全面落实"疫情要防住、经济要稳住、发展要安全"的重大要求，高效统筹疫情防控和经济社会发展、统筹发展和安全，攻坚突破、克难求进，各项工作取得新的成绩，现代化建设迈出坚实步伐。全年 GDP 实现 1145.52 亿元、按可比价增长 3.1%。完成一般公共预算收入 45.49 亿元。实现工业开票销售 882 亿元、增长 9.9%，规上工业增加值增长 10.2%，注册外资实际到账 3 亿美元，总量全市第一。主要做法是：

一 不忘初心、牢记使命，
持续增强政治引领力

坚定不移学报告、悟思想、强信念，党的领导核心作用得到充分发挥。高站位把牢政治方向。以迎接党的二十大为主线，深入学习贯彻习近平总书记系列重要讲话、重要指示精神，尤其是"7·26"重要讲话精神，获评全省区级理论学习中心组示范点。党的二十大召开后，区委常委会带头学习、带头研讨、带头宣讲，组建区委宣讲团深入基层、广泛开展群众性主题教育，迅速兴起学习宣传热潮。压紧压实意识形态工作责任，意识形态领域保持积极健康、向上向好态势。高标准接受巡视巡察。全力落实中央生态环保督察要求，交办问题整改率达到96.6%。认真接受省委巡视，第一时间动员部署，成立专班制度化、项目化推进交办问题立行立改，统筹推进省市巡视巡察联动和涉粮问题整改。巡视期间，共止损挽损10.72亿元，解决2299套安置房办证问题和7个楼盘保交楼矛盾，完成272个农村交通安全隐患整改和望月路"瓶改管"试点。高水平发挥统揽作用。圆满完成人大、政府、政协换届，召开区委人大工作会议，深化"有事好商量"协商议事平台作用。首次召开全区民族、宗教、对台工作会议，获评首批全省民族团结进步示范区，有序组织团委、妇联、残联、红十字会、侨联等群团组织换届，两季征兵大学生择优率全市领先，老干部、关心下一代、档案等工作取得新成效。

二 不畏挑战、统筹应对，持续夯实经济基本盘

把稳大盘、稳企业、稳预期作为重中之重，在前所未有的困难面前沉着应对、把握主动。精准有力防控疫情。严格落实"早发现、快处置、强能力"要求，及时处置散发疫情，全面提升应急处置能力，健康驿站和59个核酸检测小屋投入使用。疫情防控进入新阶段后，全面落实"二十条""新十条"，动态调整防控策略，迅速将工作重点切换到保障重点人群、提升救治能力上来，全区疫情防控形势总体稳定。竭尽所能助企纾困。坚决兑现减税降费、减租免租、金融扶持等助企纾困政策，累计办理留抵退税11.73亿元，减免房租6042万元，工业高质量发展资金提高至1.8亿元，为7008家企业发放稳岗返还资金3699.3万元、惠及职工9.4万人。深化企业家座谈会、领导挂包走访制度，集中化解共性问题、对症解决个性问题、专题会办疑难问题。多措并举刺激消费。组织多轮消费促进活动，发放两轮共1000万元消费券，刺激商超、餐饮、家电、汽车消费，2022年1—11月限上批发业、零售业销售额分别增长13.4%、17.9%。积极稳定房地产市场，出台房票安置和人才购房补贴政策，商品住宅成交量10—11月逐步回暖。

三　不懈奋进、攻坚突破，持续壮大发展新动能

认真落实市委"攻坚突破年"部署要求，以重点环节突破释放发展活力。狠抓项目投入。开展招商引资、项目建设"百日攻坚"，高频次开展云招商云推介，比亚迪半导体、南都储能等95个产业项目签约落户，蝉联市招商引资擂台赛红旗、2次荣获第一。59个列省列市重大项目完成投资145亿元，工业新开工重大项目认定数超额完成，工业投资预计增长23%。常态化推行重大项目"拿地即开工"，审批周期最短缩减至37天。狠抓平台建设。纵深推进开发园区"二次创业"，扬州高新区"双创"工作受到省政府督查激励，维扬开发区微电子产业园获批省级特色示范园，两大园区工业经济占比合计提升至68.1%，盘活存量用地1000亩。以新平台建设撬动新产业发展，扬州航空产业园、数字经济产业园获批市级园区。狠抓创新赋能。出台人才新政16条，上海离岸孵化创新中心揭牌成立，共建集萃企业联合创新中心10家，国家高新技术企业新增数、科技型中小企业认定数处于全市前列，新增3家国家级"专精特新"企业。设立全市最高的6000万元智能化改造、数字化转型奖补资金，整体考核、标杆创建全市第一。金泉旅游主板IPO通过审核，新扬科技通过辅导备案。

四　不辱使命、担当尽责，持续强化工作实在度

牢记推动发展、造福群众、维护稳定的职责重任，用实干实效体现担当作为。主要指标总体良好。地区生产总值总量，位列县市区第二，工业指标保持两位数增长，规上工业增加值增长10.2%、位居全市第一，工业开票销售增长9.9%、位居全市第二；工业投资30.2亿元，位列全市第二；年内开票过50亿元企业增至3家。全年完成注册外资实际到账3亿美元、总量保持全市第一，进出口总额32亿美元、增长22.8%。全体居民人均可支配收入5.6万元、全市最高社会建设有力有序。完成新一轮城市空间规划修编，实施143项城市和环境提升工程，润蜀路、运西路改造全线通

车，完成武塘等14个地块48万平方米整治拆迁，改造老小区8个，共30万平方米。粮食生产实现"十九连丰"，入选首批省农村公路建设示范县，甘泉长塘获评中国美丽休闲乡村。大气质量持续改善，PM2.5均值下降7.5%，空气优良率达77.7%，两项指标均居全市第一。推进安全生产风险隐患排查整改，组织开展自建房、液化气钢瓶安全等专项整治，安全生产"三年大灶"顺利收官。北湖湿地公园建成开放并晋升国家级湿地公园，与瓜洲古渡、高旻禅寺共同入选扬州"运河十二景"。民生实事高效推进。千方百计稳就业、促增收，全区新增城镇就业6466人，全体居民可支配收入增长5.5%以上。在全省率先实施"最低生活质量家庭"关爱，完成杨寿敬老院、方巷敬老院、公道卫生院改造，华师大附属邗江实验学校招生运行，建成覆盖全区的15分钟"医保服务圈"。开展信访突出问题攻坚化解、治安风险隐患排查，圆满完成党的二十大安保维稳任务，社会大局保持和谐稳定。

2022年是全面贯彻落实党的二十大精神的开局之年，也是实施"十四五"规划承前启后的关键之年。党的二十大号召我们要开辟马克思主义中国化时代化新境界，团结带领全国各族人民全面建成社会主义现代化强国、实现第二个百年奋斗目标，以中国式现代化全面推进中华民族伟大复兴。中央经济工作会议强调，"坚持稳中求进工作总基调，推动经济运行整体好转，实现质的有效提升和量的合理增长"。当前，世界不稳定因素增多，世界经济脆弱性更加突出，我国面临需求收缩、供给冲击、预期转弱三重压力仍然较大，但经济韧性强、潜力大、活力足，长期向好的基本面不会改变，我们既面临持续的压力挑战，也面临新的发展机遇。面对中国式现代化的新考题、新任务目标，要用党的二十大精神统一思想、统一意志、统一行动，奋力谱写"强富美高"新邗江现代化建设新篇章。

在具体工作中，邗江要坚持以习近平新时代中国特色社会主义思想为指导，全面贯彻落实党的二十大精神，认真落实中央经济工作会议精神和省、市委要求，坚持稳中求进工作总基调，完整、准确、全面贯彻新发展理念，加快融入新发展格局，着力推动高质量发展，更好统筹疫情防控和经济社会发展，更好统筹发展和安全，突出做好稳增长、稳就业、稳物价工作，有效防范化解重大风险，推动经济运行持续整体向好，保持社会大局稳定，为全面建设社会主义现代化开好局起好步，重点抓好"六个聚力突破"。

一是坚持产业强区，在实体经济高质量发展上聚力突破。重点围绕

"十百千万"目标抓推进，即总投资30亿元以上在建、新开工项目突破10个，工业投资突破200亿元，工业开票销售突破1000亿元，新登记市场主体1万户以上。（1）以更大力度推进项目建设。突出量质并重，强化考核力度，打好基金招商、行业招商、以商引商、推介招商组合拳，主攻国内外500强、央企国企、行业龙头，全年签约亿元以上产业项目100个以上，各地要在项目招引的体量、质态上比高低，扬州高新区、维扬开发区力争百亿项目新突破。突出要素保障前置，让"田等秧"成为常态，全年新增工业供地不少于1500亩，扬州高新区、维扬开发区新征、盘活用地各不少于650亩，全面推行项目"洽谈即服务""拿地即开工"。全年新开工列省重大项目2个、总投资10亿元以上市级工业重大项目不少于15个、市级服务业重大项目10个。突出税收导向，严格执行招商项目入园评审和全生命周期管理，对照达产周期、违约处置、亩均贡献等条款加强履约监管，将税收成效纳入项目建设擂台赛指标。（2）以更大力度推进产业做强。深入推进区领导挂包重点产业机制，"一链一策一专班"分产业制定发展规划。生物医药要着眼高附加值、高成长性，立足现有基础，推动药物研发与医疗装备，创新药与CXO，中间体与原料、制剂，试剂检测与特药治疗相关龙头企业、优质项目加快集聚，2023年开票销售突破100亿元。装备制造聚焦强链主、塑龙头，提升研发设计、生产制造、集成服务水平，支持丰尚、迈安德开发高端智能粮油加工设备，巩固扬力、金方圆、扬锻数控机床领先地位，推动产业开票超过450亿元。微电子突出拓链条、扩规模，依托比亚迪、扬杰加快IGBT模组、FRD芯片、三代功率半导体量产速度，支持一批小巨人企业扩产增效，明年产业开票销售过140亿元。抢抓新能源汽车发展"爆发期"，瞄准驱动电机、电控系统、汽车线束等环节重点突破，提升大吨位矿用车、新能源环卫车等整车产品销售业绩，明年汽车及零部件产业开票突破150亿元。（3）以更大力度推进数字赋能。促进先进制造业和现代服务业深度融合，制订实施数字经济发展三年行动计划，数字经济核心产业增加值占地区生产总值比重达到12%。优化数字消费生态，有针对性地发放惠民消费券、数字消费券，推广"线上引流+直播带货"等市场拓展新模式，大力培育夜游、夜市、夜娱等夜经济新业态。接续实施智能化改造数字化转型三年行动，实现规上工业企业"智改数转"全覆盖，新增智能制造示范企业3家，全区企业技改投入增长10%。

二是坚持创新引领，在壮大新兴发展动能上聚力突破。企业强则邗江强，邗江将继续集中力量、集聚资源、集成要素支持企业、服务企业，以一流的营商环境实现创新发展。（1）培强创新发展主体。统筹抓好龙头企业培育和中小企业升级，全力支持现有企业新上项目、上好项目，其中5亿元以上新上或技改项目不少于10个，推动江扬、扬杰、丰尚开票销售冲刺70亿元，新增开票30亿元以上企业2家、亿元以上企业8家、规上工业企业80家。以科技研发为引擎，壮大创新型企业梯队，全年新增科技型中小企业600家、国家高新技术企业120家、"专精特新"小巨人企业6家，规上工业企业研发投入强度达4.6%。坚持企业上市"610"目标，明年推动新扬通过科创板审议，和天下冲刺主板。（2）增强园区引领作用。扬州高新区在大项目、高质态、快节奏上形成引领和示范，在产城融合、功能配套、生态打造上形成强支撑和新面貌，在生物医药、高端装备两大主导产业细分领域继续领跑全市，全力推进国、省排名双进位，投入产出挑大梁。维扬开发区坚持"破立"并举，改革项目服务机制、区域协作机制、运营管理机制，突出微电子、新材料、汽车后市场等领域，打造全市最具代表性、最具竞争力的集聚地，站稳省级开发区"第一方阵"。力争明年两大园区工业投资、开票销售、入库税收占全区目标70%以上。汽车产业园加快拓链延链，推进特种车、新能源车、环卫车整车及配套企业新上产能，积极引进实施无人驾驶、新能源重卡、第三代车用芯片、物流机器人、发电储能及动力电池项目，全面提升产业能级，放大产业规模。航空产业园以军民融合为导向、国防装备为重点，并联推进堤线调整、码头搬迁、跑道建设，加快大型无人机、旋翼机等整机产品研制试飞进度，打造全省有影响的航空整机制造基地。（3）育强良好创新生态。放大公共创新平台"磁场"效应，推动中国机械总院江苏分院、区科创中心二期建成投用，提升扬州生物医药创新中心、上海（邗江）离岸孵化创新中心、北京机电所扬州中心辐射效应。常态化组织政产学研金深度对接，组织实施关键共性技术攻关20项、重大科技成果转化项目20项，支持创投、风投入股科技型企业。用好"人才新政16条"，重点打造领军人才、创业团队、青年人才、专业技术人才"四支队伍"，发挥省级人力资源服务产业园平台作用，全年引进高层次人才不少于260名。依托驻邗高校集聚优势，巩固深化校地合作，为邗江发展凝聚更多智力支持。

三是坚持一体推进，在促成城乡协调发展上聚力突破。统筹推进城市发展和乡村振兴，更加注重功能优化、特色彰显，让现代都市和诗意田园交相辉映。（1）主城功能再提质。做好北沿江、宁扬城际重大基础设施前期工作，实施和配合做好邗江路北延、润扬快速路南延、江平快速路东延、吴州路西延等重点路网工程。加大西区新城功能布局及建设，巩固提升京华城、三盛、万达、万象汇等重点商圈吸引力，完善明月湖、星月湖、香茗湖周边文化生态功能，支持市法院、检察院、交警支队、边检公共服务平台集聚区打造，启动数字经济产业园核心区和一区多园实质性建设，助力实施市中医院新院项目，加快推进蜀冈初中建设，推出更高品质的宜居楼盘、楼宇经济、人才公寓，不断提升邗江主城品质和人气。继续实施城市更新系列行动，全年征收拆迁47万平方米，土地上市不少于800亩，完成西湖东张庄、双桥武庄小区、蒋王老集镇等地块改造，改造"城中村"3个，整治老旧小区38.15万平方米。（2）乡村振兴再发力。以乡村振兴示范带建设为牵引，写好新时代鱼米之乡的邗江答卷。坚决扛稳粮食安全责任，落实最严耕地保护制度，粮食种植面积和年产量分别稳定在27万亩、12.6万吨以上。实施品种培育、品质提升、品牌创建工程，高标准建设省级渔业产业园、推进渔光互补养殖项目、创建省级农业龙头企业，推动黄珏老鹅、沿湖水产、蒋王葡萄、裔家牛肉等农产品深加工、拓市场、做品牌。大力实施乡村建设行动，接续推进农村人居环境整治，开展"2+4"回头看，做好建管一体、制度保障文章。抓好特色田园乡村建设，注重保护村庄肌理、保留乡土气息，新创省级特色田园乡村2个、新建省级绿美村庄2个。巩固拓展村级化债成效，壮大农民合作社、家庭农场、村级农场等新型农业经营主体，实现村集体和农民"双增收"。（3）文明创建再提标。围绕"全省进十强、全市夺第一"目标，紧扣全国文明典范城市要求，对小区管理、出摊经营、车辆乱停、背街小巷、农贸市场等难点，分领域开展专项整治，深入实施城市管理系列专项整治行动，突出干净、整洁、有序，标本兼治整、建章立制管、共建共享促。大力弘扬和践行社会主义核心价值观，全方位推进新时代文明实践中心建设提质扩面、提档升级，深化公民道德提升行动，营造崇德向善良好风尚。

四是坚持绿色发展，在彰显江河交汇特色上聚力突破。牢固树立和践行"绿水青山就是金山银山"理念，更高站位推进美丽邗江建设，努力绘就生态优先、江河交汇、特色彰显的生态画卷。（1）守护"天蓝水清"绿色根基。加强大气污染物协同控制和精细化管理，强化工业源、扬尘源、餐饮源、移动源"多源齐控"，确保PM2.5、优良天数比例等指标保持在全市第一方阵。一以贯之压实河湖长制责任，系统抓好美丽河湖、控源截污、区域水生态修复等工作，完成新盛、西湖排水达标区管网整治，巩固提升黑臭水体治理成效,确保国、省考断面水质稳定达标。动态更新涉土污染企业、污染物名录,有序开展土壤治理与修复,实现土壤污染防治全链条管控。(2)打造"低碳循环"绿色品牌。放大环保产业园"国字号"平台优势,以低消耗、低排放、高效率为导向,培育壮大环境服务、水处理设备、大气治理设备、资源高效利用等产业,推动环保产业向价值链高端攀升。以实现碳达峰、碳中和目标为引领,严把"两高一低"项目准入关口,推动能源要素向低能耗、高附加值的优质项目集聚。加强可再生能源开发利用,积极参与碳排放权市场化交易,扎实推进公道渔光互补、杨寿风力发电等清洁能源项目,单位GDP能耗继续保持全市最低。(3)厚植"人文昌盛"绿色底蕴。按照"文旅一体、数实双维"思路,编制长江国家文化公园瓜洲片区建设细化方案,启动实施1—2个首发项目,全力推动江苏戏剧学院落户,同步推进竹西古邗沟沿线环境提升,加快展示大江风光带和古运河文化带形象。增强北湖湿地公园产业引擎功能,串联沿湖、裔家、长塘、双山等美丽田园乡村,放大对北山各镇的辐射带动作用,打造生态高地、文化高地、富民高地。

五是坚持发展为民,在不断提升民生福祉上聚力突破。树牢以人民为中心的发展思想,全面提升民生实事项目质量,更好地解决老百姓的烦心事、操心事、揪心事。(1)多渠道抓好稳岗就业。始终将稳就业、稳物价摆在突出位置,围绕高校毕业生、农民工、退役军人等重点群体持续开展线上线下就业服务,加大技能培训力度,新增城镇就业6000人。继续执行失业保险费率降低政策,助力企业、个体工商户稳岗稳产。(2)全方位织密保障网络。巩固提升全民参保覆盖率,加大社会保险扩面征缴力度,确保应保尽保、应缴尽缴。深化医疗保障制度改革,优化简化异地就医结算程序,推进医保服务下沉至村社区。健全社会救助数据库和信息网,动态排查、跟踪帮扶特困人员、低保对象、困境儿童等群体,确保困难群众精准救助率保持100%。准确掌握空巢老人、失能残疾人、精神障碍患者的生活状况,及时保障基本生活需求。(3)高品质实施公共服务。坚持教育优先发展,巩固提升义务教育集团化办学水平,持续增加公办园、普惠园比重,支持邗江中学创成省高品质示范高中,启动邗江一中"四星级"高中创建。推进医疗资源扩容增质,提升区妇保院、方巷区域性医疗卫生中心辐射能力、特色特长,引培并举做强医疗人才队伍,扎实推进中医药示范区创建。深入实施"老有优养"三年行动,鼓励支持民办养老机构发展,推动街道综合养老服务中心、农村区域性养老服务中心全覆盖,推进

350 户家庭适老化改造，新增家庭养老床位 400 张。推进文体惠民，挖掘邗江诗词之乡、戏曲之乡的独特底蕴，有效传承、创新利用非遗资源，用好运河大剧院、音乐厅等市级场馆，精心举办各类艺术节、音乐节、美食节。鼓励群众参与长跑、骑行、球类等健身活动，做好扬马、市运会的参赛发动，让全社会动起来、活起来、乐起来。

六是坚持夯实底板，在增强总体安全水平上聚力突破。坚定不移贯彻总体国家安全观，强化底线思维、忧患意识，统筹发展和安全"两件大事"，确保高质量发展和高水平安全良性互动。（1）稳固经济安全基础。坚持"房住不炒"定位，落实好稳定房地产市场的各项政策，一楼一策压实保交楼责任，促进房地产业良性循环和健康发展。加强拆迁安置领域的区级统筹、风险防范，上线运行拆迁安置房管理信息平台。牢固树立"过紧日子"思想，坚持无预算不开支，调减一般性公共支出，盘活各领域财政沉淀资金。加强全口径债务监测，压降存量债务规模及成本，严控新债举借项目。推动国有企业规范化运行，严格抓好各类政府投资项目和平台公司监管，确保完成融资平台压降任务。（2）健全人民安全防线。巩固安全生产"三年大灶"成果，加强危化品、自建房、建筑施工、燃气、消防、人员密集场所等领域排查整改，严厉打击违法违规行为，坚决防重大事故、防人员伤亡、防恶性事件、防负面舆情。完善大应急管理机制，加快应急管理指挥、调度、保障系统建设，提升"防大灾、救大灾"能力。（3）强化社会安全保障。加快区域社会治理现代化速度，大力建设"全科网格""数字网格"。坚持和发展新时代"枫桥经验"，有效化解涉及城乡建设、农业农村、涉诉涉军等重点领域的信访问题，确保把风险消除在内部、化解在基层、解决在萌芽。深入开展法治邗江、平安邗江建设，扎实开展"八五"普法，常态化开展扫黑除恶斗争，加大电信诈骗、养老诈骗、侵害妇女儿童权益等犯罪打击力度，坚决避免伤害群众感情和冲击社会道德底线的事件，巩固和谐稳定的社会环境。

江苏省苏州市吴中区践行"两山"理论打造"绿金双高"吴中样板

党的二十大报告强调，必须牢固树立和践行"绿水青山就是金山银山"的理念，站在人与自然和谐共生的高度谋划发展。要推进美丽中国建设，坚持山水林田湖草沙一体化保护和系统治理，统筹产业结构调整、污染治理、生态保护、应对气候变化，协同推进降碳、减污、扩绿、增长，推进生态优先、节约集约、绿色低碳发展。作为"五位一体"总体布局和"四个全面"战略布局的重要内容，生态文明建设处于突出的位置。开展GEP（生态系统生产总值）核算，是量化生态文明建设成果、衡量生态价值的重要方法，也是"绿水青山"向"金山银山"转化的实现路径。

近年来，苏州市吴中区完整准确全面贯彻新发展理念，深刻把握"绿水青山"和"金山银山"的辩证统一关系，以"一核一轴一带"生产力布局，深入推进"中心城核、先进制造轴、生态文旅带"产业空间发展战略，构筑出新经济时代的现代化产业体系，"强富美高"新吴中建设取得了阶段性重大成果。2021年，吴中区位列全国市辖区GEP（生态系统生产总值）百强区首位、高质量发展百强区第6位，成为市辖区"绿金双高"的典范。

吴中被称作"太湖最美的地方"，陆地面积745平方千米，太湖水域1486平方千米，拥有4/5的太湖峰峦、3/5的太湖水域和2/5的太湖岸线，作为江苏省生态红线区域最大的区（县、市），生态红线保护区域总面积达全区国土面积的87.1%。历届区委、区政府坚持把保护太湖、治理太湖作为第一责任，统筹做好水安全、水生态、水资源、水文化四篇水文章，着力将太湖秀美转化为吴中的发展优势，全力筑牢筑实生态优先、绿色发展的硬支撑。自2001年撤市设区以来，吴中区每年在太湖治理、生态文明建设等方面投入约10%的预算内可用财力，截至2021年年底，累计投入资金超过160亿元。

太湖生态岛EOD（生态环境导向的开发模式）项目聚焦"零排放"，通过对生态岛生态恢复治理，结合规划导入地方发展需求的产业，把环境资源转化为发展资源、把生态优势转化为经济优势，加快生态岛经济结构调整和产业结构升级，确保生态岛生态环境治理效果和产业持续发展，探索"两山"转换路径。

一 项目背景

（一）政策背景

中共中央办公厅、国务院办公厅联合印发的《关于建立健全生态产品价值实现机制的意见》明确，建立健全生态产品价值实现机制是践行"两山"理论的关键路径，是从源头上推动生态环境领域国家治理体系和治理能力现代化的必然要求，对推动经济社会发展全面绿色转型具有重要意义。

为顺应新时代社会发展需要，更好推动生态文明建设，助力区域可持续发展，生态环境导向的开发模式（Ecology-Oriented Development，简称EOD模式）应运而生。该模式以生态保护和环境治理为基础，以特色产业运营为支撑，以区域综合开发为载体，统筹推进，将生态环境治理带来的经济价值内部化。EOD模式是践行"两山"理论，推进生态产品价值实现，生态文明建设的重要探索，为环境治理模式转变指明了新的方向和路径。

（二）太湖生态岛背景

1. 基本情况

太湖生态岛距苏州古城区约45千米，位于吴中区西南端，包括西山岛及周边26个岛屿和水域，陆域面积84.6平方千米、水域面积153.1平方千米。作为长三角的生态绿心，太湖生态岛建设被纳入江苏省及苏州市"十四五"规划，高标准建设太湖生态岛被吴中区列为"一号任务"来推进。2022年4月28日，苏州太湖生态岛农文旅绿色低碳融合发展示范项目入选全国第二批EOD（生态环境导向的开发）模式试点。

2. 问题与不足

长久以来，农业扩张、不断加速的城镇化进程对太湖生态岛造成一些负面影响，如：交通能耗高，碳排量约占总排量的45%；林地逐步形成以经济林为主、用材林为辅的单一林分结构，林地质量不高；化肥、农药的使用造成环境污染，山水林田被破坏；自然湿地、天然水塘面积消减，局部水质不达标等。

虽然太湖生态岛发展规划已提出生态经济的理念，但产业体系暂不明确，生态经济发展的动力不足，缺乏生态产品价值转化机制。

二　项目实施

（一）目标与任务

太湖生态岛农文旅绿色低碳融合发展EOD示范项目的总体目标是通过对生态适度开发，将绿色资源变为市场接受的生态产品、生态服务，实现生态产品价值转换，提升生态系统的物质产品、调节服务、文化服务价值总量，具体任务为在项目区域内落实"四区"建设，即通过建设生态治理示范区、高质量发展试验区、农文旅融合引领区、智慧低碳出行创新区，实现乡村振兴、绿色低碳、共同富裕的根本目的，形成一套可推广、可借鉴的示范模式。

1. 片区生态治理示范区

通过水体生态修复及水系连通，全面提升示范区河湖水质，达到田类及以上水质标准；通过种养结合及"一田三用"高质量农田改造，用水草肥代替传统有机肥及化肥，有效削减示范区域农业面源污染，打造优质的环境条件，生态环境质量由好向优，生态系统的调节服务充分体现，形成片区生态治理示范区。

2. 高质量发展试验区

坚持"五位一体"，统一生态发展全过程的核心理念，坚持规划优先、生态引领导向，实现生态和经济相互促进的良性循环。形成鲫鱼、米油、米蛋白等产品有机深加工，高质量林药等多条产品路线，生态系统的物质产品充分开发，实现水生态产品价值转换，形成高质量发展试验区。以区域生态建设为引领，产业协同和资源增值为抓手，综合运营为保障，确保区域可持续发展，完成乡村振兴与生态价值实现目标。

3. 农文旅融合引领区

基于特色农业，以高品质、高科技、高颜值的农业体验为核心吸引力，围绕"所见皆美景，所看即所吃，所吃皆可购买"，依托绿色循环农业、高标准农田、智慧农园建设，开展生态观光、休闲采摘、农事体验、会议论坛举办等项目，推动可持续生活倡导、有机农业科普、儿童农耕教育、实用技术推广，凸显生态景观价值，提升休闲旅游服务，将项目区域打造为农文旅融合发展引领区。

4. 智慧低碳出行创新区

为实现绿色、低碳、智慧出行，采用人工智能、车路协同、智能车联、云计算、大数据、5G、边缘计算等先进技术，在岛内试点无人驾驶新能源汽车，联动吴中区现有的基础设施与信息管理系统，以新型基础设施为载体，以自动驾驶车辆为血液，将"人、车、路、环境等"有机结合，构建智能交通设施体系，实现"全息感知、智能决策、高效运行、稳定可控"，推动生态岛全域自动驾驶场景应用、配套设施项目建设、高水平智能交通应用成果的落地，提升生态岛道路交通系统的安全水平、运行效率及服务水平，打造新时代自动驾驶示范基地。

（二）模式亮点

1. 组建领导小组，协调部门管理

组建政府领导小组，统筹安排、部署、推进试点项目工作，协调实施过程中重大问题。严格落实属地管理职责，强化组织领导，压实责任，一级抓一级、层层抓落实，切实增强工作责任感和使命感。此外，建立部门联动和跨区域系统修复协同机制，推动区域工作统一规划、定期会商、协同推进，形成合力，确保相关生态修复项目完成质量。

2. 强化资金统筹，规范使用方式

为切实规范专项资金管理，防止国有资产流失，提高资金使用效益，保障资金安全、高效运行，工作领导小组负责对生态岛 EOD 试点项目资金账号的监管。财务管理部门在法律法规基础上，贴合实际制定相应规范机制约束，以加强资金使用管控，并采用专款专用、专账管理、专项核算、封闭运行、跟踪问效等机制保障资金使用的安全合理。

3. 引进创新技术人才，组建咨询智库

生态岛 EOD 项目涉及面广、政策性强、专业技术要求高。为充分引进新思想、新技术，制定切实可行的科技技术支持方案，提高生态保护修复工程项目及产业规划的决策与实施的科学性、合理性、可行性，聘请相关领域专家，组建高水平、专业化的专家咨询团队，负责技术指导和政策咨询工作，全程跟踪项目实施，确保 EOD 试点项目实施符合国家政策要求和技术规范，达到预期效果，并提高综合集成创新能力，全面提升科学支撑水平。

4. 加强制度建设，完善制度体系

一是建立高效管理制度，建立定期沟通协调、重大事项联席会议等制度，明确领导小组及相关部门职责；二是建立考核评价制度，将统筹资金全部纳入，从投入、过程、产出等方面科学设置评价指标和标准，构建生态岛 EOD 试点项目绩效评价体系；三是建立有效监督检查制度，按照"双随机一公开"的方式对生态治理项目实施情况开展督查，及时发现、整改问题；四是建立公众参与制度，积极吸引群众参加。

5. 总结经验，形成 EOD 推广案例

跟踪记录 EOD 示范县项目全过程，定期展开工作会议，分析生态治理项目实施及产业搭建发展中的面临的困难，发挥智库优势，及时协调沟通解决问题。在 EOD 试点实施周期结尾，通过总结分析本试点公益性项目和产业发展融合创新模式的优势与不足，为 EOD 模式的推广提供案例借鉴。

（三）建设内容

太湖生态岛农文旅绿色低碳融合发展 EOD 示范项目的实施年限为 15 年，其中建设期 3 年。由于建设面积较大，完成周期较长，采用先行先试的原则，优先进行样板区的建设。

1. 消夏湾湿地生态安全缓冲区建设

结合上位规划要求，消夏湾湿地生态安全缓冲区项目约 18 平方千米，涵盖"山河田林湖"五个方面，分四期进行建设。一期工程南湾村落区建设各类湿地，解决农村生活污水及雨天溢流问题；二期工程万亩良田区，在水环境状况改善后，进行种养结合，进而开展农文旅开发；三期工程打造太湖湖湾，针对湖湾富营养化问题采用"草型清水态"生态系统构建方式，形成"虫、藻、菌"共生系统，建立和谐的水生态系统；四期重点打造缥缈汊湾区林下经济。项目依托生态优势，将绿色资源变为市场接受的生态产品、生态服务，将生态优势转化为产业优势、经济优势，着力打造生态治理示范区、高质量发展试验区、农文旅融合引领区。

其中，一期南湾村落区项目利用消夏江东岸沿岸绿地及水塘、河道岸边水体等建设雨水面源湿地、浅滩湿地，解决山林雨水面源、道路雨水面源，以及农村生活污水一体化设施的尾水及雨天溢流等问题。建设完成后将新增湿地面积 20 公顷，污染物负荷削减量为化学需氧量（COD）17.3 吨/年，总氮 8.7 吨/年，总磷 0.87 吨/年，入湖主河道消夏江主要水质指标将稳定达到地表Ⅲ类水标准，生态岛水质净化、空气净化等调节服务功能显著改善。项目采用的科技湿地技术，具有设备最少化、低碳、低维护、智慧化管控、耐用的特征，实现污染治理成本的有效降低。该项目作为省级生态试点项目，被列入全国水污染防治部际协调小组农村面源污染防治的典型案例。

2. 车路协同新型基础设施建设

项目响应"碳达峰、碳中和"国家战略，对标市委、市政府提出的打造"全球可持续发展生态岛的中国样本"的发展愿景，通过智能化、信息化、自动化手段提升生态岛交通管理和智慧文旅管理的效能，建设智慧文旅、智能网联相结合的双智样板，打造国内自动驾驶领域应用示范场景类的标杆示范项目，探索推进负碳型生态示范区，将太湖生态岛建设成为低碳、美丽、富裕、文明、和谐的全域自动驾驶生态示范岛，实现智慧低碳出行创新区创建目标。

自动驾驶为游客提供了最舒适的移动空间，改变了旅游出行的方式，也为太湖生态岛的居民提供了贩卖时令农产品的新方式。通过它，乘客可以实现出行即旅游、沿途皆风景的目的，休闲旅游体验大幅提升。

项目分三期完成，一期新基建车路协同基础设施改造项目，二期基础设施增补及规模运营采购，三期全域网联商业运营建设。其中，一期新基建车路协同基础设施改造项目覆盖太湖生态岛路网里程100千米，涉及太湖生态岛93个路口点位，通过部署一套"路—图—网"数字化基础设施，搭建一套智能引擎，建设一套高标准安全保障体系，打造N个自动驾驶车辆、智慧文旅等智能网联应用场景，提供绿色低碳出行的新模式。

3. 长效机制保障创新建设

太湖生态岛坚持"最大的价值在生态、最大的潜力在生态"理念，以机制创新突破，不断加大改革力度，全方位激活创新"第一动力"，充分发挥"两山"保障机制的引导、规范、激励作用，巩固拓展"两山"转化成效。

一是深度响应区域差异化考核机制。习近平总书记指出，"只有实行最严格的制度、最严密的法治，才能为生态文明建设提供可靠保障"。吴中区坚持以制度做保障，不以经济增长为唯一目标，率先调整考核方向、优化考核结构，建立 GEP 与 GDP 双考核制度，筑牢绿色发展政绩观。2012年，吴中区率先探索推进板块发展差异化考核，作为环太湖地区板块重要组成部分，太湖生态岛深度响应区级考核减少经济发展指标考核权重、增加绿色发展、生态保护考核指标权重的调整，更加坚定地将工作重心向绿色发展转移。2019年，在高质量发展考核重点工作中，吴中区对太湖生态岛创设个性化指标，加大对生态保护、农文体旅融合、富民增收等的考核权重，引导太湖生态岛将工作重点进一步聚焦到生态保护、特色旅游与民生改善等方面。2022年在"三区三片"功能区综合改革中，考核方式改革更加全面深入，对包括太湖生态岛在内的全区各板块，均出台了以高水平保护促进高质量发展的差异化考核方案，全面营造绿色发展的比学赶超氛围。

二是创新推进双向生态补偿机制。针对太湖生态资源保护职责重要、环保资金投入大的难题，从纵向和横向两个方面探索建立生态补偿机制，推动太湖生态岛环境质量的整体改善，维护生态地区的发展权益。2010年率先实施生态补偿机制，对水稻田、生态公益林、风景名胜区、水源地村和生态湿地村等分类实行纵向生态补偿，每三年进行一次提标扩面，扩大补偿范围，增加补偿内容，提高补偿标准。在健全完善纵向生态补偿的基础上，启动实施水环境、大气环境等横向生态补偿，根据《苏州市吴中区水环境区域补偿工作方案（试行）》《吴中区环境空气质量考核补偿办法（试行）》，明确补偿范围、补偿指标、补偿标准等内容，利用经济杠杆压实治污主体责任。

三是创新实施环太湖"加减法"机制。根据《吴中区关于加快土地利用方式转变全面促进节约集约用地的若干意见》《吴中区土地指标有偿使用资金管理暂行办法》等文件，对不再具备建设条件或难以发挥更大效益的存量建设用地，用好用足增减挂钩、占补平衡、"三优三保"等政策，通过土地复垦、生态修复、高标准农田建设等方式，腾出指标，有偿调剂给吴中区内其他重点开发地区高效利用，以建设的"减法"换取生态"加法"和效益"乘法"，有效落实了太湖生态岛耕地和永久基本农田保护、生态修复等任务，推动了山水林田湖草系统化保护；同时腾出的土地指标通过有偿调剂的做法，既给太湖生态岛经济社会发展注入了动力，也为其他重点发展地区的项目加快落地提供了支撑，实现了转出地与转入地的双赢。

四是创新探索生态产品价值实现机制。建立健全生态产品价值实现机制，推进生态文明建设。2021年6月，太湖生态岛获批自然资源部首批生态产品价值实现机制试点。生态岛抢抓试点机遇，积极探索政府主导、企业主体和社会广泛参与、市场化运作的生态产品价值实现路径。目前已编写完成《太湖生态岛生态产品分类分析报告》，形成太湖生态岛三维"生态产品地图"等一系列生态产品调查信息可视化数据库及以生态产品实物量为基础的价值核算体系。以税收及相关收益协商分成为重点的产业跨区合作机制、以附带生态保护提升修复条件为前提的产业融合"多元化"供地支撑机制、以生态指标交易为核心的市场化交易机制等创新探索也全面展开，正在有序推进中。

三　项目评价

（一）项目效益

1. 直接生态效益

消夏湾湿地生态安全缓冲区项目建设完成后，一是改善土壤、水体水质，使消夏江河道水体水质主要指标达到地表Ⅲ类水标准；二是能够有效减少地表水营养物质含量，片区沿线农业面源污染得到减缓；三是产生固碳效益，湿地产生的生态系统调节服务价值大大提升，进一步助力碳达峰碳中和目标实现。

2. 经济社会效益

将带动太湖生态岛的农业结构的调整以及生态旅游产业，为生态岛农业和农村经济发展注入新的活力。此外，项目吸引的智能网联产业上下游企业将会产生带动增加税收、节能减排、增加就业机会、带动周边区域经济发展等效应。

3. 带动产业升级

带动大米加工、清水零排放、高附加值鱼类养殖、南果北移水果采摘等产业，发展农业体验观光产业，产业有效融合发展，物质产品与文化服务价值有机结合，农业综合效益和竞争力得到提升。

4. 引领低碳消费

实施"1+4+N"的智能网联汽车产业发展规划，以建设全域自动驾驶生态示范岛为目标，打造智能网联、智慧文旅相结合的双智样板产业先行区，探索出智慧低碳出行的新模式。

（二）与传统项目区别

1. 保护优先，绿色生态环境建设优先实施

统筹山水林田湖系统治理，通过山地森林海绵改造、河湖生态修复及

水产业延伸、高标准农田海绵改造、村镇人居环境提升等措施，以"山青、水秀、林美、田良、湖净、宜居"为目标，提升生态资产，增强生态产品供给能力。

山青、林美。利用山地森林海绵改造技术，打造局部小气候，展现青山绿水自然景观，形成冬暖夏凉，云雾缭绕，玉树琼花的童话世界，以期实现生态价值向经济价值的转换。

水秀、湖净。采取生态修复技术对水域进行治理，水生态构建完成后，能够保障项目范围内的水质，同时修复后的水库有极大的开发价值。

田良。采用高标准农田海绵建设、农田种养结合等技术，在改善耕地土质、规格的同时形成冬草、春虾、夏稻"一田三用"的复合产出模式，在环境改造的同时形成生态产品，体现生态价值。

宜居。建设生活污水处理终端，采用"生化预处理、生态深度净化（自然式净化系统）"组合技术，打造"花园式无动力污水深度净化系统"，并作为灌溉水源回灌农田，形成水的资源化利用。

2. 技术创新，绿色生态生产建设有序开展

秉持生态农业、循环农业、立体农业、观光农业的发展特色，以绿色经济为导向，将经济规模控制在生态环境容量和自然资源的承载能力范围之内，学习绿色生产、零排放成熟农业种养殖技术、农业休闲观光旅游成功经验，创新生态岛产业综合效益和竞争力。

三项提倡，生态农业。农业生产过程中，提倡使用天然饵料、水草肥及生物防虫体系，实现有机化生产。一是熟食喂养，以玉米、紫薯等纯天然饵料代替人工合成饲料喂养大闸蟹、虾、鱼等，提高其品质；二是水草肥替代粪肥、化肥，水草肥是仅次于海藻的优质肥源，可提高植物生长速度；三是生物防虫体系，在物理驱离手段辅助的同时，以中药、香料等替代农药，形成生物防虫系统。

低碳排放，循环农业。以水下生态修复技术形成的水质改善、长效保持机制为核心，通过对浮游动物的改良驯化、沉水植物的改良及生物调控，实现水域生态系统的合理配置，形成水源涵养产清、清水种养结合及废水净化回用的循环再生体系，实现富营养资源化。

高效利用，立体农业。基于稻基鱼塘、果基鱼塘及桑基鱼塘等的传统精细农业模式，衍生出蟹稻共作、虾稻共作、稻鱼虾草及果鱼虾草共生系统等新型全生态链发展模式。鱼粪肥塘，塘泥种果，果甜质美；甜果引虫，虫果喂鱼，鱼肥味鲜。水陆一体的模式使空间、资源得到充分利用，形成了一个循环、立体的产业格局。

3. 融合利用，绿色生态文旅建设统筹推进

坚持"在保护中开发，在开发中保护"理念，针对自然生态条件进行保护性开发，发挥生态调节功能在产业升级中的作用。提升生态价值，促进土地资源升值溢价，逐步实现"绿水青山"变成"金山银山"，形成乡村经济的可持续发展模式，实现乡村振兴。

四　经验及启示

（一）践行思想，确保"绿水青山"与"人民至上"相得益彰

习近平总书记指出："良好生态环境是最公平的公共产品，是最普惠的民生福祉，发展经济是为了民生，保护生态环境同样也是为了民生。"人民对美好生活的向往包含对美好生活环境的向往。吴中区准确把握生态文明建设以人民为中心的理论本质与内涵精髓，坚持目标导向、问题导向、结果导向，推动生态文明建设相关工作由单项突破转向整体提升、由"碎片化"推进转向"系统化"集成，从"单打独奏"到"整体合唱"，一方面，着眼人民群众对美好生活的向往，着力满足群众对优美生态环境的迫切需要；另一方面，让人民群众成为生态文明建设的主体，统筹"一心一意"与"群策群力"。吴中的生态文明建设不仅改善了区域生态环境，也解决了"青山绿水"的民生痛点，提升了群众的环境满意度与生活幸福感。2020 年，全区居民平均预期寿命达 84.26 岁，较 2010 年提高 3.08 岁，高于同期全国（77.3 岁）和江苏省（79.32 岁）的平均预期寿命，且高于同期苏州 0.22 岁，吴中宜居宜业宜游的新面貌充分展现。实践证明，绿水青山是体现人民生活质量的重要内容，只有始终不忘为人民谋幸福的初心，才能确保生态文明建设的正确方向，取得圆满的成效。

（二）深化改革，确保"顶层设计"与"基层探索"握指成拳

习近平生态文明思想是对我国生态文明建设的综合谋划，生态文明制度体系构建与生态文明体制改革在其中具有至关重要的作用。吴中区积极设立太湖水环境综合管理协调领导小组办公室，对太湖湿地保护、水草蓝藻打捞、芦苇收割管理、沿岸水体保洁和饮用水源地实施"五位一体"综合长效管理。生态文明三年行动计划的持续实施，确保了生态立区战略切

实落地。强化差异化考核，推进生态补偿、实施环太湖空间"加减法"，以"强点赋能"推进"系统增能"，以新技术新业态新场景有效介入筑牢"绿水青山"的生态基底与保护机制，加快构建生态产品价值实现机制，推动跨产品、跨产业、跨区域的平台化价值转换通路与配套机制建设，不断增强环太湖地区绿色发展的造血能力。实施"三区三片"综合改革，统筹兼顾严守生态红线、拓展发展空间、激发基层活力要求，通过空间重构、资源重组、品质重塑，推动重点开发地区在生态优先的前提下，不断提高产业和人口承载能力，发挥价值创造作用；环太湖地区在强化生态保护的基础上，创造更多生态产品。只要一张蓝图画到底，一任接着一任干，坚持向改革要红利，持续加强机制体制设计与政策实践落地的协调性，制约生态文明建设的"难点"就会转化成发展"亮点"，"绿水青山就是金山银山"的道路就会越走越宽广。

（三）紧扣主题，确保"高水平建设"与"高水平发展"统筹互促

习近平总书记指出："发展经济不能对资源和生态环境竭泽而渔，生态环境保护也不是舍弃经济发展而缘木求鱼。"吴中区坚持在生态环境保护上算大账、算长远账、算整体账、算综合账，精心呵护太湖山水，先后获评全国生态示范区、国家生态保护与建设示范区、国家生态区。依托太湖生态岛建设、苏州生态涵养发展示范区，以"大生态"对接"大产业"，支持太湖生态岛与百度 Apollo 深度合作建设全国首个自动驾驶生态示范岛，推动好风景催生新经济。建设环太湖 1 号公路"IP"，加强对环太湖地区农文旅等资源的优化整合，让好生态、好资源成为"金饭碗"。坚持生态产业化、产业生态化，抢抓数字经济时代发展机遇，以打造千亿级产业为目标，培育壮大"3+3+3"产业创新集群，探索形成"生态+"的产业转换路径，将生态优势转化为发展优势、经济优势，筑牢高质量发展的坚实支撑。实践证明，生态环境保护和经济发展是辩证统一的，推动绿色低碳循环发展、建设生态文明，不仅可以满足人民日益增长的美好生态环境需要，而且可以推动实现更高质量、更可持续、更为安全的发展，走出一条生产发展、生活富裕、生态良好的文明发展道路。

习近平总书记强调："绿水青山就是金山银山""保护生态环境就是保护生产力，改善生态环境就是发展生产力""绿水青山和金山银山绝不是对立的，关键在人，关键在思路。"吴中区以创新探索践行"两山"理论的行动及成功经验，提交了 GEP 核算的优异答卷，书写了新时代太湖生态

文明最精彩的新篇章。

奋进新征程，建功新时代。吴中区将坚决扛起"为太湖增添更多使命色彩"使命担当，加快绘就"天堂苏州·最美吴中"现实图景，做优山水之美、做强产业之美、做精城市之美、做深文化之美、做实人民之美，让"青山"底色更靓，"金山"成色更足，让"绿金双高"的吴中真正美不胜收。

山东省青岛市即墨区
推动城市能级提升
建设胶东经济圈一体化新引擎

十年，是时间刻度，更是奋斗标尺。

2012年以来，青岛市即墨区综合实力大幅跃升。2021年，即墨地区生产总值突破1400亿元大关，达到1452亿元，是2012年的2.32倍，增长131.75%，综合实力排名稳居全省区县前列。目前全区工业增加值占GDP比重超过50%，各类市场主体30万家，成为即墨高质量发展的强力支撑。

这十年，即墨城市品质提档升级。设区后加大基础设施配套力度，累计投资17.6亿元，建设道路267千米，改造桥梁19座，地铁11号线通车，地铁7号线二期开工。实施"品质即墨"绿化提升三年行动，城区绿地率提高到39.8%，建成开放25处城市公园和街头游园。改造老旧小区346万平方米，实施31个片区、2.4万户棚户区改造。累计创建市级以上美丽乡村示范村103个，入选国家城乡融合发展试验区。

这十年，人民生活水平显著提高。教育优质均衡发展，建设了德馨小学东校区等106所中小学、幼儿园和山东大学青岛校区二期。完善医疗卫生配套，建设山东大学齐鲁医院蓝谷医院等项目。除"优学在即""健康在即"外，还分别打造了"安居在即""乐业在即""众扶在即"共五大惠民品牌，健全覆盖全民、统筹城乡、公平统一的多层次社会保障体系。

十年期间，即墨全区上下团结拼搏、开拓实干，争一流、当排头，经济社会发展态势持续向好，努力为青岛建设新时代社会主义现代化国际大都市贡献更大力量。

一 落实经略海洋战略，绘就海洋强区蓝色画卷

依海而生、向海而兴，海洋是即墨最大的特色优势所在，也是最大的空间所在、潜力所在。即墨在服务融入海洋强国战略布局中，借力青岛处于全省海洋经济龙头有利条件，打造海洋科技创新高地，当好海洋经济排头兵。

十年来，即墨区坚定不移推进经略海洋，发挥蓝谷引领作用，服务青岛建设引领型现代海洋城市。

海洋经济生产总值居全市第二，累计引进"国字号"科研平台、高校院所52家，各类科技创新平台71个，打造创新合作平台典型得到国务院办公厅通报表扬。抢抓海洋国家实验室正式入列机遇，即墨加快推进8个涉海千亩以上专业园区和44个涉海重点项目建设，加快促进科技成果转化，全力打造全国经略海洋的高地，力争2022年实现海洋生产总值560亿元、占全区GDP比重的35%。

目前，即墨区主攻海洋装备制造、海洋渔业、海洋旅游、海洋交通运输、海洋战略性新兴产业"五大产业方向"，提升集装箱船、海底电缆、智能船舶、水下滑翔机产能，打造全国一流的"蓝色种都"、面向远海的"蓝色粮仓"，做精科普研学游、温泉度假游等滨海旅游项目魅力，推进女岛港升级，打造智慧运输港口，面向"深潜、深钻、深网"，建设全球海洋大数据中心，打造海洋生物医药基地、海洋新材料集聚区。

搭建国家海洋经济发展示范区、海洋科技服务、海洋金融服务、海洋开放合作"四大平台"，依托国家海洋经济发展示范区、海洋科技服务、海洋金融、海洋开放合作平台，用好超算中心、"蛟龙号"等"国之重器"，抢占"透明海洋""可燃冰"等制高点，服务全国攻克海洋"卡脖子"技术，依托国家海洋技术转移中心、青岛海检集团等，建设一批孵化载体，常态化"揭榜挂帅"，放大国际海洋峰会效应，打造全省"海洋科技金融港"。

完善陆海统筹、双招双引、政策保障"三大机制"的海洋经济发展思路，形成"一个重点产业、一组科研机构、一支智库团队、一批承载园区"的保障机制，优化海洋科技创新企业破土而出、拔节生长的空气和土壤，集全区之力打造特色鲜明的海洋战略性新兴产业集聚区。

二 聚焦六大主导产业，筑牢实体经济根基

一度站在中国工业化"最前排"的青岛，一直怀揣着"汽车梦"。随着一座具有当代世界一流水平的现代化汽车城的崛起，汽车"圆梦"之旅高潮迭起：2014年一汽—大众华东基地开工，家用轿车首次实现"青岛造"；奥迪A3在青岛下线，山东实现豪华车制造"零"的突破；奇瑞汽车青岛基地仅用17个月就实现星途M38T首台白车身下线，创造了奇瑞工厂建设史上最快速度。如今，即墨汽车产业成为全省25个特色产业集群之一，正瞄准智能化、电动化、网联化、集群化方向，依托一汽—大众、一汽解放、一汽解放新能源、奇瑞四大整车生产基地，扩大商用车、乘用车、新能源车、专用车产能，加快向年产100万辆整车、传统能源和新能源汽车产值"双千亿"的目标迈进，昂起全省汽车工业龙头。

实体兴、经济兴。即墨始终将强大的实体经济作为发展最坚实的基础，不断壮大实体经济，重点突破汽车、纺织服装、商贸物流、新一代信息技术、海洋、生物医药六大主导产业，加快推动产业高端化、集群化发展，打造以海洋经济为特色、数字经济为引领、先进制造业为支撑、现代服务业为配套的链群化、开放型现代产业体系。

纺织服装产业迈向时尚智能前沿，鼓励即发、酷特、雪达、红妮等骨干龙头企业升级，叫响中国针织名城、中国童装名城品牌；商贸物流产业，发挥国家市场采购贸易试点优势，推进海陆空铁"四港联动"，打造服务青岛、辐射江北的商品集散地，延续千年商都雄风；新一代信息技术产业从无到有，引进建成了惠科半导体、泰睿思微电子等企业和项目40余个，创新奇智成为国内"人工智能+制造"第一股，带动集成电路、人工智能等产业2022年可实现营收160亿元，中航发磁性材料产业园建成全球先进的非晶合金薄带生产基地；建成全国首家工业互联网创新示范平台，5000家企业链接卡奥斯平台，获评全国"互联网+"中小企业示范区；生物医药产业，提升中医药、西药、医疗设备等产能，建设青岛海洋生物医药及现代中医药产业贸易集聚区。

一组数据，看即墨实体经济版图如何越来越强：规模以上工业企业达到544家，年产值百亿级企业增至3家，上市企业从2家增至9家，"瞪

羚""独角兽"企业达到17家，15条重点产业链提质升级，重点技改项目完成180个以上，41家过5亿元工业企业扩产扩能。

三 提升城市功能品质，加速融入青岛主城

即墨撤市设区不到5年时间，城市品质虽持续提升，但城市能级与主城仍有一定差距。即墨区坚持主城区品质标准，片区化改造城中村和老旧小区，完善交通路网，统筹推进重点片区建设，提升城市基础设施，提高城市精细管理、智慧治理、便民服务水平。坚持"对标主城、组团提升、全面融青"，抓住文明典范城市创建和城市更新黄金期，面向青岛主城区，打造扩容主战场，一场前所未有的城市建设热潮逐浪而起。

即墨区建立"1+7+3"城市更新和城市建设三年攻坚行动工作顶层推进机制，成立1个总指挥部、7个专业指挥部和3个重点片区专项指挥部，由区级干部挂帅、区管骨干专职、区属国企跟进，175名精锐干部下沉一线抓落实。

在坚持一线现场攻坚赛马，实施七大攻坚行动的同时，把城市更新和城市建设作为检验作风能力的主战场和锻造作风能力的"熔炉"，加快推进以高标准、快速度融入主城区。目前，全区223个攻坚项目已开工172个，完成投资92亿元，达到计划的137%。

如雨后春笋般涌现出的城市更新重点工程和项目，成为即墨提高城市品质能级的重要抓手。从居民入住的"老屋子"，到上班通勤的"车轮子"，从休闲娱乐的"公园里"，到重塑市政设施的"筋骨"，精准化、精细化的改造有效提升了城市宜居水平，重点低效片区的升级，也为产业升级提供空间载体，充分激发了城市再生活力，实现了高质量发展与高品质生活有机结合，努力满足人民日益增长的美好生活需要。

撤市设区以来，即墨大部分区域仍是农村形态，要实现全域振兴，打造乡村振兴隆起带成为当务之急。即墨区把乡村振兴作为"三农"工作的总抓手，坚持"党建统领、产业支撑、生态宜居、城乡融合、共同富裕"思路，积极推进农业现代化、土地规模化、产业园区化、人口社区化、城乡一体化，打造乡村振兴齐鲁样板先行示范区。

在促进农业高质高效方面，即墨坚守耕地红线，抓紧粮食生产和安全，坚决遏制耕地"非农化"，防止"非粮化"，提升完成高标准农田17

万亩。同时，不断优化现代农业发展布局，连续两年投入 2 亿多元引导资金，布局建设了 8 个乡村振兴示范片区。

四　把好事办好、实事办实，民生"答卷"有温度

共建共享是民生幸福之基，社会和谐之本。在民生保障方面，即墨区始终注重"好事办好、实事办实"，努力把民生实事真正办到群众心坎上，让人民群众有更多获得感、幸福感、安全感。

教育方面，即墨区着力打造"优学在即"惠民品牌，依据教育发展优先谋划，教育经费优先保障，教育项目优先安排，教育难题优先解决等方针，在城区东部和西部分别新建德馨小学东部分校、二十八中东部分校和书香小学、书香中学、岘山小学、岘山中学 6 所高标准学校，今年秋季已启用。同时，创新集团化办学模式，以城区优质学校为核心校，在全区成立 11 个教育集团，将农村义务教育学校全部纳入其中，通过共享共建共进，推动城乡义务教育均衡发展、优质发展，高考成绩连年位居省市前列。

在健康医疗方面，即墨区推出"健康在即"惠民品牌，实施区级医院提质扩容、基层卫生院改薄提档等工程，推进山东大学齐鲁医院蓝谷医院、区第三人民医院、区中医医院等医疗机构建设，为群众提供更加优质的医疗环境。同时，注重做好"一老一小"工作，构建多层次养老服务体系，发展普惠型养老服务，建成运营 17 处社区养老服务中心，获评省医养结合示范先行区。落实全面三孩生育政策及配套措施，多渠道降低生育、教育、养育成本。

在就业方面，即墨区着力打造"乐业在即"惠民品牌，以民营企业、中小微企业为服务重点，关注脱贫劳动力、农民工、登记失业人员等重点群体，给予大学生创业担保贷款、一次性创业补贴、税费减免等扶持政策，完善重点群体就业创业支持体系。5 年新增城镇就业 10 万人以上，实现 4 万名大学生在即墨就业创业。

同时，即墨区还打造了"众扶在即"惠民品牌，健全覆盖全民、统筹城乡、公平统一的多层次社会保障体系，发展慈善事业，织密困难群众兜底保障网。全区 2343 户、6113 名建档立卡贫困人口全部提前脱贫，并完

成甘肃文县、贵州紫云县、菏泽鄄城县等对口帮扶任务。

民生所指，国运所系；民心所向，政之所行。在即墨，让美好生活触手可及，是愿景，更是行动。群众需要什么，就坚定不移地做什么。即墨区始终抓住群众反映强烈的教育、医疗、就业、养老等突出问题，全力促进民生改善，让群众有更多的获得感、幸福感和安全感。

新的时代"考卷"缓缓揭开。未来 5 年，是即墨区全面建成小康社会后，乘势而上奋进"十四五"、开启新征程的 5 年，是全方位融入新发展格局、坚定不移推动即墨高质量跨越发展的 5 年。锚定新的历史方位，即墨咬定加快建设活力宜居幸福现代化新区、争当胶东经济圈一体化新引擎、打造青岛新发展格局重要增长极目标，当好海洋经济发展排头兵、发展壮大实体经济排头兵、区域协调发展排头兵，扬鞭奋蹄当好新赶考路上的"先行军"。

福建省闽侯县
加快"三城"建设
推进闽侯高质量发展

闽侯县素称"八闽首邑",于西南面呈月牙形拱卫省会福州主城区,土地面积2136平方千米,现有户籍人口72.7万,常住人口102.4万,2022年全县常住人口城镇化率达到60.65%。习近平总书记在福建、福州工作期间,曾先后37次来闽侯调研或现场办公,亲自关心并推动了福州大学城、东南汽车城等生动实践,为闽侯留下了宝贵的思想财富、精神财富和实践成果。党的十八大以来,闽侯县始终牢记习近平总书记对闽侯"要深化八闽首邑意识,进一步发挥优势,加快经济建设和改革开放步伐"的重要嘱托,深入贯彻落实习近平新时代中国特色社会主义思想,弘扬伟大建党精神,坚持"3820"战略工程思想精髓,主动置身福州加快建设现代化国际城市主战场,进一步发挥"福州大学城、东南汽车城、区位近主城"三大优势,加快建设"科教名城、产业强城、宜居新城",全方位推进高质量发展超越实现新突破。

一 主要工作成效

一是综合实力实现大跃升。全力以赴稳增长、促跨越,十年来,全县GDP连跨"5个百亿"台阶,从337.3亿元增长到1009.2亿元,年均增长2.8%;财政总收入从116.49亿元增长到178亿元,年均增长1.4%,位居全省县(市、区)前列。此外,固定资产投资额、社会消费品零售总额、规上工业产值、建筑业产值等关键指标基本实现翻番,全国县域经济百强排名第41位、全国县域高质量发展百强排名第47位、全国投资潜力百强县(市)第29位、全国创新百强县(市)第27位,入围全国工业互联网推动数字化创新领先县 20 强榜单，连续 13 年获全省"十强县"殊荣。

二是产业结构实现大优化。深入推进供给侧结构性改革，三次产业比例从 2012 年的 8.9∶60.8∶30.2 调整为 2022 年的 5.58∶55.27∶40.07。橄榄、果蔬、金鱼等六大特色农业产业不断壮大，荣获"中国金鱼之乡""中国橄榄之乡"称号。先进制造业扩容增量，跻身全国工业百强县第 53 位。现代服务业繁荣发展，2022 年第三产业增加值 400.7 亿元，较 2012 年增长 2.9 倍。

三是城乡面貌实现大改善。成功入选全国县城新型城镇化建设示范县，全县城镇化率从 2012 年的 47.8% 提升至 2022 年的 60.65%。城乡发展框架全面拉开，福州大学城、东南汽车城等重点区域发展提速，县城新区华丽蜕变，旧城改造稳步推进，"科教名城、产业强城、宜居新城"发展格局基本形成。白龙洲大桥正式通车，"跨江联动、拥江发展"的城市格局得到进一步拓展。乡村振兴战略深入推进，美丽乡村实现全覆盖，2022 年中国数字乡村百强县排名全国第五、福建省第一，获第六批国家生态文明建设示范区等称号。

四是社会事业实现大发展。始终践行以人民为中心的发展思想，10 年来，每年超过七成财力用于民生支出。教育事业均衡优质，新建、扩建公办校（园）所，新增学位 4800 个，成立教育集团 4 个，顺利通过教育两项督导省级评估验收，荣获"全国义务教育发展基本均衡县"称号。卫健事业蓬勃发展，基本建立层次分明、功能齐全的县、乡、村三级医疗卫生服务网络体系，获评省级"卫生应急示范县"。建成各类养老服务机构（站点）17 家，投用长者食堂 14 家，实施政府购买居家养老服务项目，惠及 1.3 万人。"平安闽侯""文明闽侯"扎实推进，入选建设新时代文明实践中心第二批全国试点县，获评福建省"平安县"。稳岗就业持续发力，累计新增就业 12.3 万人，城镇居民人均可支配收入从 2.9 万元增加至 5.31 万元。

五是党的建设实现大进步。基层党建不断创新，"中心+基地"党员就业创业等模式得到党中央领导批示，六和机械等台企获评全省台资企业党建示范点，两新组织覆盖率分别达 92.9% 和 91.1%。2021 年，在全省率先实行干部驻点服务驻地院校机制，推动"大学城"校地联盟发展。创新推行"小团队、细网格"社会治理模式，入选 2022 年"福建省新时代党建优秀案例"，促进基层治理体系和治理能力"双提升"。

二 闽侯县推动县域高质量发展主要工作举措

按照省、市部署，闽侯县始终坚持"3820"战略工程思想精髓，对标重点建设六个城、打响五大国际品牌、实施九大专项行动，发挥闽侯独特优势，加快打造新时代现代化滨江新城。

（一）始终坚持项目引领

一是强化项目引进。以招商引资培育增量、增强后劲，实行"一把手"招商、产业链招商、亲情招商等机制。以"5·18""9·8"、数字峰会等重大活动为契机，强产业补链条，围绕东南汽车城、南通科学城、鸿尾工业园、旗山湖"三创园"等重点区域，加强重大招商项目跟踪、服务和推进工作。近年来招引产业链关联项目27个，为经济社会高质量发展蓄积了强大动能。二是加强项目服务。建立健全项目"解难清障"、领导挂钩服务等机制，加快项目征求力度，为项目落地提供要素保障。闽侯县行政服务中心各入驻中心窗口的行政审批和公共服务事项持续优化流程，不断压缩办理时限，全县行政审批事项承诺时限压缩达93.06%；简单事项实现"一审一核、即审即办"。三是推动项目建设。树牢"项目为王"理念，成立项目服务工作专班，盯紧项目前期各环节，全程跟踪服务。近年来开展了"百日攻坚""攻坚2017""抓项目促发展""项目攻坚落实年"等专项行动，突出产业项目带动，紧抓项目开工、竣工、投产等关键环节，力促项目早开工、早投产，"十三五"以来，每年安排新开工项目150个以上，新竣工项目100个以上。

（二）始终坚持做优产业

一是提升现代农业。推进农业产业品牌建设，培育壮大农业龙头企业队伍，加快农业农村现代化，农林牧渔业总产值年均增长4.0%。粮食生产保持稳定，全县粮食播种面积稳定在16.5万亩以上，总产量5.8万吨以上。结合乡村振兴、高标准农田建设及省市相关农业生产补助政策完善设施，改善农业生产条件，每年闽侯县蔬菜播种面积约57万亩，产量约120万吨。二是实施工业强县战略。坚持"扶引大龙头、培育大集群、发展大产业"，实施产业链提升工程，打造具有更强创新力、更高附加值、更安全可靠的产业链供应链体系。实施"数字·绿色"技改工程，加快汽车、机电制造、工艺品等优势支柱产业智能化、高端化、绿色化发展。规上工业企业从298家增长到658家，已培育形成汽车、机电、建材、食品、家居装饰、服装纺织六个超百亿产业集群。深化园区标准化建设，以青口汽车工业园区为核心，同步提升东台、兰圃、七里产业园，整合闽侯经济技术开发区及白沙园、竹岐园和鸿尾高端建材产业园，放大产业集群集聚效应。三是发展现代服务业。始终支持永嘉天地、永丰汽配、海峡农副产品批发物流中心等商圈街区、专业市场做大做强，推动生产性服务业向专业化和价值链高端延伸。开展"快来闽侯吃住游乐购"等系列活动，进一步活跃消费市场，加快形成奥特莱斯城市综合体、永嘉天地、万家广场等一批具有区域辐射力和影响力的新商圈。持续打响闽越水镇、旗山、五虎山、昙石山、雪峰山城等文旅品牌，闽侯知名度和美誉度不断提升，2022年旅游业总收入达38.43亿元，较2012年的4.4亿元增长7.7倍，年均增长5.7%。

（三）始终坚持创新引领

一是增强创新策源能力。全面落实省委、省政府《加快推进福州地区大学城高质量发展三年行动计划》，对照"六个一流"目标要求，高起点、高质量、高标准建设大学城。发挥大学城驻地高校创新资源优势，持续推进"一江一湖一城"科创走廊、"三创园"科创中心、福大国家大学科技园等创新平台建设，增强创新要素集聚裂变效应。二是实施创新驱动战略。实施高新技术企业倍增计划，撬动更多社会资本投资于科技创新型企业，全县国家高新技术企业从2012年的10家增至2022年的1078家。实施R&D稳增计划，十年间，全社会R&D投入年均增长20.3%，科技型中小企业备案达683家、培育科技小巨人企业158家。完善"揭榜挂帅"机制，充分利用大学城驻地优势，支持企业与高校、科研院所合作建设新型研发机构，完善产学研深度融合的产业创新体系。三是实施人才优先战略。加快建设落实赶超的人才支撑体系，扩展优质基础教育资源，开展岗前培训、职工岗位技能培训和新技术新技能培训。全面落实引才措施，放开城市落户限制，实现福州市外迁入我县落户"零门槛"。出台《闽侯县人才住房保障政策》等有关人才保障住房、高层次人才配套奖励新政，柔性引才，为全县加快打造"人才高地"提供更坚实的人才保障和智力支撑。

（四）始终坚持民生优先

一是提升稳岗就业水平。加大"援企稳岗"力度，实施阶段性降低失业保险、工伤保险费率政策，发放公益性岗位补贴、失业补助金等各类补助，减轻企业负担，稳定就业基本面。联合驻地高校举办"好年华 聚福州"闽侯专场系列校园供需见面会，积极推进高校毕业生就业创业工作。通过为重点用工企业引进员工奖补等激励措施，引导重点企业稳工稳产。加强与中西部省份劳务协作，每年安排1000万元专项资金支持企业用工与劳务协作对接。2022年城镇登记失业率3.24%，较2021年年底下降0.53个百分点。二是不断加强公共服务。加快补齐教育、医疗、养老等民生短板，鼓励社会力量参与，提升公共服务的供给质量和效率；深入实施"优质学校、优秀校长、优秀教师"带动工程，打造教育强县。推进集团化办学，实施区域协同办学，持续增加优质教育资源总量，深化"单一法人制+品牌联合制+校地合作制（与高校合作）"集团化办学模式。全面推进闽侯县紧密型医疗卫生共同体建设，推动基层医疗卫生机构服务设施提档升级，促进优质医疗资源扩容和均衡布局。大力发展以居家为基础、社区为依托、机构为补充、医养相结合的多层次养老服务体系，进一步提升完善居家和社区养老服务水平。加快提升养老服务机构建设，全县已建成县、乡、村三级养老服务设施304个（其中养老机构17家），拥有养老床位5636张，每千名老年人床位数达46.6张。实施全民健身场地设施建设提升工程，加快篮球场、笼式足球场、智能健身驿站等建设，不断补齐体育公共服务设施短板。

（五）始终坚持城乡融合

一是全面优化城乡规划布局。以"沿江发展"、深度融入福州都市圈建设为导向，形成"多规合一"国土空间规划体系。深入实施滨江新城"5+2"发展战略，扎实推进东南汽车城、福州大学城、中心大县城、南通科学城、雪峰山城五城共建、五区协同，推动鸿尾、白沙乡村振兴示范镇建设，拉开滨江新城空间布局。鸿尾、竹岐等乡镇行政区划调整工作已上报省政府，为闽侯高质量发展超越拓展空间、提供支撑。二是健全完善现代基础设施体系。203省道拓宽改造工程、乌龙江大道等一批重大交通项目加快实施，地铁二号线、五号线（闽侯段）顺利通车，成为全省唯一通"双地铁"的县；大幅提升城市宜居品质，旗山湖公园、江滨湿地公园、县博物馆、昙石山特色历史文化街区、徐家村古村落风貌区等一批公共休闲文化设施建成开放。全力推动旧城旧村改造，加快城区水系治理，同步配套建设串珠公园、休闲步道等，提高人民群众的幸福感。三是深入推进乡村振兴战略。优化农业生产结构和区域布局，做大做强六大特色优势产业，提高农业质量效益和竞争力。实施乡村建设行动，完善乡村水电路气、通信、广电、物流等基础设施，提升农房建设质量。巩固拓展脱贫攻坚成果同乡村振兴有效衔接，持续推动山区半山区发展。强化乡村振兴试点村示范引领作用，积极促进农村一二三产业融合发展，发展农村电商等，丰富乡村经济业态。

（六）始终坚持绿色发展

一是打好污染防治攻坚战。狠抓中央、省、市环保督察反馈问题整改，全面推行"河湖长制"，整治城区内河，打好蓝天碧水净土保卫战。深化"林长制"，构建"智能巡护+第三方服务"森林生态巡护新模式。二是扎实创建国家生态文明建设示范县。开展碳排放权、排污权、水权等交易试点，建立健全领导干部自然资源资产离任审计制度。三是培育壮大绿色产业经济。实行能耗总量和强度"双控"，大力发展节能环保、清洁生产、清洁能源产业，入选全国整县屋顶分布式光伏开发试点县；严格落实生态保护红线、环境质量底线、资源利用上线、环境准入负面清单。

三 进一步加快县域高质量发展重点工作

下阶段，闽侯县将把党的二十大精神全面贯彻落实到工作的全过程、各方面，遵循新发展理念，立足发展新阶段，积极融入新发展格局，抓好"三城"建设，推动县域高质量发展。

一是以转型升级为主线，全面优化现代产业体系。巩固壮大实体经济根基，推进产业基础高级化和产业链现代化，建立以战略性新兴产业为引领、先进制造业为主体、现代服务业为支撑的现代产业体系，建设先进制造业强县和现代服务业强县。

二是以城乡融合为目标，全面构建协调发展格局。主动对标对表省会中心城区，优化城市空间布局，在更高水平上推进现代化城市建设，加快形成福州新增长极。

三是以科创赋能为支撑,全面增强创新驱动能力。坚持科技创新和制度创新"双轮驱动",深入实施科教兴县、人才强县、创新驱动发展战略,打造高端人才资源"聚宝盆",建设省市主要科研中心和创新高地。

四是以改革开放为关键,全面激发体制机制活力。紧盯阻碍闽侯发展的体制机制问题,以思想破冰引领改革突围,以开放包容促进合作共赢,争创市场有效、政府有为、企业有利、群众有益的改革开放新优势。

五是以绿色低碳为引领,全面提升生态系统质量。坚持绿水青山就是金山银山理念,深入实施可持续发展战略,促进经济社会发展全面绿色转型,建设人与自然和谐相处、共生共荣的新时代滨江新城。

浙江省嵊州市
高水平建设"五个嵊州"
打造共同富裕县域样板

嵊州地处浙江东部，是绍兴市所辖县级市，位于杭、甬、温、金一义四大都市圈"十字"中心节点，总面积1789平方千米，户籍人口71.94万，下辖15个乡镇（街道），地貌呈现"七山一水二分田"特点。嵊州历史悠久、人文荟萃，秦汉时期就已建县称"剡"，1995年撤县设市，有"万年文化小黄山、千年剡溪唐诗路、百年越剧诞生地、中华书圣归隐处"之称，是全国文明城市、国家卫生城市、国家园林城市，是中国越剧之乡、中国领带之乡、中国厨具之都、世界著名茶乡、中国花木之乡、中国香榧之乡、中国小吃文化名城。

2022年地区生产总值711.08亿元，同比增长4.1%；城乡居民人均可支配收入分别达72865元和40495元，分别增长4.6%和6.9%；财政总收入和一般公共预算收入分别达69.4亿元、47.28亿元，金融机构存贷款余额双超千亿，市场主体超过8万家，现有A股上市企业7家、新三板挂牌企业9家，位列全国综合实力百强县第91位、全国经济竞争力百强县第60位、高质量发展百强县第68位、工业经济百强县第89位、投资竞争力百强县第75位、创新百强县第36位、服务业百强县第58位、营商环境百强县第77位、全面小康指数第32位。

一 嵊州高质量发展的实践探索

近年来，面对超预期的疫情影响和经济下行压力，嵊州市以习近平新时代中国特色社会主义思想为指引，深入学习贯彻新发展理念，积极服务融入新发展格局，全力应对严峻复杂的宏观形势和疫情挑战，按照建设更高水平实力嵊州、品质嵊州、美丽嵊州、幸福嵊州、数智嵊州的目标，紧紧把握千载难逢的发展机遇和时代脉搏，以超常规思维、超常规力度、超常规举措推进各项工作，高水平全面建成小康社会，高质量推动县域经济赶超发展，高水平开启了第二个百年奋斗目标的新征程，率先走出了社会主义现代化县域发展之路、为全力打造浙江高质量发展建设共同富裕示范区县域样板打下了坚实的基础。

（一）突出工业强市、产业兴市，实力嵊州跨上新台阶

产业是城市发展的根基。我们坚持工业强市不动摇，持续把发展经济的着力点放在支持实体经济、发展先进制造业上，抢抓新一轮科技革命和产业变革机遇，不断提升产业基础高级化和产业链现代化水平，提高嵊州制造实力。

1. 坚持创新引领，推动动能加速转换

谋划建设剡溪创新带，持续提升科创中心、北航（嵊州）科创园和厨具电器、真丝·领带省级产业创新服务综合体的服务能力。工厂化养蚕技术被评为全国十大颠覆性创新成果之一，省蚕蜂资源利用与创新研究重点实验室落户嵊州，国家高新技术企业增加至259家，全市高新技术产业投资增长144.2%，居绍兴第一。深入实施"剡溪英才"计划，积极推动产教融合发展，确保"高精尖缺"领军人才和技能人才提质增量，过去五年，已累计引育各类人才5万余人，其中国家引才计划人才16人，新增院士专家工作站10家。

2. 坚持数字赋能，提升智能制造水平

全面实施数字经济一号工程2.0版，围绕"产业大脑+未来工厂"核心场景，高标准构建工业互联网产业体系，获评中国集成智能厨房产业转型升级先行区，巴贝集团"小蚕工厂"入选浙江省第一批未来农场，智能厨电行业产业大脑入选浙江省第二批工业领域行业产业大脑建设名单。大力推进企业数字化改造，专门切出1亿元财政专项资金，推动数字化改革向企业生产全周期、集群内部各环节渗透、赋能。启动实施了同行百企"注智使能"计划，按照"大企智能化，中、小企轻量化"的改造方向，因企施策、分类实施，已累计完成企业数字化改造421家，数字经济制造业增加值年均增长10%以上。

3. 坚持集群发展，构建现代产业体系

健全一条产业链、一位挂钩领导、一个工作专班、一个专项政策、一支产业基金的"163"集群发展机制，推动三大传统产业加快强链、扩大优势，厨具规上产值年均增长超20%，获评全省首批"浙江制造"品牌培育试点县市，"中国丝高地""中国智能厨房""中国电机之城"地位更加巩固。支持数字5G、生物医药、新能源、新材料等战略性新兴产业壮大规模，战略性新兴产业产值比重提升至39.7%。引进总投资130亿元的比亚迪新能源动力电池项目，夯实了新能源高端产业"万亩千亿"平台基础。持续推进国家级经济开发区创建，增强产业平台高端要素、高端产业的承载力和集聚度，嵊州漕河泾长三角协同发展产业园正式揭牌，承甬产业园开工动建，临杭高端装备智能制造工业园全面投产并可实现年产值50亿元以上。

4. 坚持腾笼换鸟，优化升级产业结构

实施新一轮"腾笼换鸟、凤凰涅槃"攻坚行动，全面推进开发区（园区）工业全域治理，已相继实施了"12+1"和"8+1"两轮行业整治，累计处置"低散乱污"企业2167家、盘活低效用地4211亩。建立工业用地全生命周期管理机制，实现一码管企、一码管地、标准用地、平台做地、园区优地。坚持连片集约开发引领招大引强，目前已整治企业1662家、治理土地13502亩，推动近3年引进亿元以上项目117个，总投资达1089亿元。如腾退东豪集团内10家租赁企业，盘活土地212亩，招引投产了总投资50亿元的长鸿生物，全部建成后预计实现年产值100亿元。征收棉麻总厂、天池织造等4家企业共200余亩低效用地，化零为整、集中出让给贝达药业，建成后年产值可达50亿元，预计提升产值10倍以上。

（二）突出开放融合、能级跃迁，品质嵊州迸发新活力

嵊州致力扩大开放、畅通循环，持续提升通道顺畅度、城市融合度、贸易开放度、消费活跃度、要素集聚度，全力以赴推动县域经济加快向城市经济、都市经济变革转型。

1. 以"四港"联动为牵引，在交通互联中扩大开放水平

紧抓长三角一体化发展和义甬舟开放大通道建设机遇，深入实施"融杭联甬接沪"战略，以交通开放先行推动区域融合发展，着力构建外联内畅、要素融通的网络型城市。一方面，以加强交通互联为切入点，深入推进交通强市"十网千亿"工程，相继建成杭绍台高速、杭台高铁、绍兴港嵊州港区中心作业码头等一大批高能级对外通道，正在推进金甬铁路、527国道（二期、三期）等在建项目建设，超前谋划绍兴市域铁路嵊州段、金绍甬高铁、诸嵊高速等前期项目，综合交通运输体系逐步完善。另一方面，以加快要素融通为落脚点，紧抓浙江省深化"四港"联动发展的战略机遇，率先编制全省首个县级层面"四港"联动发展规划，启动建设嵊新临港经济发展区，推动设立嵊新奉特别合作区，积极推进"1主3专"物流园区建设，创新探索海河铁公联运、区域共享仓储等领域，持续推动人流、物流、资金流、信息流加速集聚扩散。目前，嵊州"四港"联动枢纽节点建设工作已经纳入浙江省第一批"交通强国"试点县市。

2. 以双城共建为载体，在有机更新中提升城市能级

坚持因地制宜、一体协同，联动推进新老城区错位发展。秉持保护开发理念，以"未来社区"建设为主抓手，统筹抓好拆违治乱、设施补短、环境优化等旧城改造工作，五年来累计完成城中村改造230万平方米，改造提升旧住宅区155万平方米，完成拆违1206万平方米。例如，选取老旧危房较为集中的白莲堂片区作为未来社区改造试点，集中征收2047户老旧住房，通过原址保留及迁建保护等手段，整合区域内原有的古城墙、任光故居、三省烟商会馆等文保点，规划建设历史文化街区，致力打造集居住、商贸、文旅等功能于一体的现代城市生活综合体，为推动老城区"活态更新"提供了鲜活经验。围绕增强城区综合实力和核心能级，重点推进城南核心区和高铁新城建设，有序开发丽湖区块、小砩区块，科学布局行政办公、商贸服务、教育医疗、生活娱乐等功能设施，近年来相继建成开元酒店、吾悦广场商贸综合体、新人民医院、国际会展中心以及一大批精品住宅，有效强化了主城区的功能要素承载能力和周边辐射带动能力。

3. 以现代宜居为导向，在产城融合中释放发展活力

牢固树立"以人为本"的城市经营理念，坚持把满足人民群众对于美好生活的新期待作为城市发展的目标追求。统筹抓好综合大商圈和特色小街区发展，吾悦、和悦、保罗、开元四大综合商圈布局均衡，越剧小镇、嵊州美食街、剡溪印文旅步行街成为新晋网红打卡地，后备厢集市、移动咖啡车等夜间经济方兴未艾，星空露营、亲子农作等休闲文旅业态蓬勃发展，新型消费市场正在加速崛起，有效释放了消费新动能。例如，紧抓比亚迪新能源动力电池生产基地落户嵊州、大批民工加速集聚的有利因素，在厂区周围规划建设夜市集聚区，仅第一批96个摊位就吸引了1000多名个体经营户参与竞标，部分摊位日均营业额可达2000元以上，有效激活了"夜经济"、引爆了"夜引擎"。充分挖掘嵊山剡水资源禀赋，努力做精城市休憩空间，艇湖城市公园、访戴桥、音乐喷泉、亲水平台等城市景观建成开放，"美妙三公里""乐活三公里""诗画剡溪"等城市绿道不断延伸拓展，三年来累计新建城市绿道39.9千米，城区绿化覆盖率达40.31%，城市品质和居民获得感不断提升。

（三）突出生态固本、文化铸魂，美丽嵊州呈现新气象

我们坚持"绿水青山就是金山银山"理念，立足山清水秀的生态禀赋，奋力谱写生态优先绿色发展的新篇章，打造嵊山剡水诗路越韵的风景线。

1. 加强污染防治，擦亮生态底色

全力打好污染防治攻坚战，深入实施"蓝天、碧水、清废、净土"四大行动，大力推行林长制、田长制、河（湖）长制，健全"一把扫帚"管保洁、"一把剪刀"管园林、"一把闸刀"管亮化常态化管理机制，成功获评省级生态文明建设示范县市。2022年全市AQI优良率为95.3%，PM2.5年均浓度为26微克/立方米。投资16.58亿元的"污水零直排区"建设，三年任务两年完成，主城区21个排涝口涉及的主管网已全部接通，全市水环境治理取得了突破性成效。

2. 推动文旅融合，彰显人文特色

全方位挖掘越剧特色文化内涵，持续推动越剧文化发展，已连续举办20届嵊州·中国民间越剧节、6届全国越剧戏迷大会，累计在全球建立了188个"爱越小站"，培育了10多万新生代越剧迷。先后投入1000多万元开展越剧精品创作，打造了一大批传唱度高、知名度广的越剧新作。其中，新创剧目《袁雪芬》荣获省"五个一"工程奖、第三十三届田汉戏剧剧目奖；越剧现代戏《核桃树之恋》被列入中宣部、文旅部优秀舞台艺术作品展现剧目，成为唯一一部进京献礼建党百年的越剧舞台作品。积极创建国家级越剧文化生态保护区，相继建成越剧小镇、中国越剧艺术城等体量庞大、承载强劲、可玩性高的文旅项目，深度开发非遗主题旅游线路，积极推动越剧元素"触网融合"，目前已围绕非遗文化开展研学游活动200多场，每年超600万名游客来嵊体验越剧旅游。积极推进建设浙东唐诗之路核心区，打造忘忧西白、厄山仙踪、鹿门访友、金庭问道四条美丽乡村风景线，有序推进中国唐诗之城等重点文旅项目，高质量举办"浙东唐诗之路"山水挑战赛等活动，全市旅游市场不断打开。

3. 助力乡村振兴，提升共富成色

大力实施乡村建设行动，推动"五星达标、3A争创"迭代升级，截

至 2022 年，已创建省级美丽城镇达标镇 7 个、省级美丽城镇样板镇 4 个、绍兴市级美丽城镇样板镇 1 个，3A 示范村 27 个。坚持以全国农村宅基地制度改革试点为引领，推动改革"520"模式落地见效，打造闲置农房激活 2.0 版，探索实施"一庭院三基地"项目，如石璜镇油罗山自然村通过宅基地有偿退出，引入乡贤企业贝达药业建设高端民宿项目，带动西白山片区旅游业态整体提升，"农村宅基地全链条管理模式"获农业农村部肯定，"一庭园三基地"入选省强村富民乡村集成改革典型案例。积极发展壮大集体经济，增强共富造血功能，"三界种粮队"模式获省领导批示肯定，林权碳汇共富试点获农发行全省首单 GEP 授信贷款 9.5 亿元，"西白忘忧"入选省第三批新时代美丽乡村共同富裕示范带，2022 年低收入农户人均可支配收入增长 12.9%，城乡居民收入比缩小至 1.80。按照"大项目兜底、小项目补充，一村一策个性化增收"总体思路，谋划联心奔小康物业、风情美食街项目、黄泽小微园区等市级扶贫项目，累计出资 8.1 亿元，实现每年分红 4242 元，惠及全市 183 个薄弱村，每村年均增收 23 万元。2022 年，全市村均集体经济总收入和经营性收入分别达到 181.73 万元和 85.15 万元，为促进全市经济稳进提质和共同富裕示范区县域样板建设夯实了"三农"底盘。

（四）突出普惠均衡、优质共享，幸福嵊州彰显新愿景

民之所盼，政之所向。嵊州始终把满足人民群众对美好生活的向往作为打造共同富裕县域样板的根本追求，持续完善人的全生命周期民生服务供给机制，让民生成为幸福嵊州的"最温暖底色"。

1. 打响"学在嵊州"品牌

落实立德树人根本任务，努力办好人民满意的教育，教育质量持续稳步提升，"县管校聘"改革成为全国典范，创建成为省教育基本现代化市、省区域语言文字规范化市。过去五年，全市累计新建学校 13 所、改建 22 所、修建 67 所，新增校舍面积 25.3 万平方米、学位 12000 多个。精准聚焦教育短板弱项，主动接轨杭州、宁波优质教育资源和需求，探索"双向互动，双赢合作"推动优质教育资源共建共享，顺利引进镇海中学嵊州分校，成功签约浙江经济职业技术学院嵊州校区，稳步构建高素质的人才培养体系，形成了"学在嵊州"的教育品牌。

2. 加快"健康嵊州"建设

深入实施"嵊有健康"医疗保障行动，全面落地"健康大脑+智慧医疗"，持续推进"三医联动""六医统筹"，全市平均期望寿命达 81.68 岁，被列为省综合医改先行先试建设县，基层医疗机构财政补偿机制改革在全省推广，2022 年健康浙江考核绍兴第一、全省第八。强化紧密型县域医共体建设，组建市人民医院和市中医院两个医共体，高标准启动异地新建市妇幼保健院（第二人民医院）、疾控中心，高标准实施中医院公共救治能力提升工程。不断推进体医、体教、体旅融合，实施公共体育服务惠民计划，打造体育健身"15 分钟服务圈"，人均体育场地面积达 2.3 平方米。

3. 构建优质社会保障体系

以拓宽就业渠道作为稳市场主体的切入点和突破口，持续推进服务企业用工攻坚行动，2022 年，充分发挥比亚迪等龙头企业工程招引实效，累计新增城镇就业 1.8 万人，城镇登记失业率稳步控制在 3% 以内。加强民生兜底保障，全市基本养老保险参保率保持在 99% 以上，12600 元以下困难户动态清零。坚持养老和托育服务同步实施，落实"养老机构跟着老人走""15 分钟幼托生活圈"行动，打造一批精品老年活动中心、幼托服务中心，形成居家社区机构相协调、医养康养相结合的"嵊有颐养"幸福养老服务体系和"嵊州善育"友好育儿服务体系。

4. 打造平安嵊州金名片

坚持共建共治共享，着力打造新时代"枫桥经验"治理升级版。纵深推进"县乡一体、条抓块统"改革，迭代升级"1612"体系和"141"工作机制，推动"大综合一体化"改革赋权，健全更富活力效率的新型城乡基层治理体系。筑牢风险防控底线，完善风险闭环管控大平安机制。从严从实做好守门扫码、疫苗接种等常态化防疫工作，首创运行"区域协查管控"应用场景。生产安全事故起数和死亡人数较前三年平均数均下降40%，成功实现平安创建"十三连冠"，群众安全感满意度分别提高到99.69% 和 99.32%，全力保障人民群众身体健康和生命财产安全。

（五）突出改革破题、服务增效，数智嵊州取得新成效

嵊州以数字化改革为总抓手，牵引撬动各领域各方面改革，争当浙江高质量发展建设共同富裕示范区县域样板的轮廓逐渐清晰。

1. 加快数智赋能"三融合"

紧紧围绕省、市标志性成果打造，聚力推进"七个先行示范"专项行动和共同富裕重大改革，在"三改"融合、试点示范、上下贯通上下功夫，"数字家庭医生""风雨哨兵"等一批应用建设卓有成效，"非标油场景应用入选全国检察系统数字化成果一等奖，2022年共有45个数字化应用列入省级试点。持续深化"共富建设年"活动，深入推进"五大工程"，打造共同富裕"十大标志性成果"，突出"一老一小"，全力推进未来社区、未来乡村建设，加快构建橄榄型社会结构。

2. 打造营商环境最优市

健全政企沟通服务机制，创新开展"优化企业服务联盟""市长直通车""企业服务月"等活动，唱响亲清政商"三字经"。完善支持民营经济高质量发展的政策体系，运用"越快兑"平台，2022年全面顶格兑现政策资金13.27亿元，为市场主体降本减负13.84亿元。实施重大项目"定制化"审批，推行"拿地即开工"，打造了"嵊利办"营商环境品牌。全力建设法治政府，建立常态化府院府检联席会议制度，推进依法民主决策，政府权力在阳光下运行。

3. 奏响实干担当最强音

作风就是生产力，坚持把提高担当力、执行力、落实力作为政府改进工作作风的有力抓手，围绕工作链构建了责任链，出台了政府部门"奔跑奖、蜗牛奖、红黄牌警示督办"工作制度，制定了提高政府执行力十条意见，在政府系统全面形成了"强执行、快落实、不过夜""深入干、带头干、盯着干"的良好氛围，凝聚了推动高质量发展的强大合力。

二 嵊州高质量发展的经验启示

嵊州作为"长三角"经济圈的一个县级市，围绕高水平建设"五个嵊州"，在推动经济社会高质量发展、打造共同富裕县域样板探索实践中迈出了坚实步伐，形成了一些重要经验和启示。

1. 善于把握时代机遇，顺势而为谋发展

近几年，国内外宏观环境异常严峻复杂，特别是面对超预期疫情影响和经济下行压力，嵊州市紧紧把握政策加持窗口期、动能转换加速期、整体实力扩张期等三期叠加机遇，乘着长三角一体化、省"四大"建设、杭绍甬同城化等重大战略实施的东风，持续放大高铁通车、水运复兴、"四港"联动等区位优势，充分利用两个市场、两种资源，乘势而上、顺势而为，争取了一大批要素资源，招引了一大批优质项目，实施了一大批基础建设，有效摆脱了内生增长的路径依赖，为高质量发展夯实了坚实的基础。面对未来，嵊州仍然处于千载难逢的重要战略机遇期，只要准确识变、科学应变、积极求变，立足国家战略发展嵊州，放眼长远规划谋划嵊州，坚持走好开放融合之路，主动跑项目、争资源、拓市场，就一定能危中寻机、化危为机，在浙江打造共同富裕示范区建设中形成具有鲜明辨识度的"嵊州样板"。

2. 坚持发展实体经济，久久为功抓发展

实体经济是高质量发展的基石。嵊州在改革开放40多年的时间里，历任市委、市政府始终秉持"工业强市"发展理念，目前已形成了领带服饰、厨具电器、机械电机三大传统主导产业和新能源、生物医药、新材料、数字5G四大新兴产业，迪贝电机、特种电机、星光制药、帅丰电器、亿田电器等优质传统企业已稳健走过了30多年，近年来随着产业升级步伐的加快，陌桑高科、来福谐波、湃肽生物等新兴产业领域的高新技术企业也不断涌现，这既是嵊州高质量发展的基础所在，也是嵊州今后能稳健发展的最大基石。面对未来，嵊州仍要以"咬定青山不放松"的韧劲，持之以恒做实做强做优实体经济，不断鼓励企业专注实业、深耕主业、做精企业，建立完善"微成长、小升规、高变强、股上市"企业梯次培育机制，加快推进产业基础高级化、产业链现代化，以产业经济的蓬勃生命力点燃高质量发展的强劲爆发力，把嵊州建成工业大县和先进制造业强市。

3. 持续推进项目招引，夯基筑底强发展

没有产业的发展，就没有城市的未来。近年来，嵊州在持续推进"内育"的基础上，把"外引"作为产业发展的重要抓手，相继实施了招商选资"越响行动"、招商选资"1330"工程，连续五年举办"嵊州越商大会"，通过乡贤招商、产业链招商、驻点招商等方式，以新能源汽车、5G产业、生物医药、新材料、高端装备等新兴产业为重点，持续引进了一大批行业领军企业，比如比亚迪、长鸿生物、湃肽生物、贝达药业等，根本性重构了嵊州产业结构，走出了一条具有鲜明嵊州特色的"凤凰涅槃"之路，打造了区域竞争新优势。面对未来，嵊州仍然要坚持招商选资"一号工程"，在准确研判技术革新和产业发展趋势的基础上，立足现有资源禀赋、比较优势和产业基础，聚焦高端价值链、产业链，继续招引大项目、发展大产业，持续推动新旧动能转换，打造更高水平、更大体量、更有活力的产业经济"升级版"。

4. 深入推进改革创新，锻长补短优发展

唯改革者进，唯创新者强，惟改革创新者胜。嵊州过去几年经济高质量发展取得的成就，始终伴随着深化改革、激励创新，从体制机制改革、经济体制改革到全面深化改革、数字化改革和共同富裕改革，嵊州始终围绕群众需求，以啃硬骨头的勇毅拆壁垒、破坚冰、解痛点、疏堵点，理顺了开发区、高铁新城、高新园区体制机制，完成了国有企业实体化转型，纵深推进了"最多跑一次"改革，企业创新能力不断提升，企业研发经费保持高速增长，发展环境得到了显著优化，体现了改革的"实战实效"。面对未来，嵊州仍然要继续解放思想、勇于创新，聚焦重点领域和关键环节，深化改革攻坚，坚持创新为要，谋划实施更多改革创新，探索更加适合高质量发展的新机制，激发更具创新亮点的内生新动力。

5. 不懈追求共同富裕，改善民生求发展

发展依靠人民，发展为了人民，为人民群众谋幸福是高质量发展的根本出发点和落脚点。近年来，嵊州坚持以人民为中心的发展思想，把百姓的"关键小事"当成"头等大事"，把有限的财力向民生倾斜，持续发展文化、教育、医疗、养老、就业等民生事业，持续推进城乡供水一体化、公交一体化、环卫一体化、公共服务一体化，嵊州城乡公共资源配置更加均衡，群众"急难愁盼"得到了有效解决。面对未来，嵊州仍要以共同富裕为奋斗目标，聚焦群众物质富裕、精神富足，给更多人创造致富机会，发展更加普惠性的公共文化事业，不断满足人民群众多样化、多层次的精神文化需求，以人民群众的物质精神"双丰收"，让共同富裕县域样板的成色更足，群众的获得感、幸福感、安全感更强。

福建省安溪县
稳中求进　谱写安溪
高质量发展新篇章

安溪县位于福建省东南沿海，厦、漳、泉闽南金三角西北部，县域面积2993.79平方千米，辖24个乡镇、488个村（社区）、常住人口100.3万，与"四市六县"（泉州的永春、南安，厦门的同安，漳州的长泰、华安，龙岩的漳平）接壤，4条高速（沙厦高速、政永高速、泉南高速安溪支线、甬莞高速）穿境而过，通车里程132.56千米、设有10个落地通口，是世界名茶铁观音发源地、世界藤铁工艺之都、台胞祖籍地第一大县（在台乡亲248万、占台湾人口的10%）；拥有国家生态文明建设示范县、国家园林县城、全国十佳生态文明城市、中国十佳宜居县等多张"国字号"生态名片。

近年来，安溪县坚持以习近平新时代中国特色社会主义思想为指导，深入贯彻党的十九大和十九届历次全会精神，深刻学习领悟党的二十大精神，认真贯彻落实中央、省、市各项决策部署，以实干担当，攻克发展难关、应对发展压力、抢抓发展机遇，奋力推动安溪经济社会高质量发展驶入"快车道"、取得新成效。

一　综合实力迈上新台阶

"十三五"以来，全县地区生产总值从2015年的462.51亿元增至2022年的907.18亿元，年均增长7.5%，连续跨过4个百亿元大关；财政总收入从34.58亿元最高增至51.28亿元；全县居民人均可支配收入从17380元增至29372元，年均增长7.7%。综合实力、投资潜力分别从全国百强县第68位、第29位提升至2022年的第53位、第11位，2022年被福建省政府发展中心评为福建省经济发展"十佳"县。

近年来，安溪县认真学习贯彻落实习近平总书记"七一"重要讲话和来闽考察重要讲话精神，紧扣全方位推进高质量发展主题，立足新发展阶段、贯彻新发展理念、服务和融入新发展格局，扎实做好"六稳"工作、全面落实"六保"任务，统筹抓好"五促一保一防一控"和"保金融、保用工、保市场、促投资"等各项工作，全县经济社会运行总体保持稳中加固、稳中向好的良好态势。2022年，全县主要经济指标均实现"稳增长"，增幅位居全市第四，展现出良好的经济韧性和活力：完成地区生产总值907.18亿元，增长4.3%；工业增加值395.74亿元，增长5.5%；第三产业增加值375.12亿元，增长3.5%；一般公共预算总收入45.87亿元；一般公共预算收入31.53亿元，增长4.7%；固定资产投资增长1.1%；社会消费品零售总额683.16亿元，增长6.4%。

二　发展支撑取得新成效

紧盯趋势、深挖优势，全力转方式、优结构、换动力，进一步夯实发展支撑。优商惠企持续优化。深入开展民营经济发展年、"走百企、访百商、望百才"、年中送福"荔"慰问等活动，制定出台"留安过大年"、扶持民营经济发展等"一揽子"惠企政策，集中推出"1+N"惠企政策申报指南，持续开展"政策敲门"活动，兑现惠企资金2.14亿元、减税降费5.26亿元。提升金融服务实体质效，制造业贷款达30亿元；培育"首贷户"102户。金融业稳健发展，12月末金融机构本外币贷款余额637.30亿元，同比增长4.7%。公共服务持续优化。完成凤山幼儿园、龙涓下洋幼儿园等8个扩容改薄项目，支持西坪中心小学等42所农村学校校舍、运动场等改造提升，新增学位3200个。新增普惠性民办幼儿园67所、学前教育普惠率达96.8%。43所学校通过义务教育管理标准化学校评估，安溪一中入选首批省级示范性高中，教师进修学校通过省级标准化评估验收。启动"安溪好先生·十百千万"培养工程。推进中小学课后服务、校外培训机构规范管理等工作，不断优化校园育人环境。加快推进培文丽馨实验幼儿园分园等7个教育扩容项目，为全县海拔500米以下的中小学校教室配备空调，不断改善城乡办学条件；实施青年教师培养培训三年行动计划，加快青年教师专业化成长；落实中小学"五项管理"；入选全国中小学劳动教育实验区。县中医院医疗诊治能力提升工程项目加速推进，县医院门诊医技大楼投入使用。持续推进国家儿童早期发展试点工作，拓展婴幼儿照护服务试点。全面推行乡村卫生服务一体化管理。加快紧密型县域医共体建设。建成农村区域性养老服务中心、长者食堂等养老服务设施。加快推进县殡仪馆扩建工程。社会保障持续巩固。为特困失能等8类特定老年人提供基础信息化服务及实体援助服务。完善提升县社会福利中心设施水平。强化技能培训、转产转业、就业创业扶持，举办线上线下招聘会24场。累计发放城乡低保、临时困难补助等保障金4458.78万元。社会治理持续向好。实施"控事故、保安全、迎建党百年"安全生产集中攻坚行动，紧盯人员密集场所、森林防火、燃气管道等重点领域，启动全面打通"第三逃生通道"专项行动，守牢安全底线。万城壹号复工续建，成为全市首个重整成功的烂尾楼项目。加大对重点企业债务、非法集资等风险排查化解力度，处置不良贷款2.5亿元，全县辖内不良贷款率0.38%，保持全市最低水平。深入开展防范治理缅北涉赌诈暨非法出入境违法犯罪百日攻坚行动，打掉偷私渡犯罪团伙88个、刑拘626人。常态化推进扫黑除恶斗争、防灾减灾、信访维稳、移风易俗等工作，确保茶乡安澜。

三　动能积蓄实现新突破

坚持项目攻坚促"存量"、招商选资引"增量"、园区建设拓"容量"等"三管齐下"、同向发力，进一步抓牢发展的压舱石和动力源。项目攻坚掀热潮。始终把项目建设作为发展的"牛鼻子""硬支撑"，创新推行成建制攻坚、责任制包干等项目工作机制，在全省率先推行集中开竣工模式，持续推进前期工作规范提升和要素保障专项攻坚，推动项目加快落地见效，县级重点项目从2016年的230个、年度投资194亿元增至今年的495个、年度投资437亿元，分别增长了115%、125%。特别是2022年以来，安溪县坚持深入开展"项目攻坚2022"，创新项目服务员、问题调度单等推进机制，推动项目建设全面提速，523个县级重点项目完成投资475亿元。泉州白濑水利枢纽工程大坝主体进入碾压混凝土施工阶段，剑斗新集镇幼儿园等7个先行工程进入收尾阶段，官桥安置区主体工程全部封顶，参内安置区全面开工，统规统建安置区建设有序推进；综合立体大交通（大三环）东三环罗内段建成通车，清水岩隧道双向贯通，高速安溪出口路网工程等项目加快推进,国道 G358 线城厢至官桥段开工建设;兴泉铁路安溪段已经建成,即将通车运营;大安高速正在进行施工图设计;安翔高速可研报告上报省发改委审查;福建"北电南送"特高压工程正式开工。招商引资提质效。始终把招商引资作为发展的生命线,作为经济工作的关键抓手紧紧扭住不放,组建县招商办和招商引资(智)专家顾问组,编制产业地图、招商地图、用地供应图,推动招商引资实现招得准、招得好、招得实,"十三五"期间,共引进各类项目 675 个,总投资 1552 亿元,招商数量、体量、质量创历史新高,持续深化"大招商招大商"活动,加快编制招商"三张图",主动出击,上门招商、敲门招商,扎实推进"抓开放招商促项目落地"专项行动,组建招商中心,成立 30 个异地商会招商工作联络处,全面开展以链招商、以商招商、以情招商,引进星座计划总部基地、稻兴光启等项目 200 个,总投资 1300 亿元,其中超 20 亿元项目 17 个,超亿元项目 170 个。出台招商激励、项目履约管理等一系列办法,建立重点项目梯度供地机制,项目履约率、开工率分别达 90%、40% 以上。要素保障持续加强。深入开展安征迁拔钉清障"春季攻坚"行动,完成房屋征迁 4.8 万平方米、土地征收 2199 亩。深入推进盘活利用低效用地试点工作,完成城镇低效工业用地调查评价,推进白濑乡全省全域土地综合整治试点;全县处置批而未供土地 940 亩、闲置土地 1566 亩。多渠道做实做细重点项目资金拼盘,争取各类债券资金 16.98 亿元;银行业金融机构各项贷款余额 700 亿元,增长 10.5%。园区建设风生水起。始终把做实做强做优实体经济作为强县之本,持续推动"退城入园",大气魄、大手笔推进现代专业园区建设,致力打造成为全县经济新的重要增长极。目前,安溪县已形成"一区九园"的新兴产业发展格局。泉州芯谷安溪分园区新引进晶安光电蓝宝石衬底技改等 8 个项目,总投资 26.2 亿元;数字福建(安溪)产业园引进中科数遥、中科曙光、中国电影资料馆等一批核心项目,新增签约企业 30 家,在全市新基建新经济基地建设比拼活动中获得第一名;高端装备制造产业园引进日迅鑫智能调光薄膜等 3 个项目;湖里园、思明园新招引企业 10 家;盘活闲置厂房开展"零地招商",对接引进联合纸业等 4 个项目;南方食品园新签约入驻企业 2 家;卫浴新城入驻企业 23 家,特铝五金厂区试投产;弘桥智谷电商园企业入驻率保持在 90% 左右。

四　产业转型取得新成效

近年来，安溪县精准把握产业"老"与"新"、结构"重"与"轻"的结合点，扎实推进新旧动能转换，不断夯实高质量发展产业基础。

产业链条延伸拓展。坚持"重龙头、强品牌、铸链条"，推行光电、信息技术、建材冶炼、装备制造等八大产业链"链长制"，每条产业链由一名县领导作链长、一家龙头企业作链主、一个县直单位作牵头部门，并实行"一个发展规划、一支工作专班、一套发展支持政策、一批龙头企业培育、一个招商项目指南"的"五个一"工作机制，加快强链延链补链，企业集群化发展、链条上下游整合的态势进一步显现。

传统产业提档升级。在茶业方面，以获评首批国家现代农业产业园为契机，坚持"稳一、强二、优三"，紧紧扭住品质提升、市场布局、产业融合等重点，全力做好"茶文化、茶产业、茶科技"这篇文章。启动安溪铁观音海上丝绸之路"启航计划"，举办2021年国际茶日"茶香农遗——驻华使节走进遗产地"暨2021安溪开茶节国际交流系列活动，组织茶企抱团参加各类大型展销、推介活动。安溪县位列2021年农产品电商"百强县"第二名，全县涉茶总产值增至250亿元，安溪铁观音以1428.46亿元的品牌价值连续两年位列中国区域品牌（地理标志产品）价值第一，安溪铁观音茶文化系统入选全球重要农业文化遗产预选名录，国家茶贸指数研究中心落户安溪。在家居工艺业方面，坚持"国际国内双轨驱动、线上线下深度融合"，做足品牌、技改、人才"三项提升"，加快推进藤云工艺园、云鹤电商园、藤铁工艺产业标准化园区等规划建设进度，进一步拓展产业发展空间和载体，推进"工业（产业）园区标准化建设"专项行动，新增厂房面积45.75万平方米，全县规上工业企业入园率50.5%，园区内规上工业增加值占比68%。市第一批"四个一批"项目建设有力推进，安溪芯园首批4幢标准厂房主体全部封顶，引进灏谷科技合作打造集招引、孵化、培育为一体的高端平台，对接项目25个，厂房意向入驻率达66.7%以上，四美酒店项目动工建设；领秀云城产业园运营中心主体封顶，意向入驻企业70家；高端装备制造产业园进一步完善供电、市政等生产性配套，入驻企业增至30家，大成智能等6家企业正式投产；藤云工艺园加快推进新材料应用标准厂房建设，入驻企业20家，美尔惠等6家企业投产。组织企业参加重点展会，同步发展跨境电商、海外仓等，工艺品畅销世界60多个国家和地区，占全国同类产品交易额的50%；同时，培育发展"大师经济"，大力推动行业"油改水"和机械化、数字化、智能化改造。家居工艺全行业总产值256亿元，获评世界藤铁工艺之都、中国家居工艺产业基地。

新兴产业集聚壮大。以"一区九园"等现代专业园区为依托，加快产业集聚、培育产业集群，特别是，依托数字福建（安溪）产业园，全力抢抓数字经济发展机遇，初步搭建起"两中心、三链条"（数据中心、创新中心，空天大数据产业链条、影视大数据产业链条、电子商务产业链条）的数字经济产业架构，随着这些项目陆续建成投产、发挥效益，安溪县的数字经济产业链条将进一步完善，总体规模将不断扩大，"十四五"末县域数字经济规模有望超600亿元。

第三产业赋能发展。开展出口市场突围拓展行动，出台外贸扶持政策，积极应对国际市场变化。落实消费需求激活扩张行动，开展"双品网购节"等线上促销活动16场次，全县网络零售额突破280亿元，位列全国县（市）电商竞争力百佳样本第17位。引进中闽百汇商业综合体项目，加快佰乐国际酒店、珍珠酒店建设；虎邱镇入选福建省全域生态旅游小镇，溪禾山铁观音文化园创建国家4A级景区，国心绿谷茶庄园获评国家3A级景区。"安溪旅游"数字文旅平台上线服务，整合推介6条精品旅游线路，接待游客超610万人次，旅游收入达62亿元。开展"茶乡百商千万礼"主题消费活动，吸引超20万人参与，带动消费2.1亿元；做好茶旅游、祈福游、乡村游、红色游、文化遗产游等特色旅游文章，"红色苏区·梦想起航"入选"十条泉州红色旅游精品线路推荐"之一。

五　发展环境实现新跃升

牢固树立"抓环境就是抓发展"的理念，持续改善优化发展环境，增强城市吸引力、发展竞争力。

交通环境外联内畅。始终把交通建设作为加速经济发展的突破口，全力构建互联互通、立体高效的综合交通体系，全县公路总里程5178.166千米，约占泉州市的25%，位居福建省县（市、区）第一。全面加快综合立体大交通（大三环）建设，做好北三环、西三环、国道G358线官桥至虎邱段、南翼新城环西路等项目前期工作，推进国道 G358 线城厢至官桥段、G638 线（原联四线省道 S217 线）雅兴至东坑段等项目建设，高速安溪出口路网工程第Ⅰ标段（迎宾大道、高速安溪出口新连接线）建成通车，景观提升工程全面完工；高标准编制三环与二环、高速公路、城区各片区之间交通组织专项规划，进一步提升区域路网整体性和通达性。推动国道 G358 线虎邱至龙涓段及"大白濑"公路复（改）建项目开工建设，推进湖头环城路等区域通道建设，支持乡镇实施通村、通自然村道路提档升级工程，2023 年预计完成农村公路提级改造 30 千米以上，改造危桥 7 座。推进完成城区中山路和省道 S312、S507 线等 6 个沥青路面改造工程，不断提升城乡道路通行质量。

生态环境更优更美。坚决打好蓝天保卫战，建立"五长"协作共治机制，推进山水林田湖系统治理。纵深推进空气污染综合治理，空气优良天数比例达 99%。深化河湖长制，完成河道治理 14 千米，建成安全生态水系 15 千米，推进 40 个农村生活污水提升治理项目；完成水电站清理整治销号工作；持续推进仓苍饮用水源地安溪境内环境整治和龙涓溪里口大桥、罗内桥断面水质提升工作，主要流域水质达到或优于Ⅲ类标准。全面落实林长制，造林绿化 1.29 万亩，治理水土流失面积 10.3 万亩；扎实推进国家级森林城市创建，打造省级森林城镇 1 个、森林村庄 7 个，建成全省首个林长制主题公园。推进"静夜守护"城市夜间噪声污染整治专项行动。高标准做好省生态环境保护例行督察相关工作。

城市环境品质宜居。实施 83 个"抓城建提品质"项目，完成投资 96 亿元。加快解放路西等片区改造及 33 个老旧小区改造提升，炭坑溪片区治涝工程、高速安溪出口路网景观提升、河滨南岸精品步道等市政工程全面推进，新增 15 个口袋公园、904 个智慧停车位、35 个公共充电桩，完成大同路四条城区道路"白改黑"，打通 3 条断头路。建立城区市政公用设施管护维修快速反应机制；开展"八化"专项行动，新增绿化 12 万平方米，拆除"两违"2.04 万平方米。加快南翼新城污水管网等市政配套设施建设，扎实推进仁桥花园安置房续建、官桥中山路老街危旧房改造等项目建设。湖头辅城环城路第Ⅰ、Ⅱ标段建成通车，立体停车场投入使用，李光地宅和祠修缮工程有序推进。湖头、龙门、城厢、官桥、凤城入选全国综合实力千强镇。

乡村环境提档升级。以"炸碉堡"为突破口，实施"一革命四行动"，实现全域旱厕清零，旱厕整治工作得到国务院检查组高度肯定。同时，专题式滚动推进裸房、危废旧空心房整治，高标准、高水平推进11个乡镇片区改造，进一步完善公建配套、吸引要素集聚，推动镇区旧貌换新颜。巩固拓展脱贫攻坚成果同乡村振兴有效衔接。全力扶持"一叶五金五银"特色农业发展壮大，山格淮山被列入国家地理标志农产品保护工程，创建省级国际标准农产品示范基地1个，培育新型农业经营主体示范社（场）34个，荣登全国"农产品数字化百强县"榜首；在全省首创"多网融合+客货邮融合"发展模式，入选"全国农村物流服务品牌"；祥华乡入选全国"一村一品"示范村镇。建成高标准农田4.4万亩，完成撂荒地整治1.24万亩、退茶还耕1.29万亩，创建粮食生产示范区8.33万亩；启动粮食加工厂建设，完成中心粮库二期扩建工程，实现24个乡镇应急供应网点全覆盖，持续夯实粮食安全保障。镇区改造有力推进，长卿镇乡村振兴服务中心项目主体完工，西坪、金谷、龙涓等乡镇镇区改造项目动工建设。试点整村推进土地经营权"预流转"，分类建设26个强村公司。大力实施乡村建设行动，高标准抓好2个省级特色镇、6条市级示范线和5个整镇推进试点镇、62个试点村建设，完成裸房整治5333栋；蓝田乡乌土村入选中国传统村落。新改建农村公路134千米，改造危桥10座，入选"四好农村路"全国示范县创建单位；完成全省首个以茶命名的高速服务区——槐植铁观音服务区改造升级。建成7个乡村电气化示范工程。推进陈文令"金谷溪岸"艺术园建设。

营商环境优质高效。安溪始终把优化营商环境作为全方面推进高质量发展超越的切入点，坚持刀刃向内、深化改革，在全省率先试点首席"审批官"委派制，实现企业开办一日办结、不动产交易当场即办、61个事项秒批秒办，"一趟不用跑"占比76.38%、"最多跑一趟"占比98.45%，行政审批服务质量和效率不断提高，便民利企服务水平和效能进一步提升。推行扶企问需"早茶会"制度，推出"不见面审批"事项24个，新增"一件事"集成套餐服务改革7项；实现商品房分户登记全程网办；大力推进工建项目审批"集中办公、统一管理""模拟审批"等模式改革，审批用时缩短至15个工作日。县政务服务中心第二中心正式投入使用，受理群众办件超10万件。推深做实"局长走流程、走基层"等活动，行政审批"安溪效率"等获评全省机关体制机制创新优秀案例。深入开展"万名干部进万企 一企一策促发展"专项行动，推行领导干部挂钩服务重点企业全覆盖工作制度，及时帮助企业协调解决困难和问题198个；出台稳住经济、"1+1+8"等一揽子政策措施，制定惠企政策申报指南，上线"惠企政策查询匹配"平台，累计下达各类惠企资金 1.3 亿元、减税降费 7.13 亿元，帮助 318 家（次）企业争取纾困贷 7.02 亿元。在全市率先推行市场主体歇业备案制度，新增市场主体 1.8 万户，增长 16.8%。创新要素加快汇集。深入开展"抓创新促应用"专项行动，R&D 经费投入强度持续提升。57 个县级以上重点技改项目完成投资 55.9 亿元、增长 11.9%。实施省、市级科技计划项目 28 个、组织申报"揭榜挂帅"项目 4 个；新增国家级制造业单项冠军企业（产品）1 家、国家知识产权优势企业 1 家；深入开展"涌泉"行动，新增院士（专家）工作站 1 个、博士后科研工作站 1 个；认定省级科技特派员 30 人、团队 8 个。组建城建、茶都、文旅三大集团公司，国企市场化运作迈出实质性步伐。

凤山巍峨扬壮志，清溪浩荡奔新程。未来安溪将继续坚持以习近平新时代中国特色社会主义思想为指导，全面贯彻落实党的二十大精神，坚持稳中求进工作总基调，完整、准确、全面贯彻新发展理念，服务和融入新发展格局，传承弘扬"晋江经验"，贯彻落实"强产业、兴城市"双轮驱动战略，推深做实"1+3"专项行动，埋头苦干、奋勇拼搏，全方位推进高质量发展，更好统筹疫情防控和经济社会发展，更好统筹发展和安全，加快建设具有茶乡特色的现代化中等城市，谱写安溪高质量发展新篇章！

浙江淳安县
创新"两山"绿色发展模式
探索生态产品价值实现机制

淳安县地处浙江西部，集山区库区老区于一体，面积4417.62平方千米，由中低山、丘陵、小型盆地、谷地和千岛湖组成，其中山地丘陵占80%，水域占13.5%，盆地占6.5%，素有"八山半田分半水"之称，是华东地区的生态屏障和水源地，全县森林覆盖率78.65%，林木蓄积量2621万立方米，千岛湖蓄水量178亿立方米。2019年9月，淳安县经浙江省政府批准为全省唯一的特别生态功能区；据测算，2020年淳安县生态产品价值总量（GEP）达到2666亿元，居浙江省第一，全国前茅。

立足一流、丰富的生态资源优势，淳安县牢牢把握"绿水青山就是金山银山"的基本内涵、主要方法、关键之举，积极融入新安江流域生态保护补偿，探索公益林补偿收益权质押贷款新模式，发行生态环保政府专项债券，开展"两山合作社"改革试点，将现代金融的理念、运作模式与以绿水青山为标志的生态资源保护和开发有效结合起来，实现生态资源向生态资产、生态资金、生态资本转化，淳安"绿水青山就是金山银山"实践创新基地取得阶段性成效，成为后发县中的先行县。

一 主要做法与成效

（一）深度融入新安江流域生态保护补偿试点

2012年浙皖两省启动开展新安江流域生态保护补偿试点以来，淳安县主动融入大局，围绕"绿水青山就是金山银山"理念，以"环境共保、产业共兴、旅游共建"为着力点，携手安徽省歙县积极探索生态保护补偿"新安江模式"。一是推进流域环境共建共保。积极参与杭黄两市牵头编制的《新安江流域水生态环境共保规划（2021—2025）》，建立一系列跨界水体联防联保合作机制，协同开展党建交流、联合监测、联合执法、联合打捞等工作，目前已开展环境日、河长先遣队出征、母亲河关爱行动等各类主题活动29场次，开展水面垃圾联合打捞百余次，推动上下游联动治理制度化、常态化、协同化。二是推进产业协同发展。编制印发《杭黄毗邻区块（淳安、歙县）生态文化旅游产业发展规划与运营方案》，围绕生态农林、健康养生、文化创意、教育研学、体育运动、会议会展、生态制造七方面产业规划，推进红山谷景区、湖上森林景区、丽思卡尔顿酒店等重大项目建设，助推杭黄毗邻区绿色产业深度发展。三是打造杭黄世界级自然生态和文化旅游廊道。建立两地旅游合作交流制度，每年围绕重大推广活动、重大节庆、体育赛事及文化主题活动等互访互动，组织旅游企业开展广泛联动，逐步消除壁垒，推进文化旅游深层次交流合作。积极推进浙皖1号旅游风景道沿线建设，打造杭黄水上画廊、浙皖华东骑游精品线等标志性项目，将杭黄廊道打造成为世界闻名的东方度假胜地，并有效带动浙皖毗邻乡村增收共富。

（二）探索公益林补偿收益权质押贷款新模式

面对淳安山林资源丰富，但绝大多数村集体实力薄弱，单村单户难以发挥资源优势的现状，2017年，淳安县率先在里商乡石门村开展生态公益林补偿收益权质押贷款试点，利用村集体统管山30%公益林补偿收益权作质押，贷款230万元用于建设当地宰相源乡村旅游基地，当年就为村集体经济创收27.6万元，为全县消薄增收打开了新渠道。在试点成功经验基础上，按照"整县整合、抱团发展"思路，整合全县生态公益林、移民资金，以全县337个村生态公益林补偿收益权集体留存部分作为授信基数，向淳安县农商银行质押贷款，由政府国有公司统一代管运作融资所得资金，并最终选定投资资金风险低、收益持续有保障的淳安"飞地经济"西湖区千岛湖智谷项目，2018—2021年累计实现分红1.5亿元，有效缓解了项目前期融资和村集体消薄增收"两难"问题，真正达到了资源变资产、资产变资本的良性转化，实现村集体从"输血"到"造血"的可持续发展。

（三）发行生态环保政府专项债券

千岛湖配水工程实施后，为提升千岛湖水资源环境，确保杭嘉地区饮水安全，淳安县启动实施包括土地整治复绿、沿湖生态修复与环境提升工程、农业及农村面源污染防治、河道综合治理工程、矿山治理和生态修复、水源地保护与建设等在内的全域生态环境治理工程，项目总投资达13.1亿元。淳安将预期可实现的水资源转化收益作为偿还来源，以发行生态环保政府专项债券的方式筹集资金10亿元，统筹用于开展生态环境综合治理项目，实现了水产品的资源向资金转化，形成从生态资源转化为资金又反作用于提升生态环境的良性循环，探索出水资源这一生态产品价值转化的道路，实现社会效益、生态效益和经济效益多方共赢。

（四）开展"两山合作社"改革试点

2019年10月，淳安县成功列入浙江省11家县级生态系统生产总值（GEP）核算试点之一，在完成GEP核算的基础上，创新探索开展"两山合作社"改革试点。通过"两山合作社"改革试点，把碎片化的生态资源进行规模化的收储、专业化的整合、市场化的运作，积极探索生态产品价值实现路径，加快打通绿水青山向金山银山转化的通道。

构建专业运营平台。通过查清各类自然资源的类型、边界、数量、质量等，明确所有权主体、划清所有权界限，由不动产登记机构实施登记，逐步汇总形成全县自然资源登记数据库。截至目前，淳安"两山合作社"已归集生态资源资产964项。以县级生态资源资产经营管理公司为主，进行资源测量、价值评估、产权收储、资源打包提升、项目增信、市场交易等。通过新建、整合、嫁接等手段，在全县23个乡镇成立"两山合作社"分平台，形成县乡两级联动体系，构建生态资源"调查—评估—管控—收储—策划—提升—开发—运营—反哺"全过程工作机制。截至目前，淳安"两山合作社"已推动落实转化项目125个，投资额达30.6亿元。

创新完善配套制度。强化农村承包地经营权发证，出台《淳安县农村宅基资格权试点认定指导意见》，探索选取试点乡镇、村开展农村宅基地所有权、资格权、使用权"三权分置"，推进农村承包地有序流转、规模化经营。建立农村集体经营性建设用地入市配套制度，出台《淳安县农村集体经营性建设用地入市管理办法》等"1+3"相关实施文件，允许农村集体经营性建设用地在不改变所有权的前提下，推进村集体建设用地使用权转让、出租、抵押交易。建立生态产品价值实现引导基金，规模2亿元，探索定向扶持生态产品价值机制，目前已撬动社会资本投资5000万元以上。

开辟畅通转化通道。探索开展碳汇交易试点，挂牌成立浙江省第二个县级森林碳汇管理局，在全县23个乡镇增挂森林碳汇服务中心牌子，在大下姜共富示范区开展林业碳汇收储核证试点，并争取林业碳汇区域性交易试点。推进绿色信贷产品创新，出台《淳安县农（林）业综合经营权证明书指导意见》，将"三园"（茶、桑、果园）及农业设施等资源资产纳入可抵押范围，已完成农林业综合经营权证明书办理81本，落实"三园贷"项目融资6860万元。建设"千岛农品"区域性公用品牌体系，构建覆盖全类别、全产业链产品标准体系和管理标准体系，制定与发布"千岛农品"系列农产品标准以及"淳安县国家特色农产品生态气候适宜地标志使用管理办法""千岛农品山核桃省级团体标准""千岛农品千岛湖茶"等7个团体标准。探索绿色生产技术转化，深入推进"以渔治水"工程，衍生出巨网捕鱼观光、增殖放流生态旅游、渔文化创意、特色渔村体验、鱼博馆研学等业态，2020年千岛湖渔业直接经济效益达12亿元，综合效益达55亿元。千岛湖"以渔治水"模式入选为中央党校和中组部干部学院教学案例，在全国范围辐射推广千岛湖保水治水生态渔经济模式。

二　经验启示

淳安县深度参与新安江流域生态保护补偿试点，携手安徽省歙县等从"共保护"走向"共发展"，寻求双方协同共进、互利共赢之路，开创了国内首个省际协同推进流域生态治理与环境保护，共谋地区高质量发展的先河；通过全覆盖推进公益林补偿收益权质押贷款，将未来可预期补偿收入转化为眼前的资金收入，以异地发展资本化运作的方式，为村集体可持续发展、低收入农户增收"造血"；以预期水环境治理产生的优良生态产品预期收益，发行生态环保政府专项债券，既解决了生态环境治理的资金来源，又反作用于提升生态环境的良性循环，探索出了水资源这一生态产品价值转化的道路；在开展生态系统生产总值（GEP）核算基础上，创新探索"两山合作社"改革试点，把碎片化的生态资源进行规模化的收储，再整合打包进行输出开发，盘活"生态资本"变身"富民资本"，打通了"绿水青山"向"金山银山"转化的"最后一公里"，为生态资源资产蕴藏丰富的地区践行"绿水青山就是金山银山"理念提供了淳安样本与智慧。

重庆市涪陵区
奋力推进高质量发展
创造高品质生活

近年来，重庆市涪陵区立足新发展阶段，完整、准确、全面贯彻新发展理念，积极融入和服务新发展格局，坚决贯彻落实党中央、国务院各项决策部署和市委、市政府工作安排，扎实做好"六稳"工作，全面落实"六保"任务，加快产业转型升级步伐，不断深化改革开放创新，持续推进社会民生改善，全区经济社会发展保持平稳向好的良好势头。2022年地区生产总值突破1500亿元，一、二、三产业增加值分别同比增长3.7%、2.2%和3.1%；投资、社零、进出口分别同比增长2.3%、0.7%和12%；一般公共预算收入扣除留抵退税因素后增长2.6%，税收收入扣除留抵退税因素后增长3.3%。涪陵工业实力不断增强，建成全球最大己二酸、氨纶生产基地，工业"双百"企业、领军和"链主"企业、智能制造标杆企业、智能工厂、数字化车间、单项冠军产品等数量均位列重庆市区县第一。涪陵综保区、国家现代农业产业园、重庆自贸区联动创新区等相继获批，临港经济区、白涛新材料科技城挂牌成立，成功创建全国文明城区、国家卫生区、国家产业转型升级示范区、全国休闲农业与乡村旅游示范区等一批国家级"金字招牌"，"两江福地、神奇涪陵，产业强区、创新高地"成为响亮的城市名片，"推进高质量发展，创造高品质生活"态势持续上扬。

一 深入推进基础设施互联互通行动

立足"一区"连接"两群"重要节点，加快融入主城都市区"1小时通勤圈"，努力打造联系中心城区紧密、连接"两群"地区便捷的枢纽城市。加快布局交通运输体系。谋划构建"米"字形铁路网、"三环十四射"高速公路网、"1+3+N"现代港口集群的综合立体交通体系，布局高速公路环线"三步走"的战略路线，力争实现30分钟重庆、90分钟成都、3小时周边省会、6小时北上广深的长远目标。以更高规格和全局视野规划布局涪陵大通道建设，加快完善与中欧班列（重庆）、长江黄金水道、西部陆海新通道等对外大通道的互联互通。广涪柳铁路、涪陵至垫江高速等重大对外交通项目纳入上级重要规划，渝万高铁、渝宜高铁、两江新区至涪陵快速通道等重大项目正加快前期进程。以涪陵为中心，打通由里向外环形城际交通循环，规划建设涪陵至武隆高铁联络线、城轨快线涪陵线（C7线），构建与主城中心城区"半小时通勤圈"。织密"井"字形网格式高速公路网，加快推进涪陵绕城（北环）高速、南岸—涪陵—丰都三合高速公路等项目前期工作。提升黄金水道综合运能，实施涪陵境内长江航道整治工程，推进乌江航道梯级渠化，成功推动乌江流域全线复航，涪陵港口综合集聚辐射能力显著提升。

二　深入推进产业能级提升行动

聚焦优势产业，加快补齐关键短板，着力打通产业链循环，发挥涪陵优势产业集聚带动辐射效应。

全力推进制造业高质量发展。工业是涪陵的立区之本、强区之基，涪陵大力实施制造业高质量发展"五项倍增"行动，形成以涪陵高新区、临港经济区、白涛新材料科技城为承载，以材料、清洁能源、消费品、装备制造、生物医药、电子信息六大主导产业为支撑，以10条重点产业链为抓手的工业发展格局。同时涪陵区着力推动先进制造业与现代服务业深度融合，大力发展现代物流、现代金融、工业设计等生产性服务业，推动生产性服务业向专业化和价值链高端延伸；积极发展服务型制造，推进制造业向服务业延伸、服务业向制造业拓展。大力推动制造业与现代农业深度融合，用工业化的思维和理念抓农业现代化，大力发展农机装备、智慧农业技术装备、智慧农业等产业，依托龙头企业提高药材、农产品加工水平，做大做强消费品工业、生物医药等产业。2022年，规上工业产值实现2295亿元。材料建成千亿级产业集群、产值超1100亿元，万凯新材料建成全球单套产能最大食品级PET生产基地，电子信息、清洁能源、消费品等产业持续向高端化、智能化、绿色化方向迈进。全球最大己二酸和差别化氨纶生产基地落地白涛新材料科技城。重庆华峰新材料有限公司成功通过工信部2022年度首批"两化融合管理体系"评定。涪陵页岩气田累计探明储量近9000亿立方米，占全国页岩气探明储量的43%，累计产量突破450亿立方米。

特色农业产业集群加快培育。以创建国家农业现代化示范区为引领，加快推进"2+X"特色高效现代农业集群化发展，着力打造青菜头、中药材良种繁育基地，建立涪陵黑猪、渝东黑山羊、增福土鸡繁育体系，推进龙眼、荔枝、柑橘、绣球花、蚕桑等地方优势特色品种创新，持续提升本地水稻制种能力，提质发展蔬菜、果品产业，加快传统渔业转型升级，大力发展现代种业。立足涪陵榨菜、中药材产业发展优势，发挥对武隆、丰都等地的辐射带动作用，做大做强涪陵榨菜产业化联合体、长江上游榨菜优势特色产业集群和太极武隆中药材产业基地建设。榨菜产业总产值接近130亿元，中药材种植基地面积达10万亩，规上农产品加工业产值达280亿元。正式发布全国首个榨菜指数平台，榨菜"一个保护价、两份保证金、一条利益链"利益联结机制成为全国典型经验。成功创建全国农业全产业链典型县、农村创业创新典型县。

"农业+"功能多元拓展，融合业态日益丰富。重庆市飞翩生猪养殖公司、重庆泰升生态农业发展公司被授予国家级生猪产能调控基地。在重庆率先开展农业产业链金融链长制改革试点，挂牌成立重庆市首家"榨菜专营支行"，解决榨菜产业发展资金难题。成功创建"重庆市作物种质涪陵芥菜库"，累计收集保存国内27个省区市芥菜种质资源1500余份。大力推广"稻菜轮作"新模式，推广面积达到15万亩，为农户增收3亿元。

文旅融合发展描绘美丽画卷。立足长江两岸、乌江画廊、武陵风光等自然禀赋，围绕共建文旅品牌、共建文旅线路推动文旅融合产业发展，持续打响"两江福地·神奇涪陵"文旅品牌。打造高品质文旅融合景点。白鹤梁水下博物馆获评中国华侨国际文化交流基地、全国科普教育基地，白武路上榜全国"十大最美农村路"，精心规划巴蜀文旅走廊精品线路7条，方坪茶舍成功创建国家AA级旅游景区，全区A级景区数量增至12家。全国文明城市2021年度测评涪陵区位列第7位，获中央文明办通报表扬。联合推动武陵文旅融合。深度融入武陵山区文旅融合发展示范区建设，与武隆、南川、丰都等协同打造武陵山旅游示范区、乌江画廊旅游示范区和大仙女山旅游金三角。武陵山大裂谷获评国家级文明旅游示范单位和武陵山十佳人气景区，"816工程"景区被评为武陵山十佳文旅融合景区，两个景区同时纳入武陵山十大精品旅游线路——地质研学线路。加快乡村休闲旅游业优化升级，武陵山乡乐道村申创中国美丽休闲乡村，成功打造乡村休闲旅游精品路线5条。

三 深入推进科技创新能力提升行动

坚持"科创+""绿色+"，加快构建"1+2+8+N"科技创新和产业创新体系，着力打造具有重要影响力的区域性科技创新和产业创新高地。

科创平台持续建强。涪陵区正围绕"小而强""精而美"目标，着力打造产业转型升级和高质量发展的重要创新平台。高标准建设慧谷湖科创小镇，加快创建国家级高新区，白涛新材料科技城挂牌设立，启动创建国家火炬聚氨酯特色产业基地，谋划建设国家页岩油气与新能源科创产业园，提质升级长江软件园、人工智能与数字经济产业园等科创基地。

创新力量加速汇聚。新增国家高新技术企业79户、市级科技型企业302户，总量分别突破200户、1400户。华峰新材料获评国家专精特新"小巨人"企业，华峰化工成功攻克"尼龙66用腈/胺关键技术"，填补国内己二腈产业化技术空白。涪陵页岩气田完成最大规模电驱压裂施工，达到世界领先水平。长江师范学院"连续面形微光学芯片关键技术与应用"项目斩获2022年第八届"中国光学工程学会科技创新奖—科技进步奖"一等奖。

数字经济稳步做大。深入实施大数据智能化改造，推动企业"上云用数赋智"，建成智能工厂10个、数字化车间19个。中船大业、南涪铝业、凯高玩具、庚业科技等5家企业通过国家级两化融合贯标认证，组建长江软件园、人工智能与数字经济产业园、科创CBD、长江生命科技城等科创基地，百行智能、创业黑马、思谋科技等一大批数字经济企业落地涪陵。深入推进实体经济与数字经济深度融合，推进数字产业化、产业数字化，围绕"芯屏器核网"全产业链、"云联数算用"全要素群、"住业游乐购"全场景集，大力发展智能产业，深入拓展智能应用；深入实施智能制造，建设数字化车间、智能工厂，打造智能制造标杆企业，建设灯塔工厂，强化工业互联网赋能，拓展"5G+工业互联网"融合应用，打造"一链一网一平台"产业新生态。涪陵区已建成5G基站3266座，实现区内重点区域

5G 网络全覆盖。布局 5G 区域性大数据中心，有效覆盖垫江、南川、武隆、丰都等区县。建成涪陵工业互联网平台，大力推动涪陵及周边区县政务、企业数据"上云"，累计推动 6800 余家中小企业上云上平台。

四　深入推进改革攻坚行动

聚焦发展难点堵点，全面深化改革，持续释放发展活力。持续优化营商环境。出台营造国际一流营商环境实施方案，持续推进社会信用体系、商事制度等重点领域改革，深入开展服务业"三百"行动，进一步做亮叫响"服到位、零距离"营商环境品牌。涪陵高新区企业服务专员制度获首届"重庆优化营商环境十佳示范案例"首位。全面落实各项惠企政策，新增减税降费 26 亿元，切实让企业轻装上阵。推动"减材料""减跑动"，精简申报资料、减少申报次数，平均办税时间压缩 70%，交通工程审批时限平均压缩率超 80%。深化公共资源交易领域改革，在重庆市率先实现工程建设项目、国有资产、矿业权、土地使用权、林权等完全集中交易。加强银政企对接，创新建设"1+5+N"金融服务港湾，向普惠小微等市场主体净增贷款融资 2.8 亿元。积极创建全国信用体系示范城市，荣获"重庆市信用示范城市"称号，被推荐创建全国社会信用体系建设示范区。深化"放管服"改革。持续开展"减环节、减时间、减材料、减跑动"便民利企行动，实现依申请类事项实际办理时间比法定时限平均减少 82.14%。积极开展"互联网+政务服务"，全区 1404 项事项开通网上办理，"全程网办"占比 81.38%，网上受理率达 99.03%。在重庆市率先编制出台 30 件"一件事一次办"办事指南，企业群众办事时间平均压减 85%，相关经验做法在重庆市得到推广。深化园区体制机制改革。印发《关于进一步明确园区管理体制推动园区高质量发展的通知》，有序规范园区管理，完善园区财政体制，激发园区发展活力。深化税收征管体制改革。深入推进"精细服务"专项试点，实现 240 余项业务"一厅办"，74%的业务即时办结，13%的业务于 1 个工作日内办结，平均压缩办税时长 76%。深化农业农村改革。全面完成农村土地承包经营权确权登记颁证，累计完成确权登记颁证家庭承包农户 20.82 万户。持续推动土地流转，累计流转耕地面积 70.82 万亩。新增农村"三变"改革试点村 109 个，全区覆盖率达 53%。

五　深入推进高水平开放行动

坚持"从全局服务一域，以一域服务全局"，全面推进区域协调发展，积极融入新发展格局，开启区域合作发展新篇章。

积极融入成渝地区双城经济圈建设。坚持以《成渝地区双城经济圈建设规划纲要》为引领，积极与四川各地市区建立多领域合作伙伴关系，累计签订各类合作协议90余份，合作成效亮点频出。联合推进产业协同发展，涪陵成功加入"成渝氢走廊"。龙头企业稳步"走出去"，华峰集团、太极集团、榨菜集团等企业积极拓展四川地区原料、加工、产品等市场。牵头组建全国首个"中国酱腌菜产业联盟"，联合共建全球榨菜出口基地。推动川渝共建中国酱腌菜科技创新重庆重点实验室落地涪陵，合作推出5条精品巴蜀旅游线路，匠心打造成渝"后花园"。

扎实推进开放体系建设。推动形成"1+2+7+X"开放发展新格局，启动申创国家级经开区，提质建设中国（重庆）自贸区涪陵联动创新区，重点打造涪陵综保区、国家现代农业园和船舶海工、榨菜两个国家外贸转型升级基地及三个工业园区。成功开设首家进口商品展示展销馆，展销来自20多个国家的近600种商品，实现家门口"购全球"。太极集团获评国家中医药服务出口基地，实现重庆特色服务出口基地"零突破"。

加快区域物流枢纽建设。龙头港成功获批进境粮食中转码头，跻身西部陆海新通道重庆两大辅枢纽行列，重庆港口岸扩大开放龙头港区项目成功纳入海关总署2022年度口岸开放审理计划。涪陵至钦州铁海联运班列实现返程集装箱"零"突破。涪陵至泸州至宜宾水水中转班轮累计开行310余航次，到发运标箱数近3.4万。深化"一区两群"协同发展。立足"彰显'三个重要'的百万人口战略支点城市"定位，充分发挥对渝东北、渝东南地区带动功能。成立重庆大学附属涪陵医院丰都分院，正式建立紧密型医联体。谋划建设国家区域性医疗中心，积极承接"两群"地区优质医疗需求。

持续深化与武隆对口协同发展。联合召开涪陵武隆党政联席会议，签署年度对口协同发展协议，持续为武隆提供产业、科技、教育、卫生等各领域的援助帮扶。涪陵累计援助资金近5000万元，完成消费帮扶2300万元，开展科研合作两项，发展青菜头种植基地3500亩、中药材种植基地

700 亩，推动双方 6 所学校、6 个医疗卫生机构结对帮扶。

六　深入推进城乡融合发展行动

　　加大以城带乡、城乡共建力度，推动城乡区域协调发展，努力实现城乡各美其美、美美与共。持续优化城市品质。匠心打造城市景观，累计完成绿化覆盖面积约 100 万平方米，涞滩河节点、通洗路坡坎崖入选 2021 年重庆市最美街头绿地、最美坡坎崖提名奖。深入推进厕所革命，持续打造"飘香公厕"，做到"六无六净""增香添绿"，规划打造城区"5 分钟如厕圈"。加快乡村振兴步伐。依托涪陵榨菜产业化联合体和中国酱腌菜产业联盟两大组织载体，和充分发挥涪陵榨菜集团、太极集团等涪陵区主导产业龙头企业作用，不断完善联农带农利益联结机制。中药材产业"龙头企业+股份合作社+农户（农户）"的运行模式，及"保底分红+务工收入+投改股分红"带贫惠贫机制已在多地推广，青菜头"一个保护价、两份保证金、一条利益链"利益联结机制成为全国典型经验。持续夯实乡村振兴交通基础，成功获评全国首批城乡交通运输一体化示范县、"四好农村路"全国示范县，白武路获评全国"十大最美农村路"。大力发展农村电商，深入开展"互联网+榨菜"农产品出村进城工程试点，农业信息化进村入户率达 86.6%，实现农产品网上零售额 3.23 亿元、增长 24.3%。持续推进乡村文化振兴，成功建成 6 个乡情陈列馆，培育十余个"一村一品"文化活动。

七　深入推进公共服务提质扩容行动

　　加快健全基本公共服务体系，完善共建共治共享社会治理制度。以民生福祉的改善书写城市幸福，倾心尽力补短板，千方百计强弱项。全力做好重点民生实事。近五年来，涪陵区累计投入 116.3 亿元实施重点民生实事 135 件，民生支出占一般公共预算支出比重保持在 80% 以上。城镇新增就业 14.2 万人。城乡养老保险、医疗保险参保率均达 95%。发放城乡低保金 7.5 亿元。建成城乡养老服务中心（站）123 个，城市社区养老服务实现全覆盖。建成投用区失能特困人员集中供养中心。圆满收官为期三年的扫黑除恶专项斗争，群众安全感指数创历史新高、达99.5%。着力实现教育普惠共享。推动学前教育普惠发展，普惠性幼儿园覆盖率稳定在96%，公办园在园幼儿占比提升至65.4%。推进义务教育优质均衡，义务教育"大班额"下降6.2个百分点。完成薄弱学校改造任务，高中阶段毛入学率达99.2%；集团化办学经验或全市推广，长江师范学院应用型高水平师范大学建设取得积极进展，重庆工贸职业技术学院建成全市优质高职院校。推动卫生健康高品质发展。重庆市医药卫生学校入选首批全国急救教育试点学校，区人民医院成功创建二级甲等医院，全区基层医疗卫生机构达9家，位居重庆市区县第一。成功创建全国基层中医药工作先进区、国家慢性病综合防控示范区。建成国家级中医重点专科1个，国家住院医师规范化培训基地1个，获批卫生适宜技术应用示范基地1个。推动公共文化服务品质提升。区文化馆、图书馆、少儿图书馆被评定为国家一级馆；青羊镇获批中国历史化名镇；焦石民歌成为特色文化品牌；互爱科技产业园获评"重庆市文化创意园"称号。建成"1+27+N"的文化馆图书馆总分馆体系，成功举办重庆市"少年儿童爱心接力服务"，被授予"爱心接力服务点"。

下一步，涪陵区将更加紧密地团结在以习近平同志为核心的党中央周围，全面贯彻习近平新时代中国特色社会主义思想，高举中国特色社会主义伟大旗帜，深入贯彻党的二十大精神，全面落实习近平总书记对重庆提出的系列重要指示要求，坚持系统观念，坚持稳中求进工作总基调，统筹推进"五位一体"总体布局，协调推进"四个全面"战略布局。深入践行新发展理念，积极融入新发展格局，切实担当新发展使命。坚持稳中求进工作总基调，以推动高质量发展为主题，以深化供给侧结构性改革为主线，以改革创新为根本动力，以满足人民日益增长的美好生活需要为根本目的，统筹发展和安全，加快建设现代化经济体系，推进治理体系和治理能力现代化。以建成高质量发展高品质生活新范例为统领，紧抓成渝地区双城经济圈建设和"一区两群"协调发展的重大机遇，聚焦重点任务，大力促进"一城三区两带"协调发展，构建城市发展新格局，塑造战略竞争新优势。立足"三个重要、一个支点"定位，紧扣建成百万人口现代化城市目标，实现经济行稳致远、社会安定和谐。

一是推动基础设施互联互通。紧紧围绕"成渝地区双城经济圈区域综合交通枢纽"和"一区两群联结枢纽"定位，实施"拓通道""畅循环""强枢纽""优服务"四大战略，构建"6322"交通战略格局，打造"大通道、大枢纽、大平台、大环境",建成安全、便捷、高效、绿色、经济的综合交通运输体系,力争实现"3936"目标,即"30分钟全区""30分钟重庆""30分钟周边""90分钟成渝地区双城经济圈""3小时周边省会""6小时全国主要城市",充分发挥主城都市区"支点城市"作用,支撑成渝地区双城经济圈协调发展。

二是推动产业发展协同协作。坚持工业强区不动摇,突出补链强群,培育壮大材料、清洁能源、消费品、装备制造、生物医药、电子信息六大主导产业,构建千亿级材料产业集群,加快推动与市级部门共建新材料尤其是合成材料产业基地,与长寿区共同打造新材料产业集聚区,协同两江新区积极发展锂电池、氢燃料电池等新能源汽车核心部件。联动长宁—威远、泸州等,推动页岩气全产业链发展,打造中国"气大庆"。联合眉山打造世界泡菜酱腌菜产业高地,积极推动"成渝氢走廊"建设。

三是推动科技创新越创越新。坚持"科创+""绿色+",加快构建"1+2+8+N"科技创新和产业创新体系,全力推进国家高新区创建,加快建设慧谷湖科创小镇,对接西部科学城、两江新区等资源平台,加快引进高端人才、核心技术和关键项目。加快建设国家页岩油气与新能源科创产业园创建工作,启动创建国家页岩气技术创新中心。支持龙头企业、领军企业内设研发机构、技术中心。

四是推动改革进程全面深化。叫响做亮"服到位、零距离"营商环境品牌,深化"放管服"改革,深入开展"互联网+政务服务",持续推动"减环节、减时间、减材料、减跑动",加快推进"证照分离""跨区域通办"等重点改革。加快构建全覆盖预算绩效管理体制,建立常态化财政资金直达机制,推进预算管理一体化改革。构建亲清政商关系,常态化开展服务企业"三百"行动,精准落实减税降费、降本增效等政策。全力推动稳经济大盘一揽子政策落地落实见效,强化要素供给保障,加强银政企对接,让市场主体更有获得感。

五是推动对外开放走深走实。积极融入以国内大循环为主体、国内国际双循环相互促进的新发展格局,强化实施开放通道拓展、开放平台建设、开放口岸完善、开放主体培育、开放环境优化等"五大行动",打造重庆内陆开放高地的重要支点。积极融入重庆国际消费中心城市建设,深化与武隆在产业协同、城乡协同、创新协同、改革协同等方面的对接互动,加强与成渝地区城市在商品交易、产销对接、展会论坛、仓储分拨等方面的合作发展,进一步挖掘与非毗邻市区合作潜力。

六是推动城乡融合齐头并进。加快推进城乡融合发展，持续提升城市品质，加快推动乡村振兴。深化大城细管、大城众管、大城智管，常态化推进"马路办公"，持续规范市场及摊点经营，加快建设智慧城市综合服务平台。推进江南城区微更新、微循环、微改造，精心描绘"两江四岸"美丽画卷，力争"长涪汇"城市会客厅主体完工，建成投用乌杨树体育运动公园。大力实施乡村振兴十大工程，全面完成35项重点任务，推动城乡一体规划，编制完成区、乡镇两级国土空间规划。持续推进农村"三变"改革试点，支持引导工商资本和金融资本入乡发展，加快乡村振兴步伐。

七是推动公共服务共建共享。推进基本公共服务标准化、便利化，补齐教育、医疗、就业等公共服务短板。全面落实就业优先政策，做好高校毕业生、退役军人、脱贫人口等重点群体就业，保持零就业家庭动态为零。促进教育资源合作共享，启动创建学前教育普及，着力组建城乡义务教育办学共同体。优化医疗资源配置，全面提升医疗卫生康养服务水平。构建现代公共文化服务体系，实现公共文化资源共享。

江西省婺源县
生态产品价值转化
擦亮中国最美乡村品牌

"青山绿水逶迤去，生态富民入画来。"篁岭古村通过内涵挖掘、文化灌注、活态演绎等方式凸显古村文化的"原真性"和民俗文化的"原味性"，实现古村落文化、民俗文化及生态文化的完美融合，一举成为生态产品价值实现成功转型的典范之一。婺源立足"篁岭模式"，践行"绿水青山就是金山银山"理念，深化国家生态文明试验区建设，省级生态产品价值实现机制示范基地建设。坚持摸清"生态底"、探索"转化路"、下好"改革棋"，生动谱写了文化与风光融合，保护与开发互促的大美华章。

一 创建一个中心

坚持系统思维、全局观念不动摇，以组织建设、制度创新为核心，不断加强对生态产品价值实现的领导。研究出台《婺源县生态产品价值实现机制示范基地建设工作方案》等文件，成立了以县委书记为组长，县长为第一副组长的生态产品价值实现机制示范基地建设工作领导小组，并在领导小组办公室下设综合协调、古村古建、山水林田、金融支持四个专班，常态化召开专班推进会，构筑生态产品价值实现"四梁八柱"，确保人尽其才、物尽其用。创建婺源县两山转化中心，搭建公共服务平台，破解生态产品信息孤岛难题，打通"资源—资产—资本—资金"的"两山"转化新路径。

二　拓宽两条路径

坚持"生态产业化、产业生态化"不动摇，提高生态环境治理体系和治理能力现代化水平，促进美丽生态变身美丽经济，扎实推进共同富裕。一方面，坚持生态产业化，护绿成金。一是抢抓试点机遇。作为江西省首批生态产品价值核算试点县，婺源积极开展2020年度及2021年度GEP精算服务，运用遥感+实地调查的技术，按照江西省地方标准及统计局核算规范，成功搭建GEP精算一张图平台，编制完成全市首份2020年GEP精算报告。将生态系统各类功能价值化，给绿水青山贴上了价值标签。二是探索多元发展方式。古村古建方面，对全县3800余栋古建民居全面摸底确权，按照"一村一档""一屋一档"原则，建立档案库。开创了整村整体搬迁的"篁岭模式"、民宿开发保护的"延村模式"、文旅融合保护的"江湾模式"和整村整体保护的"汪口模式"等。创新推出古建筑全球认购认领模式，发布全球招募令，实现古建民居活态保护与发展。林权赎买方面，印发《婺源县森林赎买实施方案》，对县域森林资源进行确权登记，今年计划赎买2万亩县域非国有商品林、重点生态区位林、租山联营山场，实现森林质量提升和全域旅游协同发展。专班立足实际、突出特色的探索模式，给绿水青山贴上了发展标签。三是提高综合效益。谋划打造总投资2.4亿元的婺源现代农业示范园基础设施建设项目，发挥生态综合补偿资金的示范引领作用，打造现代"五色"农业实验区、示范区。吸引14家企业入园、9家企业投产，正稀茗茶建成全国首家数字化茶厂，婺芝源灵芝生态康养园、万亩香榧种植基地等项目成为现代农业新亮点，给绿水青山贴上了效益标签。

另一方面，坚持产业生态化，以绿生金。一是做好"生态+"文章。着力发展"生态+旅游""生态+文化""生态+体育"，促进生态价值与经济价值共生共赢。丰富旅游产品业态，延长游客停留时间，推动"过境游"向"过夜游"转变。全县精品民宿发展到800余家，其中高端民宿132家，厚塘庄园入选全国甲级旅游民宿（全省唯一）。创新"宿小二"旅游供应链，首批已吸纳40家精品民宿加盟，打造了中国乡村民宿"婺源样板"。二是打造品牌价值。在"中国最美乡村"地域大品牌下，塑造了"油菜花海""晒秋赏枫""梦里老家""古宅民宿"4张在全国有影响力的美丽 IP，将潜在的资源优势转变为现实的发展优势。积极构建"一叶两花"主导特色产业体系。"婺源绿茶"品牌价值达 29.13 亿元，茶产业年综合产值 45 亿元，带动近 22 万涉茶人员脱贫致富，获评全国茶叶全产业链典型县。三是用好绿色金融支持。出台《2022 年婺源县绿色金融改革创新重点工作实施方案》《"婺源乡宿贷"工作方案》等文件。率先开发茶叶价格指数特色保险，为全县 5200 户茶农提供 400 万保险保障。首创"乡宿贷"供应链融资产品，在县人民银行的推动下，婺源县农联社（现已改制为婺源县农商银行）主动与篁岭景区对接联系，累计为其提供了 1.7 亿元贷款，成为篁岭发展的"第一桶金"。自景区开发以来累计投入 6 亿多元，其中超过 70% 的资金来源于不同阶段的银行机构融资。2018 年中青旅与婺源县政府签订了战略合作协议，对篁岭古村二期项目追加投资 9 亿元，开启篁岭上市的孵化，实现晒秋人家的蝶变之路。

三　创新三种模式

坚持完整、准确、全面贯彻新发展理念，保持战略定力，聚焦绿色发展，开创了生态产品价值实现机制"三种模式"，闯出了"婺源之路"，绘就了共同富裕的新时代"富春山居图"。一是生态入股的"篁岭古村"模式。在保护古村古建古文化的基础上，引进社会资本和本土人才，盘活闲置田地，激活生态资源，打造了生态入股的"篁岭古村"模式。2021 年虽受疫情冲击，但篁岭古村仍接待游客近 100 万人。如今，篁岭古村冲刺国家 5A 级旅游景区，跻身江西省"映山红"企业，上市可期。"篁岭古村"模式曾在国家发改委生态产品价值实现工程案例交流视频会、国务院发展研究中心绿色发展理论系列学术报告会上作了典型发言。今年 7 月，《"晒秋人家"的"蝶变之路"》作为全国 40 个精选案例之一入选中央党校《蝶变——"绿水青山就是金山银山"案例精选》，并现身书籍封面特别推荐。二是乡村振兴的"望山生活"模式。在不破坏和不消耗自然和文化资产的前提下，引进北京大学教授俞孔坚团队构建了乡村振兴的"严田·望山生活"模式。"严田·望山生活"以最自然的方式展示古朴村落魅力，生态设施得以完善，传统耕作方式得以重现，乡土遗产得以保留，乡村治理秩序得以重建，促进了产业发展、带动了农民增收，赢得了《焦点访谈》《学习强国》等媒体专题宣传推介。三是旅游升级的"文旅融合"模式。植入文化创意、借力旅游招商、整合各方优势，探索文化与旅游深度融合，实现生态产品"美丽有新内涵"。如今，婺女洲徽艺文旅特色小镇、天佑火车风情小镇、篁岭古村夜游等文旅项目建设成效明显；江湾梨子巷、江岭水墨梯田、云上江岭等文旅业态焕发生机活力。今年以来，婺源获评首批"江西风景独好"旅游名县，梦里老家景区、篁岭古村景区分别获评国家级、省级夜间文旅消费集聚区，"文旅融合"行稳致远。